EVIDENCIAS
UN ANÁLISIS FORENSE DE LA FE

«Hoy en día hay muchos cristianos evangélicos que prefieren `sentir´ su fe en lugar de comprenderla y defenderla. J. Warner Wallace nos desafía con absoluta precisión bíblica, evidencia contundente y razonamiento magistral, a abrazar y elaborar una defensa sólida, detallada e intelectual del cristianismo. *Evidencias, un análisis forense de la fe* ¡es precisamente lo que la iglesia necesita en este tiempo!».

— **Janet Mefferd,** Locutora y presentadora radial sindicalizada a nivel nacional del programa *Janet Mefferd Today*

«El afamado embajador de los Estados Unidos, Charles Malik hizo la siguiente acertada observación: `Si usted ganase a todo el mundo, mas pierde la mente del mundo, pronto se dará cuenta que en realidad nunca ganó al mundo. De hecho, habrá perdido al mundo.´ En este libro *Evidencias, un análisis forense de la fe*, el apologista cristiano J. Warner Wallace destaca el peligro de la falta de intelectualismo que existe actualmente y lo equipará con las herramientas para hacer algo al respecto».

— **Hank Hanegraaff,** Presentador del programa radial *Bible Answer Man*, autor reconocido y presidente de Christian Research Institute

«*Evidencias, un análisis forense de la fe* de J. Warner Wallace viene a completar la trilogía de estos libros maravillosos que presentan la defensa, basada en la evidencia, de la historia y veracidad de la fe cristiana en un lenguaje actual y comprensible para cualquier lector. Rara vez he visto una manera tan efectiva de verificar las afirmaciones de la fe cristiana como lo hace el `detective policial de Dios´ J. Warner Wallace. Le invito a adquirir dos copias de este libro; una para su lectura personal y otra para obsequiarla a algún amigo».

— **Dr. Richard Land,** Presidente de Southern Evangelical Seminary

«Pocas son las profesiones que preparan a una persona para seguir los rastros de la evidencia como la de un detective, y son escasos los detectives que están plenamente preparados como apologistas cristianos como lo está J. Warner Wallace. Este libro será un clásico en cuanto a cómo ser un defensor más objetivo de la fe cristiana. Lo recomiendo ampliamente para todo cristiano, incluyendo aquellos que nunca han considerado ser apologistas».

— **Dr. Norm Geisler**, Rector de Veritas Evangelical Seminary y autor
de más de cien libros, incluyendo *Conversational Evangelism*

«A menos que usted sea una de las tres personas en Estados Unidos que cree que la iglesia está triunfando en el discipulado y conquistando la cultura actual, este libro *Evidencias, un análisis forense de la fe* es uno que debe leer y acatar ¡DE INMEDIATO! El detective Wallace nos muestra cómo elaborar una defensa persuasiva del cristianismo y por qué es absolutamente necesario hacerlo. Evidencias, un análisis forense de la fe, es el tercer libro de la serie (*Cristianismo, caso resuelto* y God's Crime Scene [La escena del crimen de Dios]) no solamente es perspicaz y práctico, sino que también está bellamente ilustrado. Le invito a unirse al movimiento creciente de defensores para ayudar en el avance del reino de Dios, y también a poner en práctica HOY, lo que aprenda en este libro».

— **Dr. Frank Turek**, Apologista cristiano, presidente de CrossExamined
Ministries, y autor de *No basta mi fe para ser ateo* y *Robándole a Dios*

«J. Warner Wallace nos ha hecho un enorme favor al escribir *Evidencias, un análisis forense de la fe*. En sus páginas, Jim no solamente nos presenta la enorme importancia de la apologética, sino que también nos proporciona un método exhaustivo y detallado de cómo usar la apologética al presentar la credibilidad de la fe cristiana. Como abogado experimentado en juicios, y como evangelista, le recomiendo ampliamente este libro».

— **Abdu Murray**, Director de Ravi Zacharias International
Ministries en Norteamérica y autor de *Grand Central Question*

«Quizás, hoy más que nunca, como cristianos, necesitamos ser capaces de defender lo que creemos y por qué lo creemos, y hacerlo apasionadamente y con las pruebas que lo sustentan. En este libro, J. Warner Wallace nos recuerda que la verdad es intrépida y que todos los creyentes deberíamos ser también así».

— **Jack Hibbs**, Pastor principal de Calvary Chapel Chino
Hills y presentador de *Real Life with Jack Hibbs*

«Ya sea que esté buscando maneras de responder las dudas acerca del cristianismo, o sea parte de una iglesia buscando una manera más eficaz de preparar a sus asistentes; *Evidencias, un análisis forense de la fe* es la guía práctica que usted necesita. J. Warner Wallace ha agrupado una serie de historias interesantes de su experiencia como detective y las ha combinado con ayuda práctica para todo defensor principiante. Es como estar en el asiento del copiloto de una patrulla de policía e ir aprendiendo como investigar a fondo la verdad».

— **Mary Jo Sharp**, Profesora adjunta de la materia de apologética
en el Houston Baptist University y autora de *Resilient Faith* y
de *Why Do You Believe That? A Faith Conversation*

«"¿Qué es la verdad?", la pregunta hecha por Poncio Pilato ha repercutido en la historia hasta nuestra actualidad llena de escepticismo. J. Warner Wallace lanza el desafío de contestarle a los Pilatos a su alrededor, usando las palabras de Jesús: 'vine al mundo para dar testimonio de la verdad', y lo prepara para elaborar la defensa de la verdad. He leído a muchos autores y nadie lo anima a su vez que lo prepara para pensar y practicar, como lo hace Jim en *Evidencias, un análisis forense de la fe*».

— **Bill Parkinson**, Pastor fundador de Fellowship
Bible Church en Little Rock, Arkansas

«Este libro crea una conexión; es uno de los libros más accesibles que he leído y que aborda los temas que son más fundamentales de la apologética. Es un material espléndido, presentado de manera reflexiva y muy interesante. Realmente espero que las iglesias alrededor del mundo puedan leer, estudiar y aplicar este material, pues transformará primero a su iglesia y luego al mundo entero».

— **Dr. Craig J. Hazen**, Fundador y director del «Programa de posgrado
de apologética cristiana» y autor de *Five Sacred Crossings*

«La mayoría de los textos de apologética presentan las grandes evidencias que favorecen al cristianismo. Habiendo hecho ya esto en sus libros anteriores, en este *Evidencias, un análisis forense de la fe*, que es el tercero de la trilogía de J. Warner Wallace, es de los únicos, en mi opinión, que profundiza en las aguas turbulentas, ahí donde nadan los tiburones, y muestra a los lectores cómo aplicar las evidencias. ¿Y cómo no habría de serlo? Ya que, siendo detective de homicidios en Los Ángeles por muchos años, al igual que un ateo enardecido, el trabajo de Jim consistía en enfatizar las múltiples aplicaciones reales de la evidencia a las situaciones más difíciles, sin embargo, al aplicar las mismas reglas que se usan para resolver los asesinatos, después de una investigación exhaustiva, él se dio cuenta que el cristianismo era la verdad. Entonces, ¿quién mejor que alguien que pasó décadas en las trincheras para aprender las estrategias de la apologética? ¡Este libro es ampliamente recomendado!».

— **Gary R. Habermas**, Distinguido profesor, investigador y catedrático del Departamento de Filosofía del Liberty University & Theological Seminary y autor de *The Case for the Resurrection of Jesus*

«Este libro contiene el tipo de perspectiva tan particular que distingue al detective de homicidios J. Warner Wallace. Basándose en sus habilidades que le han ayudado por décadas a resolver homicidios sin resolver, Wallace nos muestra como presentar una defensa persuasiva a todos los críticos del cristianismo. No contiene el "qué", sino el "cómo", que es la parte que la mayoría de los cristianos desconocen. Si usted quiere una guía práctica para iniciarse como defensor eficaz del cristianismo, *Evidencias, un análisis forense de la fe* es el libro indicado para usted».

— **Melinda Penner**, Directora ejecutiva de Stand to Reason y escritora del blog STR

«No sabía si J. Warner Wallace podría superar su obra maestra *Cristianismo, caso resuelto*, pero me equivoqué, pues en *Evidencias, un análisis forense de la fe*, Wallace va directo al asunto: No basta que los cristianos crean casualmente, sino que deben conocer a fondo su fe y basarla en la evidencia. Sin embargo, hay un problema; muchos cristianos no saben cómo defender su fe, y peor aún, a muchos no les interesa aprender, su ignorancia es sustentada por su estado de negación. Pero en este libro, Wallace nos invita a ser mejores, y lo hace de una manera amable, pero firme a la vez, además de que nos muestra cómo lograrlo. Ya sea que usted trabaje en una cafetería, conduzca un camión o asista a la escuela, todos somos y podemos ser apologistas. Puede que usted sea de la parte acusadora o defensora; todos debemos elaborar la defensa y no hay mejor libro para mostrarle cómo empezar que este».

— **Scott Klusendorf,** Presidente del Life Training Institute y autor de *The Case for Life*

«Todos nuestros alumnos aman a J. Warner Wallace por la misma razón que lo odian los criminales. Siendo uno de los detectives de casos sin resolver más sobresalientes de los Estados Unidos, sus tácticas comprobadas han ayudado a que muchos criminales enfrenten a la justicia, aún décadas después de haber cometido el crimen. Ahora Wallace nos muestra cómo, esas mismas habilidades de detective, nos pueden ayudar a compartir con firmeza la verdad del cristianismo con los demás. *Evidencias, un análisis forense de la fe* marca un antes y después en el crecimiento de nuestra fe».

— **Dr. Jeff Myers,** Presidente de Summit Ministries

En *Evidencias, un análisis forense de la fe*, J. Warner Wallace continúa su búsqueda implacable para trasformar a millones de cristianos autocomplacientes y que carecen de preparación, en defensores preparados de las verdades del evangelio. Este libro es para todos aquellos que toman con seriedad el desafío de trabajar arduamente para poder estar más informados, inspirados e involucrados».

— **Rice Broocks,** Pastor y fundador de las iglesias a nivel
mundial Every Nation y autor de *Dios no está muerto*

«Habiendo sido ateo y oficial de policía, J. Warner Wallace entiende perfectamente la importancia de la evidencia –ya sea que se trate de la evidencia necesaria para condenar a un criminal, o la evidencia necesaria para transformar el corazón de un escéptico. En su nuevo libro, Jim implora, a todos los cristianos, a tener una fe bíblica –la cual no es una fe ciega, sino una fe basada en la evidencia; en otras palabras, una fe lista para su análisis forense. En esta era, cada vez más secular y escéptica en la que vivimos, en la cual muchos (especialmente los jóvenes adultos) abandonan la iglesia, es de vital importancia que los cristianos estemos seguros no solamente de lo que creemos, sino del por qué lo hacemos; ya que hay solamente una buena razón para creer en el cristianismo y esa es porque es la verdad. *Evidencias, un análisis forense de la fe* está diseñado para despertar a los cristianos somnolientos, para animarlos a familiarizarse con la razón por la cual podemos estar seguros de que el cristianismo es la verdad, y entonces, enfrentar con toda confianza y convicción a nuestros amigos y colegas con el evangelio. Este es un mensaje muy necesario para la iglesia, y espero que este libro ayude a muchos a convertirse en defensores del cristianismo».

— **Andy Bannister,** Apologista cristiano de Ravi Zacharias
Ministries y autor de *The Atheist Who Didn´t Exist*

«He estado esperando este libro por mucho tiempo. Wallace nos presenta la defensa de manera concisa y práctica del por qué todo cristiano puede ser un ´defensor´ de Cristo. Como pastor, sé que muchos en la congregación desean compartir su fe con los inconversos, pero no lo hacen pues no se sienten preparados; por esa razón creo que todos los líderes de la iglesia necesitan leer

Evidencias, un análisis forense de la fe, ya que en él yo he encontrado el material que por años necesité para presentar la defensa basada en la evidencia de las verdades de la fe cristiana».

— **Scott Luck,** Pastor principal de Stones Crossing Church, en Greenwood, Indiana

«J. Warner trae una inyección de energía renovadora al deber que tenemos los cristianos de saber cómo responder cuando se nos pregunte acerca de lo que creemos. Su estrategia práctica desafía a todos los discípulos de Jesús a no ser ʿcristianos casualesʾ sino a poseer respuestas claras y convincentes. Este libro es un arma excelente para cualquier cristiano que desee elaborar la defensa basada en la evidencia de su fe, es una convocatoria para todos a poner manos a la obra».

— **Troy A. Murphy,** Pastor de Green Bay Community
Church y capellán de los Green Bay Packers

«Hoy en día hay muchos libros muy buenos acerca de la apologética, pero aún así, los cristianos no están interesados en leer para aprender a elaborar la defensa de su fe –lo cual es un hecho trágico para la iglesia en este mundo cada vez más hostil. *Evidencias, un análisis forense de la fe* es el libro que se necesita urgentemente, que habla con audacia a toda la iglesia acerca de esta desconexión tan peligrosa. En la misma forma que en sus dos libros anteriores, el detective Wallace nos presenta la defensa de la apologética, y nos expone magistralmente una guía práctica que ayudará a cada cristiano a abrazar su llamado como defensor de la fe. *Evidencias, un análisis forense de la fe* es persuasivo, conciso y extremadamente accesible; es el libro que quisiera darle a todos los cristianos de hoy en día».

— **Natasha Crain,** Escritora de blog, conferencista y
autora de *Keeping Your Kids on God´s Side*

«En este libro, J. Warner Wallace, el galardonado detective de casos sin resolver y autor de éxitos de librería, nos presenta una defensa persuasiva para hacernos defensores del cristianismo. Esta estrategia innovadora, llena de consejos prácticos y de poderosa evidencia, ayudará a todo cristiano a comprender el por qué de su fe y a cómo compartirla con los demás».

— **Dr. Jonathan Morrow,** Director de Creative Strategies en el Impact
360 Institute, conferencista reconocido y autor de *Welcome to College*

«Los cristianos frecuentemente dicen: «No se puede discutir con alguien para que vaya al cielo». Puede que eso sea verdad, pero también es cierto que hay gente que no llegará a los pies de Cristo hasta que se les presente buenos argumentos, y J. Warner Wallace era una de esas personas. Ahora, *Evidencias, un análisis forense de la fe* nos muestra cómo usar de manera efectiva los argumentos, la lógica y la evidencia para indicarles a nuestros amigos la verdad del cristianismo. Esta es información muy poderosa que proviene de un detective reconocido a nivel mundial, pero está escrita y presentada para el creyente común que desea convertirse en un mejor defensor de Cristo. Recomiendo la lectura».

— **Mark Mittelberg,** Autor de los éxitos de librería *Confident Faith, Conviértase en un cristiano contagioso* (con Bill Hybels), y *Today's Moment of Truth* (con Lee Stobel)

«J. Warner Wallace es uno de los autores más interesantes, pues leer sus obras es como estarlo escuchando debatir un caso en la corte. Considero que es trágico tener una fe cristiana que está sustentada por tanta evidencia robusta, y aún así, muchos cristianos que van a la iglesia nunca han aprendido a expresar tal evidencia a las personas que, como yo en mi tiempo de ateo, necesitan escucharla desesperadamente. Es aun más trágico que las mentes jóvenes oscilen guiados por básicas afirmaciones del cristianismo que carecen de suficiente información, indiscriminadas y autocríticas. La defensa que nos presenta Wallace acerca de ser defensores nos ofrece una corrección absolutamente necesaria de la cultura de la iglesia que es demasiado negligente para proclamar la verdad».

— **Dr. Craig S. Keener,** Profesor del Nuevo Testamento
del Asbury Theological Seminary y autor de *Comentario del
contexto cultural de la Biblia del Nuevo Testamento*

«¡J. Warner Wallace lo hizo de nuevo! De una manera magistral mezcla el pasado con el presente, y la evidencia con la investigación, *Evidencias, un análisis forense de la fe* nos da, no solamente razones para creer, sino las tácticas para explicar lo que creemos. A diferencia de muchas obras sobre apologética, este libro entreteje las historias que parecen sacadas de la televisión con las habilidades de un detective real. ¡Este es un libro que todos los cristianos deberían leer!».

— **Rusty George,** Pastor principal de Real Life
Church y autor de *When You, Then God*

«J. Warner Wallace es el C. S. Lewis de nuestros tiempos. *Evidencias, un análisis forense de la fe* es para nuestra generación, lo que *Mero Cristianismo* fue para la generación anterior. Su mezcla de apologética con la investigación de un detective que provee evidencia contundente de la fe cristiana es exactamente lo que el mundo y la iglesia necesitan en la actualidad».

— **Joe Amaral,** Presentador de *100 Huntley Street* y autor de *Undestanding Jesus*

«He estado esperando pacientemente el lanzamiento de este libro. Luego de los dos primeros libros de J. Warner Wallace, estaba deseoso de escuchar y leer más del famoso `detective de los casos sin resolver´, y hoy puedo decir que *Evidencias, un análisis forense de la fe* es excelente, tal como lo esperaba y definitivamente lo recomiendo. El detective Wallace presenta una defensa contundente de nuestra fe, para que esta no sea una creencia casual, sino basada en la evidencia. Conforme nuestra cultura se hace más escéptica sobre nuestro compromiso con la fe, la iglesia debe estar cada vez más convencida de la evidencia de la fe. Cada cristiano necesita saber y conocer no solamente lo que cree, sino por qué cree. ¡Y toda la evidencia es convincente! De nuevo, muchas gracias al detective Wallace por enseñarnos a pensar como investigadores expertos en la búsqueda constante y en la defensa segura de la fe».

— **Dr. David W. Fleming,** Pastor principal de Champion
Forest Baptist Church,en Houston, Texas

EVIDENCIAS

UN ANÁLISIS FORENSE DE LA FE

EVIDENCIAS

UN ANÁLISIS FORENSE DE LA FE

Un detective de homicidios presenta una defensa
para una fe más razonable y probatoria

J. WARNER WALLACE

EVIDENCIAS, UN ANÁLISIS FORENSE DE LA FE
Publicado por David C Cook
4050 Lee Vance Drive
Colorado, Springs, CO 80918 U. S. A.

LCCN 2016961914
ISBN 978-0-8307-7923-9
eISBN 978-0-8307-7924-6

© 2017 James Warner Wallace
Publicado en colaboración con la agencia literaria de Mark Sweeney & Associates,
Bonita Springs, FL 34135

Ilustraciones por J. Warner Wallace ©2017
El equipo: Tim Peterson, Amy Konyndyk, Nick Lee, Jack Campbell, Susan Murdock
Diseño de Portada: Jon Middel
Fotografía de Portada: Getty Images

Corrección de estilo y adaptación de portada e interior: Riff Media Services (West Chester, OH)
Adaptación al español: Blanca Hernandez-Diaz, Sergio Restrepo

Impreso en los Estados Unidos de América

Primera Edición 2020

1 2 3 4 5 6 7 8 9 10

042019

ÍNDICE

PRÓLOGO — 15

AGRADECIMIENTOS ESPECIALES — 17

PREFACIO
PROTEGER Y SERVIR — 19

CAPÍTULO UNO
EL DEBER QUE NOS DISTINGUE — 31
5 ejemplos basados en la evidencia que le ayudarán a aceptar su llamado como defenzor del cristianismo

CAPÍTULO DOS
ENTRENAMIENTO ESPECÍFICO — 67
5 pasos para ayudarle en su preparación para proteger y servir en el equipo de emergencia

CAPÍTULO TRES
INVESTIGACIÓN INTENSIVA — 95
5 prácticas que le ayudarán a examinar, con la pericia de un detective, las declaraciones del cristianismo

CAPÍTULO CUATRO
COMUNICACIÓN CONVINCENTE — 147
5 principios que le ayudarán a compartir su fe como un buen abogado fiscal

EPÍLOGO
TRANSFÓRMESE EN UN PERRO OVEJERO — 201

NOTAS DE IMPUGNACIÓN
RESPUESTAS BREVES PARA LOS RETOS FRECUENTES — 205

ARCHIVO DE EVIDENCIAS
RECURSOS QUE LE AYUDARÁN A DESARROLLARSE COMO DEFENSOR — 209

LAS NOTAS DE DETECTIVE
NOTAS Y REFERENCIAS — 217

PRÓLOGO

A modo de paráfrasis holgada del ya fallecido Mark Twain: «La noticia del declive de la apologética ha sido exagerada enormemente». Por décadas, los escépticos que proclaman prematuramente sus creencias como una «ciencia establecida» han sido auxiliados por los cristianos, quienes apresuradamente proclaman la apologética –la práctica de presentar los argumentos de la cosmovisión cristiana y en contra a la cosmovisión cosmopolita– que ya no resulta eficaz, si es que alguna vez lo fue. Sin embargo, están equivocados.

Suena espiritual declarar cosas tales como: «Las discusiones nunca han salvado a alguien», o, «no se puede discutir con alguien para que vaya al cielo». Pero tales frases son absurdas, pues no conozco a un solo apologista que considere sus argumentos como redentores. Puede que haya uno o dos que sí lo hagan, pero yo nunca he conocido a alguien así. Es más importante destacar que, tales declaraciones muestran una equivocación de quienes somos como personas. Podemos enfatizar que la fe implica más que nuestro intelecto, pero ciertamente no menos que eso.

Los humanos no somos necesariamente racionales, pero sí curiosos; puede que no seamos capaces de deshacernos de cierto grado de subjetividad de nuestras experiencias y perspectiva personal, pero consistentemente compartimos esas experiencias con los demás; conversamos acerca de su validez e intentamos hacer que cobren sentido. Ser humano es mucho más que pensar como lo hacen los animales; ser humano es razonar y hacernos preguntas acerca de la vida y su significado.

Debido a que todos los que conocemos son seres que se preguntan estas cosas y están en la búsqueda de significados, la apologética siempre será de ayuda para todo aquel que busque cumplir el mandamiento de Cristo de hacer discípulos. Desafortunadamente, muchos cristianos han adquirido el mito secular que la verdad religiosa existe solamente en el terreno de la «creencia»; un terreno que es muy distanciado e incompatible con la evidencia y la razón, por lo tanto, es incomprensible en cualquier sentido. Esto supone que, mientras los cristianos tratamos con mitos, los escépticos se manejan solamente con hechos y, mientras que nuestros compromisos más profundos no son mas que solo creencias, los compromisos profundos de ellos están basados en la realidad. Ese tipo de pensamiento ha renunciado a lo mejor que tiene el cristianismo: la verdad; y realmente es la verdad, no solamente para quienes la creen, no el tipo de verdad que «es real para ti, pero no para mí»; el cristianismo es la verdad, con V mayúscula; es verdad para todos, ya sea que la crean o no, ya que el cristianismo describe la realidad como es en verdad.

Hace algunos años, unos amigos y colegas del ministerio me preguntaron si yo conocía a Jim Wallace. «Por supuesto», les respondí creyendo que se referían a Jim Wallis, el activista social teológicamente liberal quien fundó la organización *Sojourners*. Pero uno de ellos me dijo: «Ese no», mientras ponía en mis manos el libro *Cristianismo: Caso resuelto*, «me refiero a este».

Debo admitir que, cuando supe que *este* Jim era un detective de homicidios de Los Ángeles, y que ahora estaba aplicando las herramientas de su campo laboral a la apologética, me preocupé. Y es que, temí que tal estrategia era un estereotipo y carecía de profundidad. Sin embargo, con solo leer dos capítulos del libro me di cuenta de que no tenía nada de que preocuparme pues Jim es un experto; él se ha preparado para convertirse en uno de los defensores de la verdad del cristianismo más respetados, estudiados y elocuentes que hay. Por eso es por lo que mucha gente, cristianos y escépticos por igual, lo siguen en las redes sociales, leen sus libros y blogs y se amotinan para escucharlo hablar.

En sus dos libros anteriores, Jim empleó sus notorias habilidades buscando implacablemente la verdad detrás de crímenes terribles, a la búsqueda incesante de la verdad de los Evangelios y de la existencia de Dios. En *Evidencias, un análisis forense de la fe*, Jim abre su caja de herramientas y comparte esas habilidades con nosotros y, así como lo hacen los mejores maestros, él nos invita a que nos unamos a su labor; al igual que Pablo, Jim nos provoca a examinar cuidadosamente todo (1ª Tesalonicenses 5) y que nuestra mente esté completamente convencida (Romanos 14:5) acerca de la verdad que decimos abrazar –y luego compartir esa convicción con los demás.

Así que, lo invito a adentrarse, ya que, en el camino, se dará cuenta que mejorará su habilidad de evaluar la evidencia, analizar los argumentos y elaborar la defensa de la verdad del cristianismo. Puedo asegurarle que se convertirá en una mejor versión de usted mismo, pues fue Dios quien nos dio esta maravillosa mente y cerebro; démosle el uso para lo cual fueron creados.

John Stonestreet
Presidente del Colson Center for Christian Worldvew y autor de *Restoring All Things*

AGRADECIMIENTOS ESPECIALES

Les doy toda mi gratitud a Melinda Penner, Rice Broocks, Hank Hanegraaff, Frank Turek y Mark Mittelberg por su contribución y esfuerzo para mejorar *Evidencias, un análisis forense de la fe*. También quiero agradecer a los patrocinadores por su ánimo y apoyo, a John Stonestreet por su amistad y sabiduría. Como siempre, es un privilegio trabajar junto a ustedes en esta misión tan importante.

Este libro es la última entrega de la trilogía acerca de la defensa de la existencia de Dios: *God's Crime Scene* [La escena del crimen de Dios] y la defensa del cristianismo *Cristianismo, caso resuelto*. Al escribir estos libros, siempre tuve en mente a un grupo particular de jóvenes: mis hijos. Gracias Jimmy, David, Annie y Mia por recordarme la importancia de mi papel como padre. Espero haberlo hecho bien.

En esos días en los que parece que Dios está lejos, o las veces en las que las dudas son más fuertes que la voz de Dios, es mi deseo que estos libros le ayuden a recordar que el cristianismo es la verdad, a pesar de la situación por la cual esté atravesando. Me gustaría dejarle la convicción que proporciona ser conocedores de la verdad y poseer la habilidad para desarrollar una fe que está lista para un análisis forense.

PROTEGER Y SERVIR

«Vamos a entrevistar al esposo».

Alan Jeffries cerró el cuaderno de los casos sin resolver y me miró con obvia impaciencia, la cual correspondí con un gesto de incredulidad. Después de una larga pausa, vociferó: «¿Qué? ¿Por qué me miras así? ¿Tienes idea de cuantos casos de asesinatos, como este, he investigado».

«Al, hemos trabajado juntos durante años y sé *exactamente* el número de casos que has investigado, pero acabas de terminar de leer el cuaderno y ni siquiera hemos hecho una lista de evidencias o de posibles sospechosos y ya has decidido que el culpable es el esposo». Alan era el miembro más experimentado de nuestro equipo de homicidios, pero en este punto en mi carrera yo también había tenido bastante éxito investigando los casos más difíciles que nuestra agencia. No temía desafiar al hombre a quien aprecio como experimentado colega y amigo.

Alan no se inmutó: «¿Estás listo para ir a hablar con ese chico o qué?».

En realidad, podría entender en qué se basaba Alan, la víctima en este caso era una ama de casa de mediana edad sin enemigos conocidos. La mayoría de los asesinatos son perpetrados por alguien conocido o familiar, y usando esta premisa un probable sospechoso era el esposo; sin embargo, la certeza de Alan sobre la identidad del asesino era totalmente prematura.

Meses más tarde, después de una investigación exhaustiva de la evidencia y de cada posible sospechoso, llegamos a la conclusión de que el esposo de la víctima de hecho era el asesino. Alan estaba en lo cierto y en última instancia el marido fue condenado después de un largo juicio. En la audiencia de sentencia, Alan se inclinó y me susurró: «Te lo dije».

Aunque Alan sostuvo desde el principio que el esposo era el asesino, en los primeros días de nuestro análisis solo estaba *accidentalmente* correcto. Al final, después de una larga e intensa investigación, Alan pudo presumir que también estuvo *argumentativamente* correcto. Tenía razón en sospechar del esposo, pero lo que antes se creía *accidentalmente*, ahora se sabía con *certeza probatoria*.

Uno podría deducir que Alan tenía buenas razones para concluir que el marido era el asesino. La experiencia e intuición le daban a Alan las pruebas para señalar al esposo dándole finalmente la razón, pero su intuición por sí sola no sería suficiente para convencer a un jurado y peor aún, sus intuiciones le habían hecho a él (y a nosotros) fracasar en el pasado. (Véase el capítulo 1 de *Cristianismo, caso resuelto*).

Hay una gran diferencia entre la creencia accidental y la evidencia, aunque ambos pueden llevarnos a la misma conclusión. Hay momentos en que la creencia accidental te llevará al lugar correcto, pero rara vez soporta los escrutinios agresivos siendo a menudo menos convincente.

Ambos podemos decier que es verdad, pero sólo uno de nosotros podrá tener confianza en la evidencia (y ser persuasivo) cuando la fe sea desafiada.

¿ES USTED UN «CRISTIANO VERANIEGO»?

Comprendo lo que se siente al estar en el lugar correcto *accidentalmente*. Cuando viajo como invitado a lugares fríos y lejanos del país, cada vez estoy más agradecido por haber nacido y crecido en el sur del soleado estado de California. Allí la temperatura se mantiene a 23 centígrados, es un clima seco la mayor parte del año y encuentran las mejores playas de la nación. Es la tierra de las oportunidades; con más posibilidades recreativas, educativas y laborales que otros lugares. Esto me hace feliz de identificarme como californiano.

Pero si usted me hace un examen sobre temas de California se dará cuenta que soy el residente menos *informado* sobre el estado. ¿En qué año se fundó California? No lo sé. ¿Cuántos condados hay en California? No estoy seguro. ¿Cuántas personas viven allí? No tengo idea. ¿Cómo se aprueba un proyecto de ley en nuestro estado? ¿Cómo está organizada la legislatura estatal? Realmente nunca pensé en esas cosas. ¿Cuál es el ave, el árbol, la flor, o el lema del estado? No lo puedo decir; supongo que a fin de cuentas soy el peor californiano, pero no le quepa duda al respecto; soy californiano, es innegable, nací y crecí allí.

Pensemos sobre esto por un momento, ¿es usted un cristiano de la misma manera que yo soy californiano? Usted nació y creció en la iglesia, sin embargo, ¿todavía no puede responder a las preguntas más inminentes que podrían hacerle sobre el cristianismo? ¿Está usted «en el lugar correcto», pero no muy seguro de *por qué* es el lugar correcto? ¿siente que su afiliación al cristianismo fue más un *accidente* que el resultado de una *decisión racional*?

¿POR QUÉ ES CREYENTE?

He viajado por todo el país por unos buenos años dando conferencias en las iglesias y a menudo me dirijo a grupos de una u otra naturaleza, y por lo general comienzo con una pregunta sencilla: «¿Por qué es cristiano?». La respuesta que recibo es a veces decepcionante. Por lo general, los asistentes proporcionan respuestas generales en una de las siguientes categorías:

Respuesta 1: «Crecí en la iglesia» / «Mis padres eran cristianos» / «He sido cristiano desde que tengo uso de razón»

Respuesta 2: «Tuve una experiencia que me convenció» / «El Espíritu Santo me lo confirm» / «Dios me demostró su existencia»

Respuesta 3: «Jesús me cambió» / «Yo solía ser [escoja su elección de estilo de vida inmoral], y Dios cambió mi vida»

Respuesta 4: «Porque sé que la Biblia es verdadera» / «Debido a que Dios me llama a creer»

Aunque hago esta pregunta con frecuencia, rara vez recibo respuestas diferentes a las mencionadas anteriormente. Si *le* hicieran esta pregunta, ¿qué respuesta daría? Algunas de estas son buenas respuestas, pero otras no lo son. Si usted es cristiano simplemente porque fue criado en la iglesia, ¿cómo puede estar seguro de que el cristianismo es verdadero? Si usted es un cristiano porque ha tenido una experiencia transformadora, ¿cómo sabe si esta experiencia viene verdaderamente del Dios descrito en las páginas del Nuevo Testamento?

Como ateo durante la mayor parte de mi vida, aprendí a ser escéptico con las personas que creían en algo simplemente porque crecieron de cierta manera o por haber tenido una «experiencia». No crecí en un hogar cristiano y el hombre que yo más respetaba (mi padre) era un detective escéptico, era (y sigue siendo) también un ateo comprometido. Crecí como un escéptico y me di cuenta de algo importante en el camino: los miembros de todas las religiones parecen citar las *mismas* cuatro respuestas dadas en las iglesias *cristianas* hoy en día. Estas son las mismas respuestas que dan mis amigos *mormones* cuando les pregunto por qué creen que el *mormonismo* es verdadero. De hecho, la mayoría de los creyentes de cualquier religión desde los budistas hasta los bautistas, son propensos a dar las mismas respuestas. Si bien este tipo de respuestas es común entre ellos, no son religiones remotamente parecidas. Aunque estas respuestas son *comunes*, no son *suficientes*. El mormonismo y el cristianismo, por ejemplo, hacen afirmaciones totalmente contradictorias relacionadas a la naturaleza de Jesús, Dios Padre, Espíritu Santo, la salvación y otros puntos de vista de otras verdades teológicas importantes. Ambos grupos podrían estar *incorrectos*, o *uno* podría estar correcto, pero *ambos* no pueden estar en lo cierto, dadas sus contradictorias creencias. Sin embargo, ambos grupos ofrecen el mismo tipo de respuestas cuando se les pregunta, «¿Por qué es cristiano/mormón?».

Parece que *todos* los creyentes (independientemente de su afiliación religiosa) responden a esta pregunta de la misma manera y ese es el problema. Si nuestras respuestas son iguales a las respuestas dadas por todos los demás grupos religiosos, necesitamos mejores respuestas.

La única respuesta que rara vez recibo cuando pregunto a mi público por qué creen que son cristianos es la siguiente: «Soy cristiano porque el cristianismo es *verdadero*». Parece que pocas personas se han tomado el tiempo para investigar las afirmaciones del cristianismo y determinar si tienen valor *evidencial*. De hecho, cuando presento el caso del cristianismo al viajar por todo el país, con frecuencia la gente se acerca después de mis presentaciones a decirme que no tenían idea que había tanta evidencia que apoya lo que creen.

Estos hermanos y hermanas cristianos son similares a mi compañero Alan, sus intuiciones y experiencias los empujan a creer que el cristianismo es verdadero mucho antes de haber investigado realmente el caso. Al igual que Alan ellos tienen razón, pero cuando se les desafía a decir por qué creen que el cristianismo es verdadero, suenan como todos los demás creyentes teístas no cristianos. Sus defensas rara vez resisten las refutaciones agresivas y son a menudo poco persuasivas. ¿Por qué deben los ateos aceptar las experiencias testimoniales de los cristianos, cuando los mismos cristianos no aceptan las experiencias testimoniales de ateos u otros grupos religiosos?

ES HORA DE APORTAR O CALLAR

Ahora más que nunca, los cristianos deben pasar de la *creencia accidental* a la *confianza probatoria*. Es hora de conocer *por qué* cree lo que cree. Los cristianos deben asumir una fe de detective forense.

En caso de que no haya prestado atención, los cristianos que viven en Estados Unidos y Europa se enfrentan a una cultura cada vez más escéptica. Los sondeos y encuestas siguen confirmando el declive del cristianismo[1]. Cuando los creyentes explican por qué creen que el cristianismo es verdadero, los incrédulos son escépticos de las razones y argumentos que se les han dado hasta ahora.

Como cristianos deberíamos asumir una versión más reflexiva de nuestra fe, una que comprenda el valor de las pruebas, la importancia de la filosofía y la virtud del buen razonamiento. El brillante pensador y escritor C.S. Lewis fue profético cuando en el año 1939 en vísperas de la Segunda Guerra Mundial clamó por una iglesia más intelectual; Lewis hizo un paralelismo entre los desafíos que enfrentaba el cristianismo en sus días y los desafíos que enfrentaría su país cuando la guerra se acercaba:

> Si todo el mundo fuera cristiano no importaría la falta de educación, pero tal como es, una vida cultural existirá fuera de la Iglesia, por lo que la Iglesia debe ser culta. Ahora bien, siendo ignorantes y simples no seremos capaces de enfrentar a los enemigos en su propio terreno, esto sería tirar nuestras armas y traicionar a nuestros hermanos sin educación que están sin defensa bajo el cielo; nosotros somos su única defensa a los ataques intelectuales de los paganos. La buena filosofía debe existir por la simple razón de que la mala filosofía necesita ser rebatida. El intelecto frío tiene que trabajar no sólo contra el intelecto frío del oponente, sino también en contra de los misticismos paganos y fangosos que niegan por completo el intelecto.[2]

Hace más de setenta años, Lewis reconoció dos desafíos que enfrenta la iglesia: (1) Los cristianos están pobremente preparados para defender sus creencias y muchos en la iglesia todavía niegan la necesidad de estar preparados, (2) Somos en gran medida antiintelectuales, aunque la historia del cristianismo está llena de los pensadores grandiosos y a pesar de nuestra rica historia intelectual, hemos llegado al punto donde es necesario hacer un caso para *defender nuestro caso.*

No soy el único que nota que la iglesia actual es antiintelectual. El activista ateo y profesor de filosofía Peter Boghossian, escribió un libro en al año 2013 titulado *A Manual for Creating Atheists* [Un manual para crear ateos]. Fue publicado en la misma época de mi primer libro, *Cristianismo: Caso resuelto,* Boghossian describe su libro como «la primera guía para disuadir a la gente de fe». Con este libro espera enseñar a los ateos «a entablar conversaciones con los creyentes ayudándoles a ver el valor de la razón y la racionalidad, poniendo en duda sus creencias religiosas, rebatiendo su fe, abandonando la superstición y la irracionalidad para finalmente abrazar la razón». En un vídeo promocional de YouTube, Boghossian hizo una observación interesante: «Los cristianos fracasan en asimilar racionalmente los argumentos; en lugar de evaluar la evidencia y extraer la conclusión más razonable, normalmente se basan en sus experiencias personales, las emociones y en la "fe ciega"». Por esta razón él anima a los ateos a entablar conversaciones con los cristianos no basado en las evidencias sino en la forma en la que estos evalúan las verdades de sus afirmaciones de fe.

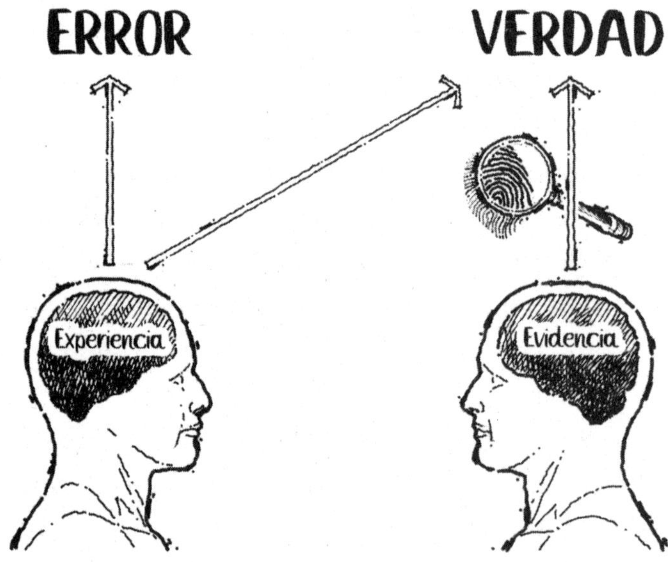

Lamentablemente, mi propia experiencia en la iglesia confirma lo que Boghossian describe, tanto él como otros de la misma línea, opinan que solo es necesario mostrar a los cristianos como examinar las evidencias y el resto vendrá por añadidura. Ellos confían en las evidencias que apoyan *sus puntos de vista* y no pueden imaginar que el cristianismo sobrevivirá a una investigación forense en la «edad de la razón». Como detective he examinado la evidencia de la existencia de Dios y la veracidad de los documentos del Nuevo Testamento y tengo un punto de vista similar, aunque opuesto. Si los cristianos simplemente aprenden a enfocar sus creencias en las evidencias y adoptan el mismo enfoque forense que toman los detectives cuando examinan un evento pasado, el resto se resolverá solo. Estoy seguro de que las afirmaciones del cristianismo están respaldadas por la evidencia y creo que un *enfoque forense de la fe* sobrevivirá cómodamente en la era de la razón. Tanto Boghossian como yo enfrentamos una especie de competición. Ambos entendemos la importancia de las evidencias y tratamos de llegar al mismo grupo de cristianos por accidente. La única pregunta es ¿quién llegará a ellos primero?

LA TAREA DE ELABORAR LA DEFENSA

Quiero compartir con usted una verdad incómoda. Aunque esto es poco más que evidencia anecdótica, si creo que ilustra lo que C.S. Lewis describió hace años. Alrededor de la mitad de mis charlas son en iglesias donde me hacen hablar a la congregación acerca de la veracidad de los Evangelios, la evidencia razonable de la resurrección o la evidencia de la existencia de Dios. En muchas de estas iglesias, la gente que conozco no está realmente interesada en la «apologética» cristiana (la disciplina de defender el cristianismo). De hecho, la mayoría desconoce por completo el concepto y algunos incluso rechazan el valor de tal esfuerzo de defensa. En más de una ocasión he oído a un creyente bien intencionado decir algo parecido a lo siguiente: «Eso está muy bien, pero realmente no necesito ninguna evidencia, creo que el cristianismo es verdadero y no es posible presentar el Reino con argumentos». Cuando me encuentro con este tipo de respuesta, sé que tengo mucho trabajo que hacer. Antes de elaborar la defensa del cristianismo, tengo que presentar la *defensa* y eso es lo que espero hacer en este *análisis forense de la fe*.

*E*n mis libros anteriores, presenté la defensa del cristianismo en el texto titulado *Cristianismo: Caso resuelto* y la existencia de Dios en *God's Crime Scene* [La escena del crimen de Dios]. Pero si no está convencido de la necesidad de una versión más intelectual, razonable y reflexiva del cristianismo, los libros anteriores acerca de la defensa serán de poco valor para usted.

Si entendemos la importancia de la evidencia
es mucho mas probable que la examinemos

Cuando los cristianos nos enfrentamos a una crisis naturalmente respondemos con pasión. Rescatamos a los damnificados de desastres naturales, alimentamos al hambriento y hacemos lo posible para satisfacer las necesidades de los pobres. Tenemos una historia de hacer todo lo posible para responder a los verdaderos desafíos humanos. Bueno, hay un desafío real en el horizonte, pues los cristianos (especialmente los *jóvenes* cristianos) están dejando la iglesia; así lo especifican las estadísticas, sondeos y encuestas que muestran esta preocupante tendencia desde hace varios años:

La mayoría de los adolescentes son impresionantemente incapaces de argumentar acerca de sus creencias y prácticas religiosas. Por lo general no pueden defender lo que creen, y por estar desinformados estos jóvenes rechazan también las importantes afirmaciones del cristianismo. El 63 por ciento de los adolescentes cristianos no cree que Jesús es el Hijo de Dios; el 51 por ciento no cree que Jesús se levantó de entre los muertos; el 68 por ciento no cree que el Espíritu Santo es un Ser verdadero.

Entre el 60 y 80 por ciento de las personas de 15 a 30 años se desconectará de la iglesia por lo menos durante una temporada, y la mayoría nunca volverá.

Tan solo el 33 por ciento de los cristianos jóvenes activos en la iglesia expresa que esta jugará un papel importante en sus vidas cuando se independicen del hogar paternal.

Si las tendencias actuales en relación con los sistemas y las prácticas de creencia de los jóvenes continúan, la asistencia a la iglesia se reducirá a un 50 por ciento en la próxima década. Los profesores de las universidades tienen casi cinco veces más probabilidades de ser ateos o agnósticos que la población general. La gran mayoría de los profesores universitarios se niegan a reconocer la Biblia como «la palabra de Dios». Al ser entrevistados, el mayor segmento de jóvenes excristianos participantes, expresaron que dejaron el cristianismo porque tenían dudas intelectuales, escepticismo y preguntas sin respuestas.[3]

Si usted es un cristiano que ya conoce esta triste verdad y alguien en su familia (un hijo, una hija, su nieto, nieta, sobrina, o sobrino) se ha alejado de la fe a pesar de todos los años que pasaron creciendo en la iglesia, creo que es posible cambiar esta alarmante trayectoria, pero debemos estar dispuestos a abordar el problema de frente. Si nos disponemos a hacer lo necesario para responder a los problemas que enfrentan los pobres, los hambrientos, los indigentes, ¿por qué no podemos hacer lo necesario para responder a los desafíos que enfrenta nuestra propia familia cristiana?

Escribo sobre evidencias para el cristianismo varias veces a la semana y publico estos artículos (con videos y podcasts) en mi sitio web *(www.ColdCaseChristianity.com)*. A menudo recibo correos electrónicos de lectores y oyentes, un joven llamado Andrew Deane recientemente envió este mensaje: [4]

Mi papá era pastor de la iglesia bautista del sur durante mi niñez, básicamente, vivía en la iglesia. Yo conocía todas las historias de la Biblia e incluso fui bautizado cuando tenía ocho años... Después de graduarme de la secundaria fui a la universidad para obtener un título en ingeniería mecánica. Uno podría pensar que un título de este tipo implicaría poca o ninguna polémica sobre si Dios existe o no, o si Jesús era una persona real, pero para mi asombro me encontré con estas y muchas más objeciones.

Tuve una clase de literatura donde el profesor hizo una presentación acerca de que Jesús es una copia de otros dioses y como esto explica la «mitología» de Jesús. Tuve un curso de electromagnetismo en el que el profesor atacó violentamente el concepto creacionista ... tuve una clase de tecnología espacial en la que el profesor defendió vehementemente la existencia de extraterrestres, pero se negó a reconocer la existencia de Dios. Estos son sólo algunos ejemplos de las muchas interacciones que tuve con mis profesores.

Desafortunadamente, la mayoría de nuestros hermanos en Cristo tienen serias carencias en la formación de su fe, y cuando se encuentran aún con los argumentos más débiles, no están preparados... Como cristiano en el ámbito universitario uno es desafiado, provocado y acosado constantemente. Es fácil frustrarse, darse por vencido, modificar sus creencias y convencerse de que nuestra fe es una mentira cuando los profesores y compañeros acosan diariamente. Todos los cristianos, pero especialmente los universitarios, tienen que saber lo que creen y por qué lo creen, si desean sobrevivir en este medio con su fe intacta... imagino la universidad como una emboscada de los ateos. Los cristianos llegan totalmente inconscientes del peligro hasta que es demasiado tarde y el daño ya está hecho.

Es por eso por lo que quise tomar el tiempo para agradecerle... cuando entré a la universidad me pasé luchando con muchas de las objeciones que encontré. Descubrí su podcast y su investigación cuidadosamente enfocada en evidencias me resultó muy útil; como resultado, terminé la universidad con una fe fortalecida y mucho más sólida. Quiero animarle a que siga con su buen trabajo.

Los jóvenes cristianos luchan ante el desafío (como lo hizo Andrew), pero esto no tiene por qué ser así, pues si se está debidamente equipado en realidad podría fortalecer su fe y confianza, incluso en medio de una fuerte oposición. Usted y yo tenemos la oportunidad de alcanzar a los jóvenes que amamos, incluyendo a los jóvenes cristianos como Andrew, si estamos dispuestos a aceptar la misión.

Nuestros hijos y hermanos en Cristo están en el lugar correcto; creen en algo *cierto*. Si ellos han llegado a comprender su propia necesidad de un Salvador, se han arrepentido y colocan su confianza en Jesús para su salvación, serán salvos por la eternidad. Pero si no se han tomado el tiempo para estudiar *por qué* el cristianismo es verdadero tal como Alan (mi socio en la escena del crimen), van a estar desprevenidos cuando tengan que responder a las objeciones y serán menos convincentes ante un grupo que requiere más evidencia que nunca. Tenemos que cambiar el curso de la iglesia con el fin de responder a esta afrenta y la Iglesia es mucho más parecida a un trasatlántico que a una moto de agua y esto no lo podemos revertir, así que es necesario hacer pequeñas correcciones en el curso del trasatlántico, un grado aquí y un grado allá. *«Evidencias, un análisis forense de la fe»* es mi esfuerzo para colocarme al lado de la iglesia como un remolcador y cambiar la dirección de nuestro trasatlántico un grado a la vez.

PROTEGER Y SERVIR

En el año 1955, el Departamento de Policía de Los Ángeles realizó un concurso para crear un lema que pudieran utilizar en la academia. Dijeron a los concursantes que el lema debía expresar, en pocas palabras, los «ideales a los que se dedica el servicio de la policía de Los Ángeles». La frase ganadora fue «Proteger y servir» y fue presentada por el oficial Joseph Dorobek, esta frase se ha estampado en los vehículos de la policía de Los Ángeles y desde entonces de muchas maneras se ha convertido en el lema adoptado por la fuerza policial en todo el país

.

Los agentes de policía están llamados a *servir y proteger* y uno no puede ingresar a esta profesión si esta misión no forma parte de su ADN. Los oficiales entienden su deber y compromiso; y se entrenan rigurosamente con el objeto de prepararse para su misión: Aprender a investigar y discernir la verdad con el objetivo de comunicarla correctamente a un jurado. Para ellos cada día es un *llamado a la acción.*

Como iglesia, podemos aprender algo de este enfoque firme a una misión ya que como cristianos tenemos un deber similar. El apóstol Pedro dijo que estamos llamados a servir amándonos unos a otros con «amor fraternal, siendo compasivos y humildes» (1ª Pedro 3:8) y a proteger la verdad «estando siempre preparados para responder a todo el que les pida la razón de la esperanza que hay en ustedes» (v. 15). Los cristianos están llamados a *servir y proteger.* Si queremos cumplir con este deber, tendremos que entrenarnos rigurosamente para investigar y comunicar la verdad. Espero que este *análisis forense de la fe* sea su *llamado a la acción.* Es el momento de cambiar de rumbo y es la hora de tomar esto en serio; es tiempo de abrazar nuestro deber como cristianos verdaderos.

Capítulo Uno

EL DEBER QUE NOS DISTINGUE

5 ejemplos basados en la evidencia que le ayudarán a aceptar su llamado como defenzor del cristianismo

«La acción no surge del pensamiento, sino de la disposición para la responsabilidad».[1]
— Dietrich Bonhoeffer

««El soldado y el cristiano están llamados a una vida de servicio activa».[2]
— William Gurnall

«Juro solemnemente que apoyaré y defenderé la Constitución de los Estados Unidos y la Constitución del Estado de California contra todos los enemigos, extranjeros y nacionales, que tendré verdadera fe y lealtad a la Constitución de los Estados Unidos y a la Constitución del Estado de California; que asumo esta obligación libremente, sin ninguna reserva mental o propósito de evasión y que ejecutaré bien y fielmente las funciones que estoy a punto de asumir».

Casi un centenar de agentes de policía y agentes de la oficina del alguacil bajaron la mano derecha y tomaron asiento en las primeras filas del gran salón de actos cívicos. En la ceremonia de graduación nuestros padres y amigos observaban con orgullo desde el balcón. Yo estaba muy nervioso, no porque acababa de comprometer mi vida a esta causa altruista, sino porque estaba preocupado por lo que diría si me llamaran al escenario.

Efectivamente, estaba a punto de pronunciar un discurso improvisado. Después de una breve descripción del reconocimiento que estaba a punto de otorgar, el alguacil miró hacia donde yo estaba sentado y dijo: «El recluta de honor de la clase 245 es el oficial James Warner Wallace».

Como reclutas nadie sabía de antemano quien recibiría este galardón. Me tomó un segundo recuperar el aliento, subí al escenario e hice lo mejor que pude para decir algo sensato. No me di cuenta hasta ese momento lo importante que era ese logro para mí. En mi familia era el segundo *Jim Wallace* que pasaba por esta estación de policía, continuando una tradición que comenzó en el año 1961, cuando mi padre inició su carrera.

En mi adolescencia había participado del programa de centinelas de la policía, durante la graduación también recibí el equivalente del mismo reconocimiento. Percibí el orgullo en los ojos de mi padre en aquella ocasión y quería volver a verlo. La tercera generación Jim Wallace que serviría el departamento, también se encontraba en el auditorio como bebé en los brazos de mi esposa Susie. Pasarían veinticuatro años para que mi hijo Jimmy se uniera a nuestras filas, ese día me alegré de que ambos estuvieran en la audiencia, sin embargo, yo no tenía idea de los desafíos que este reconocimiento causaría.

Perfil forense:
C. S. LEWIS

C. S. Lewis se graduó de la universidad de Oxford, donde se especializó en filosofía clásica y literatura. Como ateo, se unió a un grupo de escritores e intelectuales conocido como los INKLINKS (Un cenáculo literario de académicos y escritores británicos). Lewis llegó a la fe en parte por las conclusiones basadas en las conversaciones con otros grandes pensadores de este grupo, poco después se convirtió en investigador cristiano. Aunque escribió múltiples libros de ficción, entre los mas reconocidos, *Las crónicas de Narnia*, tal vez uno de sus mejores escritos clásicos es *Mero cristianismo* (Mere Christianity). Al momento que Lewis decidió que el cristianismo era verdadero, se entregó por completo. Sus obras literarias reflejan su perspectiva apasionada de la cosmovisión cristiana.

¿Refleja su cosmovisión cristiana en todo lo que hace? Escriba una lista de sus actividades, ¿qué necesita cambiar para abrazar su deber como defensor cristiano de tal forma que refleje su pasión?

En los primeros cinco años de mi carrera, fui desafiado a cada paso. Yo era «el chico de la universidad Wallace» y un recluta de honor. Mis compañeros querían comprobar cuánto sabía sobre la vida en las calles. ¿Era demasiado suave?, ¿podía manejar una situación difícil?, ¿reconocería un crimen cuando lo viera? ¿qué tanto conocía sobre la ley?, ¿tenía la capacidad de armar un caso? El nivel era alto muy alto para mí y a veces temía no cumplir con las expectativas de todos. Tenía una opción: aceptar el desafío y enfrentarlo, o simplemente retractarme a la irrelevancia y la oscuridad. Decidí aceptar mi deber como oficial de policía y mi vocación personal como miembro de la familia Wallace. Para tener éxito en este entorno debía aprender lo que era esencial para la profesión de policía en el cumplimiento de la ley y lo que se requería de mis colegas profesionales. Descubrí algo muy temprano en mi carrera profesional: las exigencias de una carrera policial me obligaban a estar «totalmente inmerso» o «totalmente desconectado»; también necesitaba decidir si la ley era *muy* importante para mí o *no lo era*. Sabía que nunca tendría éxito si tomaba un enfoque a medias.

Si usted es miembro de la familia cristiana se enfrenta a un desafío similar. El nivel es elevado y la cultura desconfía de su afiliación familiar al igual que de su posición como creyente. Como hijo o hija del Rey ha recibido el regalo de la vida eterna. La sociedad está ansiosa por someterle a prueba. ¿Es usted demasiado suave?, ¿puede manejar una situación difícil?, ¿qué tan bien conoce lo que cree?, ¿está en condiciones de presentar la defensa? Si quiere tener éxito en este entorno cada vez más hostil, tendrá que aprender lo que es esencial para el cristianismo y lo que exige nuestra cultura. Usted debe tomar una decisión: aceptar el reto y enfrentarlo o simplemente retractarse a la irrelevancia y la oscuridad. En una cultura que es cada vez más escéptica del cristianismo y cada vez más necesitada de *evidencias*, como creyentes debemos estar preparados para aceptar nuestro deber público como embajadores de Jesucristo, así como aceptamos nuestra vocación personal como miembros de la familia cristiana. Debemos decidir si nuestra afiliación cristiana *carece de importancia* o es de *importancia crítica* para nosotros. Nunca tendremos éxito si tomamos un enfoque a medias. C.S. Lewis lo expresó de esta manera:

> El cristianismo es una creencia la cual, si es falsa, no tiene ninguna importancia y si es verdadera tiene una importancia extrema; lo único que no puede ser es medianamente importante.[3]

CON TODA SU *MENTE*

Fui oficial de policía mucho antes de ser cristiano. Cuando pronuncié el juramento como representante de la ley creí que era uno de los pactos más importantes que había hecho y después de dieciséis semanas de preparación en la academia comprendí la naturaleza de mi deber. Años más tarde cuando me convertí en seguidor de Jesucristo, me di cuenta de que tenía un deber aún más importante como su embajador. Jesús resumió nuestro llamado como cristianos cuando describió el gran mandamiento en la Escritura.

Él lo resumió así: «Ama al Señor tu Dios con todo tu corazón, con toda tu alma y con toda tu mente. Este es el primer

Definición forense:

EL DEBER

El *deber* tiene dos significados comunes. En primer lugar, se describe como la fuerza obligatoria de algo moral o legalmente *necesario*. En este sentido, el deber nos obliga a actuar y hacer lo que es *correcto*. Sin embargo, el deber también describe las acciones o tareas esenciales a la posición u ocupación de una persona. Los oficiales de policía, por ejemplo, deben realizar ciertos deberes como parte de su trabajo.

¿Cuáles son las obligaciones morales que debemos adoptar como cristianos? Lo que Dios nos ha llamado a ser y lo que se nos ha llamado a *hacer*. ¿Qué deberes realiza diariamente que reflejan su identidad como cristiano?

mandamiento y el más importante. Hay un segundo mandamiento que es igualmente importante: Ama a tu prójimo como a ti mismo. Toda la ley y las exigencias de los profetas se basan en estos dos mandamientos».[4]

Curiosamente, cuando le preguntaron a Jesús sobre el mandamiento más importante, alteró la referencia del Antiguo Testamento que se encuentra en Deuteronomio: «Ama al SEÑOR tu Dios con todo tu corazón, con toda tu alma y con todas tus fuerzas».[5]

Los autores de los evangelios están de acuerdo que Jesús usó la palabra «mente» en su resumen de este versículo (en lugar de la palabra «fuerza») del Antiguo Testamento. La palabra griega utilizada por estos autores es *diánoia* (διανοια): una palabra usada para describir nuestra «mente», nuestro «entendimiento» o nuestra «inteligencia». En el evangelio de Mateo, la palabra se usa para describir el «lugar donde se produce el pensamiento».[6] Jesús intencionalmente cambió la palabra para elevar nuestra talla como cristianos. No solo debemos amar a Dios con todo nuestro corazón, alma y fuerzas, pero también se nos manda a utilizar nuestra *mente* y nuestra *inteligencia* para *entender* la verdad del cristianismo. Este esfuerzo es un acto de *adoración*, la mayoría de nosotros como cristianos sabemos lo que es amar a Dios con el corazón y el alma, pero ¿qué significa amar a Dios con nuestras mentes?

Formas de amar a Dios

LA *DIFERENCIA* CRISTIANA ES EL FUNDAMENTO DE NUESTRO DEBER CRISTIANO

El cristianismo es distinto en la naturaleza de sus afirmaciones y el valor que concede a la razón, la inteligencia y la evidencia. Algunos sistemas religiosos se basan exclusivamente en las declaraciones doctrinales o proverbiales de sus fundadores. Las declaraciones de sabiduría de Buda, por ejemplo, sientan las bases para el budismo. El hinduismo se basa en las revelaciones de los antiguos sabios como se revela en el *Vedas* y el *Upanishads* o *vedanta*. El confucianismo se establece a partir de las declaraciones de sabiduría de Confucio. En todos estos ejemplos, existen las declaraciones de sus líderes religiosos, independientemente a cualquier evento en la historia; en otras palabras, estos sistemas se destacan o fracasan en función a *ideas* y *conceptos* en lugar de basarse en las declaraciones de un *evento histórico en particular.*

Aunque el cristianismo tiene sus propias afirmaciones ideológicas y filosóficas, estas propuestas están intrínsecamente conectadas a un evento de ratificación singular: la resurrección de Jesucristo. ¿Por qué debería alguien creer en las palabras de Jesús en lugar de lo que expresaron Buda, Confusio o los sabios hindúes? La autoridad de Jesús se fundamenta en algo más que la fuerza de una *idea*, está cimentada en un *evento verificable*. Cuando Jesús se levantó de entre los muertos, él estableció su autoridad como Dios, y su resurrección nos proporciona un importante distintivo cristiano. La resurrección puede ser examinada en su confiabilidad y la veracidad de la evidencia del cristianismo, lo que lo diferencia de cualquier otro sistema religioso.

Permítame ofrecer una analogía para clarificar el punto:

Si le dijera que tuve una visión privada de Dios en la que él revelaba una serie de verdades importantes que quería que compartiera con usted, ¿cómo podría verificar (o desmentir) mi declaración? Las visiones personales y declaraciones pietistas de sabiduría son difíciles de verificar.

Definición forense:

TESTIMONIO

El testimonio se describe como una afirmación o declaración de un testigo (por lo general bajo juramento). Los testimonios de testigos se usan para apoyar un hecho o reclamación. Los apóstoles, por ejemplo, dieron testimonio de las evidencias relacionadas con la resurrección al presentar su defensa como prueba del cristianismo.

Como cristianos, generalmente, pensamos en nuestro testimonio en términos de nuestra propia experiencia personal con Dios. Aunque esto está bien, nuestro testimonio podría incluir también nuestra evaluación de la evidencia más allá de la experiencia personal. Si usted estuviera obligado a declarar y demostrar la verdad del cristianismo, ¿lo podría sustentar más allá de su experiencia personal subjetiva? ¿Qué tipo de evidencia objetiva podría presentar para justificar la confiabilidad de la Biblia o la existencia de Dios?

Tiene que aceptar mi historia o rechazarla, pero, en cualquier caso, tendrá que hacerlo sin la capacidad de investigar mis afirmaciones con evidencias. No puede, después de todo, entrar en mi cabeza para ver si estoy mintiendo acerca de esta «revelación» tan personal. ¿Qué pasaría si por el contrario le dijera que Dios me visitó *físicamente*? Dios vino a mí en forma humana y en presencia de mis amigos almorzó conmigo.

Mientras estuvo aquí, él me ayudó a cavar una zanja para mi línea de irrigación e incluso a dar algunos toques finales para una casa en el árbol para mis hijos. ¿Se da cuenta cómo este tipo de afirmación *pública* es categóricamente diferente a las sugerencias *privadas* sobre las visiones y la sabiduría divina? Las declaraciones públicas sobre los acontecimientos históricos que tuvieron lugar (o no ocurrieron) en mi patio *en presencia de testigos*, pueden ser investigados forense e históricamente. Mis amigos podrían ser entrevistados, la zanja de riego podría examinarse para dar los atributos de «excavación divina». La casa del árbol podría ser examinada en busca de una «ayuda celestial». Mi afirmación sobre una visita *pública* divina podría ser examinada y verificada con evidencias de una manera que las afirmaciones de revelación *privadas* no pueden.

Los alegatos del cristianismo son públicos ya que se fundamentan sobre la base de un evento en la historia. Podemos investigar este caso al igual que otros acontecimientos históricos (incluyendo asesinatos sin resolver que es mi área de especialización). Este tipo de evidencia es un distintivo o característica del judeo-cristianismo.

Las afirmaciones de la mayoría de las religiones son privadas

Las afirmaciones del cristianismo son públicas

Usted puede preguntarse: «Espere un minuto, el cristianismo no es el único sistema teísta basado en un suceso histórico, ¿qué pasa con las religiones como el mormonismo?». Muy bien, el mormonismo, por ejemplo, también se basa en una reivindicación histórica sobre el pasado (en este caso, una afirmación acerca de la historia del continente de Norteamérica en sus inicios). Estas afirmaciones se pueden demostrar como *falsas*. De hecho, el mismo proceso que utilicé como escéptico para probar la confiabilidad de los Evangelios (léalo en el libro *Cristianismo, Caso resuelto*) también lo usé para probar la fiabilidad del Libro de Mormón. La evidencia *verificó* el cristianismo y demostró *falso* el mormonismo. El atributo distintivo del cristianismo no es simplemente que es *verificable*, sino que pasa nuestras pruebas de verificación. El cristianismo es verificable y verificado a la vez. Es verdad.

Nuestro deber cristiano debería distinguirse por tener una estrategia reflexiva y probatoria ante la evidencia del cristianismo. ¿No debería este deber llamarnos a vivir de manera diferente a los adeptos de otros sistemas religiosos? ¿No deberíamos, como cristianos, ser el grupo que sabe *por qué* nuestras creencias son veraces y estar más dispuestos a defender lo *que* creemos? ¿Por qué entonces a menudo estamos poco interesados en las evidencias? ¿Por qué nos parecemos a todos los demás grupos religiosos, cuando se nos pide que demos argumentos y razón de nuestras creencias? Es hora de que la naturaleza distintiva del cristianismo dé lugar a una familia de creyentes claramente inteligente, razonable y probatoria. Esta *diferencia* debe formar parte de nuestro *deber* cristiano. Estamos llamados a abrazar una *fe forense* y amar a Dios con nuestra mente.

Definición de fe forense:

EVIDENCIA

Como detective forense he aprendido que cualquier cosa que demuestra ser cierta, puede ser ofrecida como evidencia. Cuando se investiga a un sospechoso en particular, considero las declaraciones de testigos, el comportamiento observado en el sospechoso, la evidencia material en el lugar (incluyendo evidencias físicas y biológicas), y las declaraciones hechas (u omitidas) por la persona que estoy investigando. Prácticamente todo tiene posibilidades de ser una pieza importante de evidencia.

Si alguien le pidiera que presente defensa sobre la fiabilidad del Nuevo Testamento ¿qué tipo de evidencia consideraría? ¿Puede presentar evidencia arqueológica? ¿Puede describir la evidencia textual intrínseca de los Evangelios? ¿Está familiarizado con las fuentes primitivas seculares relacionadas con la vida y ministerio de Jesús? Puede obtener información acerca de estas evidencias en el libro *Cristianismo, Caso resuelto*.

EVIDENCIALISTAS INCONSISTENTES

Trabajaba en una asignación encubierta cuando empecé a investigar los Evangelios como relatos de testigos. Mi esposa Susie, me pidió que fuera a la iglesia con ella y yo estaba dispuesto a ir a pesar de que la mayoría de los cristianos que conocía se comportaban muy inmaduramente. Algunos de mis compañeros de trabajo eran cristianos y dos de ellos habían hablado conmigo una vez de lo que Jesús significaba para ellos. En aquel tiempo yo era un ateo desagradable y obstinado y les rechacé con una variedad de preguntas pensadas para poner a prueba lo que ellos creían. Les pregunté reiteradamente por las evidencias que respaldan sus afirmaciones: «¿Por qué creen que la Biblia es verdadera?», «¿por qué creen que Jesús realmente se levantó de entre los muertos?», «¿por qué un Dios todopoderoso no detiene todo el mal al que tenemos que hacer frente todos los días como oficiales de policía?».

Sus respuestas no fueron muy buenas, de hecho, me sorprendí al descubrir que tenían una fe relativamente sin fundamentos. Los investigadores experimentados nunca afirman que alguien es sospechoso de un crimen sin una buena evidencia, sin embargo, ellos afirmaron que Jesús era *Dios* sobre la apreciación de una experiencia subjetiva y personal. Parecían entrar en contradicciones incompatibles tratando de probar sus afirmaciones sobre la verdad de la Biblia, a pesar de que ellos deberían entender que la evidencia juega un papel decisivo en determinar si algo es verdadero.

Si de eso se trataba el cristianismo no quería tener nada que ver con aquello, pero cuando leí por primera vez el Nuevo Testamento me sorprendió gratamente la idea de que la fe cristiana nunca pretende ser «ciega», incluso si algunos de mis amigos cristianos no estaban conscientes de las evidencias que apoyan sus creencias. De hecho, el cristianismo promueve la exploración inteligente y el examen razonable animando a los creyentes a examinar cuidadosamente lo que creen para que puedan estar totalmente convencidos de que sus creencias son verdaderas. Examine las siguientes advertencias en el Nuevo Testamento:

No apaguen el Espíritu. No desprecien las profecías, sométanlo *todo* a prueba, aférrense a lo bueno. — 1ª **Tesalonicenses 5:19–21**

Queridos hermanos, no crean a cualquiera que pretenda estar inspirado por el Espíritu, sino *sométanlo a prueba* para ver si es de Dios, porque han salido por el mundo muchos falsos profetas. — 1ª **Juan 4:1**

…cada persona debe estar *plenamente convencido en su propia mente.*
— **Romanos 14:5 (RV1960)**

Pero tú debes permanecer fiel a las cosas que se te han enseñado. *Sabes que son verdad,*
porque sabes que puedes confiar en quienes te las enseñaron.
— **2ª Timoteo 3:14 (NTV)**

El cristianismo es razonable y es nuestro deber cristiano examinar y probar lo que creemos para que podamos estar totalmente convencidos. Como detective a menudo era mi deber poner a prueba las declaraciones de los sospechosos arrestados. Algunos de estos sospechosos me proporcionaban coartadas en sus esfuerzos por engañarme, pero ninguno realmente quería que yo las investigara a profundidad, nadie me *invitó* a hacerlo. ¿Por qué? Porque sabían que estaban mintiendo y esperaban que no diera *seguimiento* a sus historias. Pero este no es el enfoque de los autores del Evangelio que, a diferencia de mis sospechosos, los autores de las Escrituras nos animan a razonar a través de las pruebas con el fin de investigar sus afirmaciones. Escuche lo que dijo Judas, el hermano de Jesús, sobre el valor de la razón:

Les digo esto, porque algunas personas que no tienen a Dios se han infiltrado en sus iglesias diciendo que la maravillosa gracia de Dios nos permite llevar una vida inmoral. La condena de tales personas fue escrita hace mucho tiempo, pues han negado a Jesucristo, nuestro único Dueño y Señor. — **Judas 4 (NTV)**

Pero esa gente se burla de cosas que no entiende. Como *animales irracionales,* hacen todo lo que les dictan sus instintos y de esta manera provocan su propia destrucción.
— **Judas 10 (NTV)**

Judas utiliza esta palabra «irracional» de una manera peyorativa; ser irracional es actuar como un animal salvaje. Dios claramente quiere más de los seres creados a su imagen. Cuando leí por primera vez estas palabras, me pregunté si mis compañeros cristianos estaban familiarizados con ellas. Como investigadores profesionales eran evidencialistas expertos, pero como cristianos parecían no estar conscientes de las enseñanzas de sus propias Escrituras.

La Biblia nos llama a ser *razonables*. Los autores bíblicos con *confianza* nos desafiaron a investigar sus afirmaciones. Los autores de las Escrituras no tenían nada que ocultar, como resultado, se anima a los cristianos a ser investigadores razonables y fidedignos.

Crecí en una familia que hizo hincapié en la importancia de utilizar la evidencia para defender lo que creemos. Nací en el tiempo que mi padre, James David Wallace Sr., asistía a la academia de policía. Me educó para comprender el valor de la razón y la evidencia; se podría decir que es parte de mi tradición familiar. Mi hijo, James David Wallace Jr., nació en la época que yo asistía a la *misma* academia de policía y la investigación de casos es también parte de su tradición. Hemos pasado esta práctica de investigación de evidencias de oficial a oficial a través de tres generaciones. Cada *joven* Jim Wallace aprendió del ejemplo ofrecido por Jim Wallace *mayor*. Entendemos nuestro papel como miembros de esta familia de las fuerzas del orden, y aceptamos nuestro deber de buscar pruebas de casos como parte importante de nuestra *identidad*.

Como miembro de la familia cristiana, también reconozco la importancia de la razón y la evidencia como parte de nuestra tradición *cristiana*. He aprendido de los ejemplos dejados por modelos de conducta cristianos, entiendo mi lugar como miembro de la familia cristiana, y acepto mi deber de presentar casos de defensa como parte importante de mi identidad *cristiana*. La historia del cristianismo está llena de ejemplos de personas que adoptaron un análisis forense de la *fe* como modelo de lo que significa ser un defensor cristiano.

ANÁLISIS FORENSE DE LA FE BASADO EN LA EVIDENCIA - EJEMPLO #1

CRISTO, DEFENSOR DE LA FE

Toda la evidencia se puede dividir en dos categorías: *directa* o *indirecta*.

La evidencia directa se trata de los testigos oculares, y la evidencia indirecta (también conocida como «evidencia circunstancial») es todo lo demás. El Jesús que yo encontré a través del Nuevo Testamento, es un defensor de la fe, y comprendía muy bien estas dos categorías. Él no esperaba que sus seguidores creyeran lo que les decía (evidencia directa) sin una razón válida (el respaldo de la evidencia indirecta). Jesús sustentaba continuamente su testimonio con la evidencia indirecta de los milagros que realizaba. También elaboró una defensa para avalar la autoridad de su testimonio por medio de la evidencia corroborativa de estos milagros:

Mas yo tengo mayor *testimonio* que el de Juan; porque las *obras* que el Padre me dio para que cumpliese, *las mismas obras que yo hago*, dan *testimonio* de mí, que el Padre me ha enviado. — **Juan 5:36 (RV1960)**

Jesús les respondió: «Os lo he dicho, y no creéis; las *obras* que yo hago en nombre de mi Padre, ellas *dan testimonio* de mí». — **Juan 10:25 (RV1960)**

Si no hago *las obras de mi Padre*, no me crean. Pero, si las hago, aunque no me crean a mí, crean a mis obras, para que sepan y entiendan que el Padre está en mí, y que yo estoy en el Padre. — **Juan 10:37–38**

Créanme cuando les digo que yo estoy en el Padre y que el Padre en mí; *o al menos créanme por las obras mismas.* — **Juan 14:11**

Jesús sabía que sus seguidores necesitarían algo más que su testimonio; por eso, les dio la evidencia de los milagros, para corroborar lo que él decía, para que así, sus oyentes se convencieran totalmente. Jesús estaba tan comprometido con esta estrategia de las evidencias, que, luego de su resurrección, se quedó con sus discípulos por más de un mes para otorgarles evidencia complementaria:

> ...hasta el día en que fue llevado al cielo, luego de darles instrucciones por medio del Espíritu Santo a los apóstoles que había escogido. Después de padecer la muerte, se les presentó dándoles muchas pruebas convincentes de que estaba vivo. Durante cuarenta días se les apareció y les habló acerca del reino de Dios.
> — **Hechos 1:2–3**

Meditemos en esto; Jesús ya había demostrado su deidad al *resucitar*, creo que eso hubiese bastado para mí, pero no para Jesús; él se quedó cuarenta días más para proporcionar más «pruebas convincentes». A eso llamo un verdadero compromiso con la defensa de la fe.

Me impresionó enormemente la determinación de Jesús por dejar evidencias a pesar de su respuesta ante la *duda*. Siendo un detective especializado en casos no resueltos, he aprendido a examinar cuidadosamente las palabras cuando se trata de las declaraciones hechas por las víctimas, testigos y sospechosos, porque, por lo regular, lo que alguien *no* esté diciendo es más importante que lo que *sí* haya dicho. De hecho, a menudo me hago esta pregunta: «¿Cuáles fueron las opciones disponibles cuando esa persona hizo su declaración? ¿Qué pudo haber dicho en esta circunstancia en particular y qué nos indican las palabras que usó para describirnos su verdad o sus pensamientos acerca de esa situación?». Ahora, como investigador del Nuevo Testamento, al estudiar la respuesta de Jesús ante la duda, me hice esas mismas preguntas.

En los Evangelios, hay dos recuentos importantes que describen a las personas cercanas a Jesús, quienes, a pesar de todo lo que habían visto, aún dudaban de la identidad de Jesús, así como sus declaraciones acerca de su deidad. El primero es el primo de Jesús; Juan el Bautista. Jesús amaba a Juan, y en una ocasión dijo: «Les aseguro que entre los mortales no se ha levantado nadie más grande que Juan el Bautista...» (Mateo 11:11). Juan era un hombre de Dios y creció en un hogar donde se tenía temor de Dios; Elisabet, su madre, supo que Jesús era el «Señor» aún cuando este estaba en el vientre de su madre, María (Lucas 1:39-45). Así que, seguramente, Juan creció con esta información, y la condición de Mesías de Jesús le fue confirmada cuando vio al Espíritu de Dios descender sobre él cuando lo bautizó (Lucas 3:22). Si alguien pudiera estar seguro de la identidad de Jesús, ese sería Juan el Bautista.

Pero cuando Juan fue arrestado por Herodes, este envió a uno de sus discípulos para que le preguntara una cosa a Jesús. A pesar de todo lo que ya sabía acerca de Jesús, el cuestionamiento de Juan reveló la gran duda que había dentro de él: «¿Eres tú el que ha de venir, o debemos esperar a otro?». A diferencia de los demás, Juan ya debería saber la respuesta, sin embargo, ahí estaba, pidiéndole a Jesús que mitigara su duda.

Como detective, la primera vez que leí este pasaje pensé en todas las cosas que Jesús *hubiera* podido responder ante tal expresión de duda por parte de Juan; pudo haber condenado a Juan, pero no lo hizo; pudo haberle reprochado su falta de confianza en aquello que la madre de Juan claramente sabía, pero Jesús tampoco hizo eso. Por último, Jesús le pudo haber mandado la instrucción a Juan que confiara en las enseñanzas que recibió cuando era niño, o en lo que había «experimentado» en el pasado de parte de Dios; pero, en vez de responderle así, Jesús proveyó de *evidencia* a los discípulos de Juan:

> En ese mismo momento Jesús sanó a muchos que tenían enfermedades, dolencias y espíritus malignos, y les dio la vista a muchos ciegos. Entonces les respondió a los enviados: – Vayan y cuéntenle a Juan lo que han visto y oído: Los ciegos ven, los cojos andan, los que tienen lepra son sanados, los sordos oyen, los muertos resucitan y a los pobres de les anuncian las buenas nuevas. Dichoso el que no tropieza por causa mía.[7]

Jesús realizó milagros a manera de demostración de su identidad (estos milagros eran congruentes con las profecías mesiánicas escritas en Isaías 29:18 e Isaías 35:5-6). Cuando prácticamente se le preguntó «¿Cómo podemos saber si esto es verdad?». Jesús respondió exponiendo las evidencias del caso.

Juan el Bautista no fue el único en expresar su duda, el apóstol Tomás (también conocido como Dídimo) es famoso por tener un episodio de incertidumbre. Tomás fue uno de los colegas más cercanos a Jesús y también un miembro importante del equipo de los doce que él mismo había elegido. Sin embargo, a Tomás se le dificultó creer que Jesús podía y había resucitado de la muerte, y no les creyó a los otros apóstoles quienes le reportaron haber visto vivo a Jesús después de ser crucificado. La duda de Tomás está relatada en el evangelio de Juan:

> Tomás, al que apodaban el Gemelo, y que era uno de los doce, no estaba con los discípulos cuando llegó Jesús. Así que los otros discípulos le dijeron: ¡Hemos visto al Señor! Mientras no vea yo la marca de los clavos en sus manos, y meta mi dedo en las marcas y mi mano en su costado, no lo creeré –repuso Tomás.[8]

La respuesta de Jesús ante la duda de Tomás fue similar a la respuesta que le dio a Juan el Bautista. Jesús no esperaba que Tomás confiara solamente en lo que los otros le decían, o que aprendiera de la experiencia que tuvieron los demás, sino que, una vez más proveyó una demostración pública de la evidencia:

> Una semana más tarde estaban los discípulos de nuevo en la casa, y Tomás estaba con ellos. Aunque las puertas estaban cerradas, Jesús entró y, poniéndose en medio de ellos, los saludó. –¡La paz sea con ustedes! Luego le dijo a Tomás: –Pon tu dedo aquí y mira mis manos. Acerca tu mano y métela en mi costado. Y no seas incrédulo, sino hombre de fe. –¡Señor mío y Dios mío! –exclamó Tomás.[9]

Perfil forense:

JESÚS DE NAZARET

Jesús nos proporcionó un ejemplo de cómo debemos vivir siendo sus discípulos. Por lo regular, consideramos a Jesús como un modelo a seguir en cuanto a amar a los demás, la devoción hacia el Padre, o a nuestro compromiso con la pureza, pero ¿consideramos a Jesús como el modelo a seguir en todo lo relacionado a nuestra manera de pensar y defender la verdad?

Considerando lo que hemos aprendido de Jesús en este capítulo, ¿de qué modo usted seguiría su ejemplo como un defensor del cristianismo? El ejemplo de Jesús, ¿de qué manera cambia la forma en la que ayuda a los demás a resolver sus dudas de fe? y, el ejemplo de Jesús, ¿cómo le ayudaría a cambiar la manera en la que defiende su deidad?

Cuando fue confrontado con la evidencia, Tomás se deshizo de toda duda. Ahora, la historia no termina ahí; la siguiente frase del pasaje es usualmente citada por quienes están en contra del cristianismo basado en la evidencia, el cual he descrito en estas páginas. Inmediatamente después de la confesión de fe de Tomás, Jesús dijo lo siguiente:

–Porque me has visto, has creído –le dijo Jesús–; dichosos los que no han visto y sin embargo creen.[10]

A primera vista, pareciera que Jesús estuviera diciendo algo como: «Oye Tomás, puede que hayas necesitado evidencias, pero los que creen *sin* ver las evidencias son más dichosos que tú». Pero Jesús no quiso decir esto, y el siguiente versículo nos lo aclara.

Jesús hizo muchas otras señales milagrosas en presencia de sus discípulos, las cuales no están registradas en este libro. Pero estas se han escrito para que ustedes crean que Jesús es el Cristo, el Hijo de Dios, y para que al creer en su nombre tengan vida.[11]

En resumen, Jesús dijo: «Dichosos son los que no vieron y aún así creyeron», y en el siguiente pasaje, Jesús continuó con su defensa añadiéndole «muchas otras señales milagrosas» que hizo frente a sus discípulos. Pero ¿por qué habrá continuado Jesús facilitando evidencia adicional, luego de haber dicho que los que creen *sin* ver son más dichosos? La respuesta, una vez más, la encontramos en el evangelio de Juan. En el capítulo 17, en la famosa oración de Jesús al Padre, él oró por unidad y, de manera cuidadosa, incluyó a todos aquellos quienes nos convertiríamos en cristianos después que él ascendiera al cielo:

No ruego solo por estos. Ruego también por los que han de creer en mí por el mensaje de ellos, para que todos sean uno. Padre, así como tú estás en mí y yo en ti, permite que ellos también estén en nosotros, para que el mundo crea que tú me has enviado. (Juan 17:20–21)

En esta oración, Jesús se estaba refiriendo a todas las personas (como usted y yo) que creemos en Jesús no solamente por la evidencia que hemos visto con nuestros propios ojos, sino por el testimonio (evidencia directa) expuesta por los discípulos (su mensaje). Efectivamente, Tomás fue dichoso por creer por lo que vio, pero también nosotros somos dichosos porque creemos por lo que él (y los autores de los Evangelios) declararon en su carácter de testigos. Es por eso por lo que Jesús siguió haciendo «muchas otras señales» en presencia de sus discípulos, porque él quería que tuvieran mucho de qué hablarles a los demás. Jesús es nuestro ejemplo, él usó la evidencia para la defensa, aún cuando el propósito fuera simplemente animar al que duda.

Cristo, defensor de la fe

La vasta historia de la defensa cristiana saturada de evidencia

ANÁLISIS FORENSE DE LA FE BASADO EN LA EVIDENCIA - EJEMPLO #2:
LOS DEFENSORES COMISIONADOS

El compromiso que tenía Jesús con la defensa de la fe no se perdió cuando fue depositada en manos de sus seguidores, es más, los discípulos llevaron el mensaje de Jesús a un mundo hostil, plenamente conscientes del papel que tenían como testigos oculares. Los relatos de los evangelios fueron escritos a manera de narraciones *históricas*. La vida de Jesús fue narrada cronológicamente, al igual que otros eventos históricos, los cuales ayudaron a ubicar geográfica e históricamente a Jesús. En el proceso, los testigos clave fueron identificados uno a uno:

Vino un hombre llamado Juan. Dios lo envió como *testigo* para dar *testimonio* de la luz, a fin de que por medio de él todos creyeran.

— Juan 1:6–7

Durante el primer siglo, otros testigos oculares proveyeron evidencias directas acerca de la vida de Jesús, su ministerio y (eventualmente) su resurrección. Estas personas fueron comisionadas por el mismo Jesús para expandir el reino en base a sus observaciones como testigos:

Cuando todavía estaba yo con ustedes, les decía que tenía que cumplirse todo lo que estaba escrito acerca de mí en la ley de Moisés, en los profetas y en los salmos. Entonces les abrió el entendimiento para que comprendieran las Escrituras. — Esto es lo que está escrito —les explicó—: que el Cristo padecerá y resucitará al tercer día, y en su nombre se predicarán el arrepentimiento y el perdón de pecados a todas las naciones, comenzando por Jerusalén. Ustedes son *testigos* de estas cosas. Ahora voy a enviarles lo que ha prometido mi Padre; pero ustedes quédense en la ciudad hasta que sean revestidos del poder de lo alto.

— Lucas 24:44–49

Perfil forense:

SIMÓN PEDRO

Simón Pedro debería darnos, a nosotros, siendo seguidores imperfectos de Jesús, un gran ánimo y esperanza. Aunque Pedro presenció los milagros de Jesús, aparentemente era de lento aprendizaje y cometía error tras error, y aún negó que conocía a Jesús cuando se le cuestionó, la noche antes de la crucifixión. Pero luego de ver que Jesús había resucitado de los muertos, su vida fue transformada. La resurrección fue, evidentemente, el momento decisivo para los discípulos, pero en especial para Pedro; se convirtió en alguien lleno de certeza, audaz, confiable y capaz de todo. Surgió como un líder quien guió a los demás apóstoles a testificar sin temor, aprovechando su calidad de testigos oculares acerca de la resurrección.

¿Está seguro de la resurrección de Jesús? ¿Ha examinado la evidencia de la resurrección para permitir que aumente su propia confianza? De lo contrario, revise las pruebas para la resurrección en *Cristianismo, caso resuelto*.

Entonces los que estaban reunidos con él le preguntaron: —Señor, ¿es ahora cuando vas a restablecer el reino a Israel? — No les toca a ustedes conocer la hora ni el momento determinados por la autoridad misma del Padre — les contestó Jesús —. Pero, cuando venga el Espíritu Santo sobre ustedes, recibirán poder y serán mis *testigos* tanto en Jerusalén y Samaria, y hasta los confines de la tierra.

— Hechos 1:6–8

Aquellos que conocieron personalmente a Jesús, y todos los que vieron de primera mano sus milagros y escucharon sus enseñanzas, fueron quienes elaboraron la defensa con la autoridad que les otorgó el haber sido testigos oculares. Jesús, antes de ascender al cielo, les dijo a sus discípulos que fueran a «hacer discípulos de todas las naciones, bautizándolos en el nombre del Padre y del Hijo y del Espíritu Santo, enseñándoles a obedecer todo lo que les he mandado a ustedes...».[12] Los seguidores de Jesús abordaron la tarea de una manera muy particular pues, a pesar de que, a través de los años en la iglesia han surgido diferentes programas de evangelismo, los primeros discípulos no emplearon ninguna de las técnicas y estrategias que hoy en día usamos, más bien se apoyaron en la postura que tenían al haber sido testigos; ellos actuaron como defensores comisionados, ya que, cada vez que se encontraban con una persona no creyente, los apóstoles simplemente comenzaban a compartir acerca de lo que habían visto. Exploremos el primer sermón de Pedro el día de Pentecostés:

> Este fue entregado según el determinado propósito y el previo conocimiento de Dios; y, por medio de gente malvada, ustedes lo mataron, clavándolo en la cruz. Sin embargo, Dios lo resucitó, librándolo de las angustias de la muerte, porque era imposible que la muerte lo mantuviera bajo su dominio ... A este Jesús, Dios lo resucitó, y de ello *todos nosotros somos testigos.*
>
> — **Hechos 2:23–24, 32**

Perfil forense:

JUAN, HIJO DE ZEBEDEO

Jesús llamó a Juan y a su hermano Santiago, los «hijos del trueno», debido al fervor que en ocasiones demostraban (ver en Marcos 9:38 y Lucas 9:54) como defensores apasionados de la verdad. Juan puso al descubierto su fervor por defender la verdad en su evangelio, donde utilizó lenguaje basado en la evidencia, más que cualquiera de los autores de los evangelios y testificó de la evidencia de los milagros de Jesús. Juan, en repetidas ocasiones hace mención de los milagros para evidenciar la deidad de Jesús. Me parece interesante que Juan es tradicionalmente conocido como «el discípulo a quien Jesús amaba» (Juan 13:23). Lo más probable es que fuera el más joven de los discípulos, sin embargo, poseía una gran audacia que cautivaba el cariño de su Maestro.

Dios puede usar la pasión juvenil y la audacia. ¿Tiene usted a su alrededor a jóvenes creyentes? ¿De qué manera los está capacitando para defender la verdad? ¿Hay alguien en particular de quien pueda usted ser mentor?

En los días y meses posteriores al primer sermón de Pedro, él y los demás apóstoles continuaron con esa franca estrategia de evangelismo de defensa, se apoyaban en la evidencia directa de su testimonio como testigos oculares:

El segundo sermón de Pedro, registrado en Hechos 3:15:

Mataron al autor de la vida, pero Dios lo levantó de entre los muertos, y de eso nosotros somos *testigos*.

Pedro y Juan, registrado en Hechos 4:20:

Nosotros no podemos dejar de hablar de lo que hemos visto y oído.

Todos los apóstoles, registrado en Hechos 4:33 (NTV):

Los apóstoles daban testimonio con poder de la resurrección del Señor Jesús y la gran bendición de Dios estaba sobre todos ellos.

Pedro, registrado en Hechos 10:39-42:

Nosotros somos testigos de todo lo que [Jesús] hizo en la tierra de los judíos y en Jerusalén. Lo mataron colgándolo de un madero, pero Dios lo resucitó al tercer día y dispuso que se apareciera, no a todo el pueblo, sino a nosotros, testigos previamente escogidos por Dios, que comimos y bebimos con él después de su resurrección. Él nos mandó a predicar al pueblo y *a dar solemne testimonio* de que ha sido nombrado por Dios como juez de vivos y muertos.

Pablo, registrado en Hechos 17:2-3:

Como era su costumbre, Pablo entró a la sinagoga y tres sábados seguidos discutió con ellos. Basándose en las Escrituras, *les explicaba y demostraba* que era necesario que el Mesías pareciera y resucitara. Les decía: «Este Jesús que les anuncio es el Mesías».

Pablo, registrado en Hechos 17:30-31 (NVI):

Pues bien, Dios pasó por alto aquellos tiempos de tal ignorancia, pero ahora manda a todos, en todas partes, que se arrepientan. Él ha fijado un día en que juzgará al mundo con justicia, por medio del hombre que ha designado. De ello *ha dado pruebas a todos* al levantarlo de entre los muertos».

De todas las posibles formas que pudiera haber de compartir el mensaje del evangelio, los apóstoles eligieron elaborar la defensa con base a la evidencia de lo que ellos mismos observaron. Los primeros que escucharon a los apóstoles abrazaron la fe gracias a esta estrategia basada en la evidencia. Si usted es cristiano, la evidencia entonces también jugó un papel fundamental en su conversión, aunque no se haya dado cuenta de ello, ya que, si alguien le compartió de la Escritura o le habló de Jesús de la forma en la que el Nuevo Testamento se refiere de él, esa persona asimismo se basó en las observaciones y descripciones de los *testigos* oculares: los *apóstoles*, tal como Jesús oró en el evangelio de Juan (capítulo 17). Dios en su soberanía nos escoge y nos llama, comunicándonos su verdad a través de la evidencia directa. Dichosos los que no vieron y aún así creyeron el *testimonio* de los *testigos oculares*.

La vasta historia de la defensa cristiana saturada de evidencia

03 *ANÁLISIS FORENSE DE LA FE BASADO EN LA EVIDENCIA - EJEMPLO #3:*
LOS DEFENSORES CANÓNICOS

Los autores de las Escrituras comprendían la importancia de la evidencia, la elaboración de la defensa y la autoridad de los testigos oculares; los autores de los Evangelios se apoyaron en esa misma autoridad para elaborar la defensa. Por ejemplo, el apóstol Juan concluyó su evangelio reiterando su posición de testigo ocular:

> Este es el discípulo que da *testimonio* de estas cosas, y las que escribió. Y estamos convencidos de que su *testimonio* es verídico. Jesús hizo también muchas otras cosas, tantas que, si se escribiera cada una de ellas, pienso que los libros escritos no cabrían en el mundo entero. — **Juan 21:24–25**

Incluso Lucas, quien después escribiría ampliamente la historia de la vida, ministerio, muerte y resurrección de Jesús, comprendió el valor y la autoridad que tiene un testigo ocular. En los primeros enunciados de su evangelio le hace el comentario a sus lectores que se está apoyando en el testimonio de los testigos oculares:

> Muchos han intentado hacer un relato de las cosas que se han cumplido entre nosotros, tal y como nos las *transmitieron los que desde el principio fueron testigos oculares y servidores de la palabra.* Por lo tanto, yo también, excelentísimo

Perfil forense:
PABLO DE TARSO

Pablo (también conocido como Saulo, su nombre hebreo) creció y fue formado como judío devoto (un fariseo) y recibió educación en la escuela de Gamaliel, uno de los rabinos más famosos de la historia. Estando en una posición de liderazgo y autoridad, se dedicó a perseguir a los creyentes cristianos y los «trajo presos a Jerusalén» (ver Hechos 22:5). A pesar de su conocimiento intelectual obstinado y su compromiso religioso, la vida de Pablo fue transformada radicalmente cuando fue testigo ocular en su encuentro con Cristo resucitado de camino a Damasco. Se convirtió en seguidor de Jesús y escribió catorce libros del Nuevo Testamento.

Aún aquellos que nos opusimos duramente a Dios podemos ser transformados por la evidencia. ¿Conoce usted a alguien que se aferra a ser un escéptico? ¿Le ha compartido alguna vez la evidencia del cristianismo? ¿Ha conversado intensamente con esa persona para descubrir cuáles son sus objeciones?

Teófilo, habiendo investigado todo esto con esmero desde su origen, he decidido escribírtelo ordenadamente, para que llegues a tener plena seguridad de lo que te enseñaron. — **Lucas 1:1–4**

Para los primeros creyentes, la evidencia fue sumamente importante; confiaron en lo que les decían Juan y Mateo, pues estos conocieron a Jesús de manera íntima y personal. Estos discípulos proveyeron evidencia directa (su testimonio como testigos oculares) en sus evangelios. El evangelio de Lucas fue acogido por la iglesia primitiva pues estaba basado en la investigación exhaustiva de Lucas. Lucas había entrevistado a los testigos oculares e incluyó sus testimonios. Incluso, el evangelio de Marcos fue aceptado porque estaba basado en el valor de los testigos oculares. A pesar de que Marcos no conoció personalmente a Jesús, su evangelio, de acuerdo con el obispo del primer siglo Papías de Hierápolis, es una recolección precisa del testimonio de Simón Pedro, un testigo ocular clave. Los apóstoles (y quienes escribieron acerca de ellos), comprendieron el papel fundamental en la recopilación de evidencia para la elaboración de la defensa.

Los autores de los evangelios no fueron los únicos autores de las Escrituras que entendían la importancia de su condición de testigo ocular; por ejemplo, Pablo continuamente se refería a su encuentro con Jesús para establecer la autenticidad de su ministerio y de sus escritos. Pablo también apuntó a sus lectores hacia otros testigos oculares que podían corroborar sus declaraciones:

Porque ante todo les transmití a ustedes lo que yo mismo recibí: que Cristo murió por nuestros pecados según las Escrituras, que fue sepultado, que resucitó al tercer día según las Escrituras, y que *se apareció a Cefas, y luego a los doce. Después se apareció a más de quinientos hermanos a la vez,* la mayoría de los cuales vive todavía, aunque algunos han muerto. Luego *se apareció a Jacobo, más tarde a todos los apóstoles,* y, por último, como a uno nacido fuera de tiempo, *se me apareció también a mí.* — **1ª Corintios 15:3–8**

Pablo elaboró la defensa sobre la evidencia *indirecta* contenida en las profecías del Antiguo Testamento, pero confirmándola con la evidencia *directa* de los testigos oculares quienes vieron de primera mano cumplirse estas profecías. Como testigo ocular de Cristo resucitado, Pablo entendió muy bien el poder del testimonio de un testigo ocular. Los autores basados en la evidencia de las otras epístolas del Nuevo Testamento también se identificaron como testigos oculares al escribir para los miembros de la iglesia:

A los ancianos que están entre ustedes, yo, que soy anciano como ellos, *testigo de los sufrimientos de Cristo* y partícipe con ellos de la gloria que se ha de revelar...
— **1ª Pedro 5:1**

Cuando les dimos a conocer la venida de nuestro Señor Jesucristo en todo su poder, no estábamos siguiendo sutiles cuentos supersticiosos, sino dando *testimonio* de su grandeza, *que vimos con nuestros propios ojos.* — **2ª Pedro 1:16**

Lo que ha sido desde el principio, lo que hemos oído, lo que hemos visto con nuestros propios ojos, lo que hemos contemplado, lo que hemos tocado con las manos, esto les anunciamos respecto al Verbo que es vida. Esta vida se manifestó. Nosotros la hemos visto y damos testimonio de ella, y les anunciamos a ustedes la vida eterna que estaba con el Padre y que se nos ha manifestado. Les anunciamos *lo que hemos visto y oído*, para que también ustedes tengan comunión con nosotros. Y nuestra comunión es con el Padre y con su Hijo Jesucristo. — **1ª Juan 1:1–3**

El canon de las Escrituras del Nuevo Testamento fue plasmado por hombres que comprendieron su postura basada en la evidencia para la elaboración de la defensa. Al aproximarse el fin de sus días, ellos se aseguraron de dejarnos un registro por escrito de todo lo que observaron y aprendieron, para que un día nosotros pudiésemos también elaborar la defensa.

La vasta historia de la defensa cristiana saturada de evidencia

ANÁLISIS FORENSE DE LA FE BASADO EN LA EVIDENCIA - EJEMPLO #4:

LOS QUE CONTINUARON CON LA DEFENSA

La historia cristiana está llena de creyentes que elaboraron la defensa basados en lo que los defensores canónicos proveyeron en las páginas del Nuevo Testamento. Si existe alguna continuidad consistente de liderazgo a través de la historia de la iglesia, esa es la influencia actual de los defensores cristianos. Luego de la ascensión de Jesús, y la muerte de quienes fueron testigos oculares, los primeros cristianos continuaron con la elaboración de la defensa. A continuación, algunos de los destacados:

Cuadrado de Atenas (entre 60-129 d.C.)

Los creyentes primitivos no dudaron en elaborar la defensa del cristianismo. Cuadrado fue un discípulo de los apóstoles, le escribió al emperador Adriano como un intento de responder a las acusaciones hechas contra la iglesia primitiva. Cuadrado, en su defensa de la verdad del cristianismo, ofreció como evidencia la existencia de personas sanadas por Jesús, quienes aún vivían en esos años.

Arístides de Atenas (entre 70-134 d.C.)

Este filósofo ateniense también escribió una defensa del cristianismo al emperador Adriano. Elaboró la defensa comparando la visión del mundo de las cuatro culturas plenamente conocidas por el emperador, subrayando la superioridad de las

---

Definición forense:

EVANGELISTA

Proviene de la palabra griega *euaggelizó* (εὐαγγελίζω), un evangelista es alguien que «lleva las buenas nuevas». A pesar de que unos escritos griegos antiguos utilizan el término para describir a los cuatro autores de los Evangelios, la palabra también se aplica a cualquiera que sea el pionero en llevar el evangelio (las buenas nuevas de Jesús) ya sea a una ciudad, región o grupo de personas.

¿Usted quiere ser evangelista? Necesitará dos cosas: Primero necesitará discernir el extravagante regalo de la salvación que tenemos a través de Jesús, quien perdona nuestros pecados y nos purifica de toda nuestra maldad (1ª Juan 1:9) ¿Le emocionan estas buenas nuevas? En segundo lugar, necesitará un grupo, región o persona que nunca ha escuchado el evangelio. ¿Quién o quiénes a su alrededor no han podido comprender en su totalidad la naturaleza del perdón y el regalo de la salvación?

declaraciones cristianas acerca de Dios y el estilo de vida ejemplar de los cristianos. Hizo referencia a los evangelios como recuentos de los testigos oculares y animó al emperador a responder a esta defensa y convertirse al cristianismo.

Aristón de Pella (entre 100-160 d.C.)

Conocido defensor y «cronista», fue el primer cristiano en hacer una defensa por escrito del cristianismo contra las objeciones judías, su obra fue a manera de un diálogo entre un cristiano y un creyente judío en el cual, el personaje cristiano elaboró la defensa usando las profecías mesiánicas del Antiguo Testamento y demostrando como fue que Jesús cumplió dichas profecías.

Justino Mártir (entre 100-165 d.C.)

Nació en una familia pagana, Justino Mártir se consideraba a sí mismo como gentil. Es autor de varios documentos de defensa de la fe, entre ellos dos en los que defendió el cristianismo ante el emperador Antonino Pio y el senado romano. Justino buscó conciliar las declaraciones de la fe y la razón y argumentó que los rastros de la verdad («semillas del cristianismo») podían encontrarse aún en los escritos históricos de los filósofos griegos que precedieron a Jesús.

Claudio Apolinar (entre 155-240 d.C.)

Claudio Apolinar saltó a la fama como defensor de las verdades del cristianismo ante el emperador Marco Aurelio y elaboró la defensa contra los herejes en la iglesia primitiva. Apolinar citó la evidencia de la oración contestada cuando debatió en pro de la verdad del cristianismo con el emperador.

Tertuliano (entre 155-240 d.C.)

Quinto Septimio Florente Tertuliano fue un defensor cristiano prolífico, escribió con el fin de defender la iglesia contra la herejía y a su vez, defender la naturaleza trina de Dios. Tertuliano escribió *Apologética* para los magistrados en Roma, en donde elaboró la defensa del cristianismo y argumentó que la libertad religiosa era un derecho humano inalienable.

Minucio Félix (entre 180-250 d.C.)

Nacido en África, este defensor es autor de Octavius, un diálogo ficticio entre un cristiano y un pagano. Félix usó este diálogo a manera de respuesta ante las objeciones que se levantaron contra el cristianismo en ese tiempo, a su vez, elaboró, de manera muy sofisticada, a defensa del monoteísmo.

Si a usted le gusta la historia cristiana, lo más probable es que no haya mencionado a su defensor del cristianismo en esta breve lista, y es que podríamos llenar las páginas de este libro con las historias fascinantes de los defensores cristianos que ha habido en la historia, pero no es lo que pretendo; más bien quiero ilustrar la actitud de defensa continua que se ha permeado desde los creyentes de antaño quienes fueron directamente influenciados por Jesús y los apóstoles.

ANÁLISIS FORENSE DE LA FE BASADO EN LA EVIDENCIA - EJEMPLO #5:

LOS DEFENSORES CONTEMPORÁNEOS

Para los primeros cristianos, la elaboración de la defensa era muy importante, y debe ser igualmente importante para aquellos que los suceden, y es que, a nosotros también se nos ha mandado a compartir lo que creemos como cristianos, y quizás sea por eso que constantemente nos sentimos culpables por nuestra falta de fervor en cuanto al evangelismo, pues no muchos somos evangelistas constantes.

Pareciera que el Nuevo Testamento nos presenta una contradicción; por un lado, se nos da la Gran Comisión para ir y compartir el evangelio y hacer discípulos, sin embargo, Pablo parece reconocer que no todos son evangelistas:

> Él mismo constituyó a *unos*, apóstoles; a *otros*, profetas; a *otros*, evangelistas; a *otros*, pastores y maestros, a fin de capacitar al pueblo de Dios para la obra de servicio, para edificar el cuerpo de Cristo. De este modo, todos llegaremos a la unidad de la fe y del conocimiento del Hijo de Dios, a una humanidad perfecta que se conforme a la plena estatura de Cristo. — **Efesios 4:11–13**

En repetidas ocasiones, Pablo dijo que unos fuimos diseñados para desempeñar cierta función que se nos asignó; *unos* son apóstoles, *otros* son profetas, *otros* son evangelistas, *otros* son maestros y *otros* son pastores. Analicémoslo por un momento; la deducción lógica es que, a unos de nosotros se nos ha dado desempeñarnos de cierta manera, pero a otros no. Puede que usted sea muy talentoso y Dios le haya otorgado el ser pastor, o tal vez no sea así; de la misma manera, puede que usted sea o no, un evangelista.

Entonces, ¿cómo nos hacemos parte de la Gran Comisión si solamente *algunos* son evangelistas? El apóstol Pedro nos dio una respuesta; resulta que hay otro «llamado a la Gran Comisión» que debemos sentir en nuestras vidas como cristianos, uno que, por lo regular decidimos ignorar. Volvamos a ver lo que Pedro dijo en su carta a «los elegidos, extranjeros dispersos por el Ponto, Galacia, Capadocia, Asia y Bitinia»:

> Más bien, honren en su corazón a Cristo como Señor. Estén siempre preparados para *responder* a todo el que les pida razón de la esperanza que hay en ustedes. Pero háganlo con gentileza y respeto, manteniendo la conciencia limpia, para que los que hablan mal de

Definición forense:

DEFENSOR DEL CRISTIANISMO

El término cristiano *apologista* puede llegar a ser confuso para los incrédulos, pero incluso para los creyentes. ¿Qué se pretende al estudiar apologética? El término *defensor del cristianismo* engloba la esencia de la palabra griega apología (ἀπολογία) y describe nuestro deber de defender lo que creemos con gentileza y respeto.

Si usted se considera un verdadero cristiano, ¿de qué manera, el término defensor del cristianismo cambia la percepción de su identidad, deber y responsabilidad como seguidor de Cristo?

la buena conducta de ustedes en Cristo se avergüencen de sus calumnias.
— **1ª Pedro 3:15–16**

Pedro usó una palabra muy interesante cuando le dijo a este grupo de creyentes que «responendieran». La palabra griega utilizada es *apología* (ἀπολογία), cuyo significado es semejante a «dar una respuesta bien fundamentada» o, «proveer una respuesta bien razonada a una pregunta planteada». La *apología* simplemente describe nuestro deber de «defender» lo que creemos, y esta palabra se usa (de una forma u otra) diecisiete veces en el Nuevo Testamento (Lucas 12:11; 21:14; Hechos 19:33; 22:1; 24:10; 25:8; 25:15; 26:1-2; 24; Romanos 2:15; 1ª Corintios 9:3; 2ª Corintios 7:11; 12:19; Filipenses 1:7; 1:17 y 2ª Timoteo 4:16). La palabra *apología* es mayormente usada en el contexto de la persecución contra los creyentes (así como vemos que Pedro la usó al dirigirse a los seguidores de Cristo que se encontraban dispersos en regiones habitadas por incrédulos hostiles).

Pedro fue categórico en su directriz hacia estos seguidores de Cristo. A diferencia de Pablo, quien claramente indicó que *no todos son evangelistas,* Pedro expresó claramente que *todos* deberían ser defensores de la fe, particularmente al estar viviendo en un ambiente hostil. Las mismas palabras de Pedro se adaptan para *todos nosotros;* ya es tiempo que aceptemos nuestro llamado y deber de ser *defensores del cristianismo.*

La vasta historia de la defensa cristiana saturada de evidencia

LOS PRÓXIMOS DEFENSORES

Hasta aquí he estado argumentando a favor de la defensa de la fe cristiana tomando la evidencia del *pasado*, pero ahora permítame tomar un momento para argumentar a favor de la defensa de la fe cristiana apoyándome en mis expectativas del *futuro*. Nos encontramos en un ambiente cada vez más hostil donde, como nunca, se está reduciendo la cantidad de habitantes que se identifican a sí mismos como cristianos, cada día son más los jóvenes cristianos que se alejan de la iglesia, lo cual no se había dado en las generaciones pasadas. Los valores cristianos se encuentran bajo un ataque feroz y el escepticismo ateo se intensifica. Esta trayectoria no favorece al cristianismo, al menos en el país donde resido, Estados Unidos. Sin embargo, hay otro grupo de cristianos en el diagrama que estoy exponiendo en este capítulo: nuestros hijos y nietos. Es de notar que, la generación de nuestros padres no tuvo que enfrentarse con *tanta* oposición en cuanto a las declaraciones de fe cristiana y la iglesia, en comparación a la que estamos viviendo, pero nuestros hijos y nietos se enfrentarán a mayor oposición que nosotros.

En mi familia, por tres generaciones hemos tenido clara la importancia de la razón y la evidencia; fue una tradición que pasó de una generación a otra hasta que se hizo parte de la identidad familiar. Si mi hijo Jimmy tuviera un hijo, puede que haya una cuarta generación que continúe con la tradición policíaca. Si eso sucede, entonces será responsabilidad de mi hijo el transmitir los valores y responsabilidades que aprendió de mí. Si deseamos preparar a la siguiente generación de cristianos para enfrentar el reto que les espera, necesitamos entonces transmitirles los valores y responsabilidades que aprendimos de aquellos que fueron antes de nosotros, Debemos mostrarles a nuestros hijos como es la defensa del cristianismo, tenemos que modelarles una fe lista para su análisis forense.

¿QUÉ ES UNA FE LISTA PARA SU ANÁLISIS FORENSE?

Tenemos la tarea de saber y conocer bien *qué* es lo que creemos y *por qué* lo creemos para así poder dar respuestas, contender por nuestra fe y modelar la defensa del cristianismo para la siguiente generación de creyentes. ¿Estamos preparados? Si alguien lo desafiara a usted, planteándole algunas objeciones, ¿sería capaz de defender lo que cree?

El adjetivo *forense* proviene del latín *forensis*, que significa «foro abierto» o «público». Usualmente, el término se refiere al proceso que usan los detectives y abogados para investigar y establecer evidencia en un juicio o debate. Rara vez escuchamos el término asociado a la fe, pero en base a lo que le he descrito en este capítulo, parece ser lo más apropiado para describir la fe que Jesús esperaba de sus seguidores, ya que, Jesús nunca mencionó una «fe ciega» y nunca nos pidió que creyéramos algo que no estuviera sustentado por la evidencia. Consideremos las siguientes definiciones de «fe»:

Fe irracional

Es creer algo *a pesar* de la evidencia.

Se dice que tenemos una creencia irracional cuando nos negamos a aceptar o tomar en cuenta la evidencia que claramente *desmiente* aquello que creemos que es la verdad. El dicho popular «no toques los sapos porque te provocan verrugas» es un ejemplo para esta definición; hay evidencia científica que las verrugas son provocadas por un virus, y no por tocar un sapo o una rana, así que, las personas que aún creen que debido a que estuvieron en contacto con un sapo, automáticamente le saldrán verrugas, tiene una creencia irracional. De manera similar, cuando alguien cree en algo que es *falso*, tiene una *fe irracional* (ya que se puede desmentir por la evidencia). Jesús no les pidió a sus seguidores que ignoraran el mundo que los rodeaba, o que negaran la evidencia que pudiera refutar las declaraciones que él hizo. De hecho, hasta hoy *no hay* evidencias que desmientan los relatos de los testigos oculares plasmados en los Evangelios.

Fe ciega

Es creer en algo *sin* tener alguna evidencia.

Se dice que tenemos una fe ciega cuando aceptamos una declaración sin tener evidencias que sustentan dicha declaración. Por ejemplo, creo que James David Wallace es mi padre biológico, aunque no tengo el resultado de un análisis genético que lo pruebe, puede que nuestra relación consanguínea sea cierta, o puede que no; solamente podré saberlo si realizamos tal prueba de laboratorio. De la misma manera, la fe ciega, en algunas ocasiones puede que crea en algo que es *cierto*, pero también puede que crea en algo *falso* si es que hay evidencia que compruebe su falsedad. Jesús no les pidió a sus seguidores que creyeran sin evidencias. De hecho, en repetidas ocasiones proveyó evidencias para respaldar sus declaraciones.

Fe lista para su análisis forense

Es creer en algo *gracias* a la evidencia.

Se dice que tenemos una creencia forense cuando creemos algo porque es lo más lógico luego de haber revisado la evidencia, aunque, puede que hayan quedado algunas preguntas sin respuesta. Por ejemplo, creo que la amoxicilina puede ayudar a combatir infecciones bacterianas, ya que hay evidencias de laboratorio que sustentan esta afirmación, y en lo personal, la he usado para combatirlas, sin embargo, aún no sé cómo (o por qué) funciona este medicamento, pero tengo fe en la amoxicilina, aunque me queden dudas sin resolver. De manera similar, Jesús nos anima a tener una fe que esté lista para su análisis forense, que se basa en la evidencia que él proveyó. Él sabía que quedarían preguntas sin respuesta, pero lo que él pretendía era que pudiéramos defender lo que creemos (y guardar esa verdad) aún en medio de un ambiente público hostil.

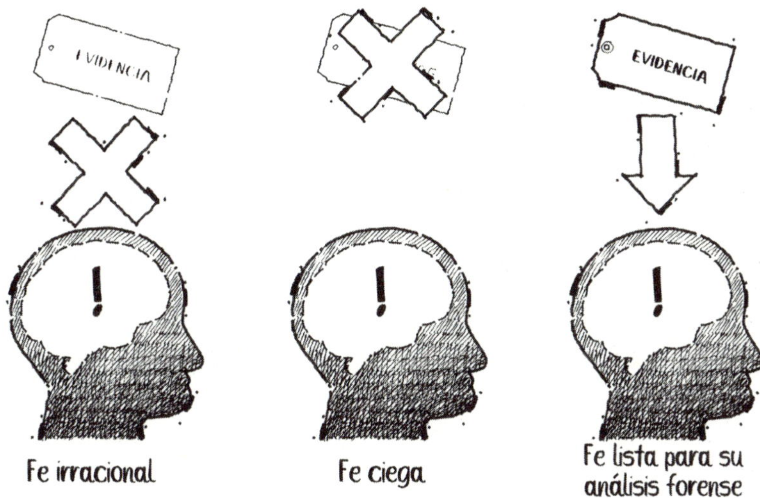

Si usted es como yo, tendrá amigos que tienen uno de estos tipos de fe, incluso, *usted mismo* se habrá identificado en alguna categoría de la lista. A través de mis años, he estado rodeado de gente con estos diferentes tipos de fe, como cuando era ateo que creía que, tanto el universo, como todo lo que hay en él, podía explicarse simplemente con (y por) el espacio, tiempo y la materia, así como las leyes que gobiernan a dichas cosas. Sin embargo, tenía que ignorar o negar la evidencia y aceptar explicaciones ateas, las cuales siempre fueron insuficientes, para las cosas más complejas como: la información del código genético, la sintonía en el universo, los aspectos de diseño en la biología y la existencia de las mentes inmateriales (lea más de esto en mi libro *God's Crime Scene* [La escena del crimen de Dios]). A pesar de la evidencia que mostraba lo contrario, yo seguía confiando en que mi visión naturalista del mundo era *correcta*, lo creía *a pesar* de la evidencia, por lo tanto, tenía una *fe irracional*.

Me sentía renuente a considerar el cristianismo, pues conocía a algunos cristianos que tenían una fe sin comprobar, es decir, no habían investigado absolutamente *nada* de evidencia, simplemente creían que el cristianismo era verdad porque se basaban en las enseñanzas que recibieron al crecer, o en la interpretación de sus experiencias personales. Ahora, antes de continuar, déjeme aclararle que sí creo en lo que unos cristianos llaman «el testimonio interior del Espíritu Santo», en otras palabras, creo en las experiencias que tienen los cristianos cuando están bajo la influencia del Espíritu Santo y que, de hecho, son piezas importantes de *evidencia*. Pero, debido a que mi familia de raíces mormonas también menciona ese tipo de confirmación espiritual, yo me rehusaba a aceptar esas experiencias como *pruebas* contundentes, pues, después de todo, cualquiera puede hablar de *alguna* experiencia religiosa. Yo, como buen detective, necesitaba algo para diferenciar o catalogar las afirmaciones concurrentes de los creyentes que yo conocía, ya que, desde mi perspectiva, tanto mis amigos cristianos, como mis familiares mormones, creían en algo *sin* corroborar con evidencia, es decir, tenían una *fe ciega* en lo que personalmente habían experimentado.

Conforme leía por mi cuenta el Nuevo Testamento, vi que había una *fe* cristiana *alternativa*. Basado en mi muy limitada experiencia con cristianos, asumí que era un requerimiento tener fe ciega, pero el Nuevo Testamento me sacó del error. En repetidas ocasiones fui animado y a la vez sorprendido por el método basado en la evidencia que Jesús tenía, así como los apóstoles y los escritores del Nuevo Testamento. Aunque muchos cristianos crean que el cristianismo es verdadero sin tener necesidad de evidencias, Jesús nunca exigió algo así, por el contrario, Jesús les pidió a sus seguidores que creyeran *basados* en la evidencia, así que, como cristianos, debemos tener una fe lista para su análisis forense.

¿CONTINUAREMOS LLAMÁNDOLE FE SI DEPENDE DE LA EVIDENCIA?

Puede usted estar pensando: «si creo en algo *debido a la evidencia*, ¿por qué entonces usar la palabra «fe»?». Un juez dicta el veredicto basándose en la evidencia y a esa decisión no le llamamos un acto de «fe», ¿cierto? Si la evidencia es una parte intrínseca de la «decisión de fe», entonces, ¿de qué nos sirve emplear la «fe», o en qué la aplicamos?

Sin importar todos los años que tengo de experiencia en juicios criminales, aún tengo que investigar o presentar casos cuidando que en ellos no haya un cúmulo de preguntas que el jurado *no* pueda responder. Aunque mis casos, por lo regular son robustos, acumulativos y convincentes, siempre tienen un *límite* informativo.

Desafío Forense de la fe:

LA FE ES INCOMPATIBLE CON LA RAZÓN

En nuestra sociedad, los escépticos argumentan que la fe es lo opuesto a la razón, también se catalogan a sí mismos como las únicas personas «razonables» en ese debate. ¿Cómo respondería usted a esta objeción tan común en base a lo que hoy conoce de la naturaleza del cristianismo basado en la evidencia? ¿Puede pensar en dos o tres cosas que le pudiera decir a alguien que hace ese tipo de declaraciones?

Para obtener sugerencias de respuestas y algunos recursos que le ayudarán a contestar objeciones similares, vea la sección de Notas de réplica.

Un caso reciente es un ejemplo excelente de ello; los jurados declararon culpable al acusado, aún cuando ellos no tenían respuesta a las siguientes preguntas: ¿Precisamente cómo se deshizo el culpable del cuerpo de la víctima? ¿Cómo fue que tuvo tiempo de limpiar la escena del crimen? ¿Qué hizo con el arma? ¿Cómo movió el auto de la víctima sin que lo vieran?

En los juicios, a veces hay preguntas que no pueden responderse a menos que el sospechoso esté dispuesto a confesar el crimen (y eso casi nunca sucede). La existencia de una pregunta que no tiene respuesta es algo tan común en los juicios, que normalmente los abogados le preguntan al jurado (antes de la selección final) si es que ellos son de los que requieren que se responda a todas las preguntas antes de llegar a una decisión, cuando responden que sí, automáticamente los eliminamos como posibles candidatos.

Los miembros del jurado toman decisiones aun cuando no tienen la información completa, y ellos no son las únicas personas que toman decisiones de este modo; independientemente de la visión teísta (o atea) del mundo, todos creemos que es verdad, aun cuando no podemos responder todas las preguntas. Hoy yo soy cristiano porque la evidencia de la existencia de Dios, y la confiabilidad del Nuevo Testamento son robustas, acumulativas y convincentes. Esto no quiere decir que todas mis preguntas tienen respuesta, no es así, pero he llegado a una conclusión basado en la evidencia que *sí* tengo, igual como lo hace un jurado cuando toma una decisión. En un sentido riguroso, a esto llamamos un «acto de fe», dado a que estoy confiando en algo que no puedo demostrar totalmente o entender. Sin embargo, mi «decisión de fe» se acerca más a «confiar en la conclusión más precisa que se tenga al revisar la evidencia» que a «confiar ciegamente» o «creer en algo a pesar de la evidencia».

¿POR QUÉ DEFENDER LA FE SI DIOS ESTÁ EN CONTROL?

Dependiendo de su posición teológica como cristiano, usted también se estará preguntando si esta estrategia de basarse en la evidencia es necesaria si Dios es soberano y es quien llama a los creyentes y los atrae hacia sí. Si Dios es quien llama a sus escogidos, ¿acaso no puede lograrlo sin nuestra defensa de la fe? Como nuevo creyente, yo también consideré estas preguntas, y creo que la siguiente analogía, aunque es imperfecta, puede ayudar:

Cuando mi hijo David era pequeño, odiaba los champiñones. Si la salvación dependiera de pedir voluntariamente una pizza con champiñones, David nunca hubiera podido llegar al cielo, porque él jamás ordenaría una pizza así. En una ocasión llevé a David a un restaurante de pizzas y muy ingeniosamente, le quité todos los champiñones a la pizza para convencerlo de que se la comiera, pero él se negó, me dijo: «¡aún puedo ver la forma de los champiñones en cada rebanada!». Él sabía que toda la pizza estaba envenenada con el «jugo de los champiñones», y no había poder humano para hacerlo cambiar de parecer, ni siquiera mi mejor y más elaborada defensa de la pizza de champiñones.

Pero, ¿y si hubiera una forma de eliminar la aversión que sentía David hacia los champiñones *antes* de entrar al restaurante? Es decir, si David ya no detestara los champiñones, entonces escucharía abiertamente mi defensa. Además, si yo fuera capaz de exponerle los «cinco puntos principales por los cuales la pizza de champiñones es deliciosa», entonces David, gracias a su nueva naturaleza (de no sentir aversión por los champiñones), ordenaría, por voluntad propia, la pizza de champiñones.

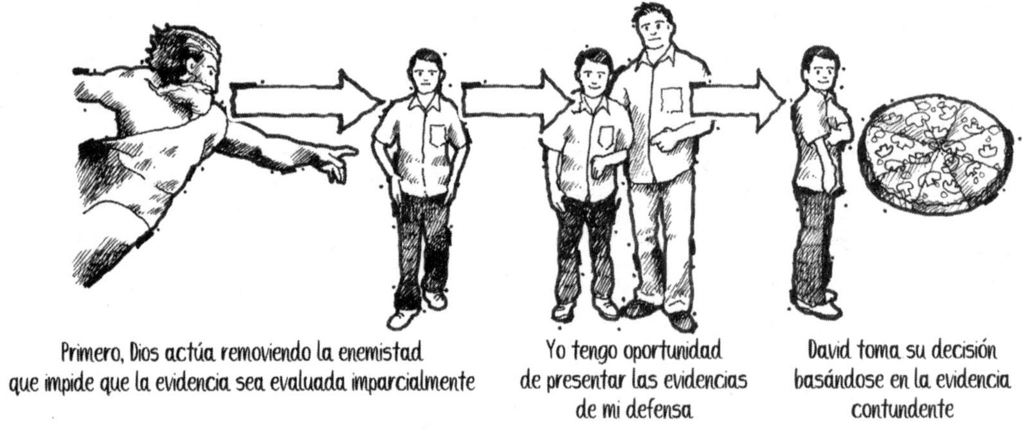

En esta analogía imperfecta, la salvación de David dependía, *primero*, de que Dios actuara removiendo la enemistad de mi hijo con los champiñones, luego, cuando el corazón de David se abrió, vine yo presentando mi defensa, y así David respondió de una manera que habría sido imposible si Dios no se hubiera movido desde el principio.

El amor de Dios hacia nosotros es evidente en este proceso; Dios amó lo suficiente a mi hijo como para quitarle esa hostilidad, y también me amó a mí lo suficiente como para animarme y disciplinarme y, aunque Dios es soberano, mostró su gracia permitiéndome ser partícipe en alcanzar la vida de David; pude presentar la defensa de lo que yo sé que es la verdad de la salvación y, al dominar el conocimiento de la evidencia del cristianismo, mi confianza creció. Los propósitos soberanos de Dios, así como su amor insondable se manifestaron tanto en el hijo que él estaba llamando (David), como en el hijo que él estaba animando (yo).

ES NUESTRO DEBER

Al terminar la ceremonia de graduación, mi familia se reunió frente al centro cívico para tomarse fotografías, mi abuelo Warner no podía dejar de sonreír y mi padre me colocó una nueva insignia en el uniforme. En ese momento, al estar yo al lado de mi papá portando el mismo uniforme que él usó durante toda su vida, supe que formaba parte de un equipo muy importante. Estaba plenamente consciente de mi deber, mi obligación familiar y mi misión, pues acababa de jurar, afirmar y defender la constitución de mi estado y la de mi nación contra sus enemigos, así como la de proteger a mi comunidad. Aunque habíamos completado solo dieciséis semanas de entrenamiento dentro de la academia, estaba por comenzar una preparación más enfocada; en los próximos veinticinco años aprendería cómo llevar a cabo investigaciones y comunicar la verdad de manera convincente. El trabajo difícil estaba por comenzar, pero me sentía listo para el desafío.

Si usted es cristiano, forma parte de un equipo aun más importante; tiene un deber, una obligación familiar y una misión. Usted está llamado a acoger la fe que está lista para un análisis forense, ha sido llamado a prepararse para elaborar la defensa de lo que cree y sostener la fe. Esta es la hora de comenzar su entrenamiento específico para aprender las técnicas de investigación para el caso y comunicar la verdad a los demás. Es tiempo de comprender la diferencia entre la *enseñanza* y el *entrenamiento*.

Tarea forense de la fe:

ENCUENTRE SU POSICIÓN

Todo oficial de nuestro equipo policial ya sea de vigilancia u homicidio, conoce su función, la cual es asignada al observar los talentos singulares de cada uno. Debido a que me apasionan las artes y la comunicación, cada vez que había la necesidad de interrogar a un sospechoso, o se requería dibujar un diagrama, me llamaban a mí.

¿Cuáles son sus talentos e intereses? ¿En qué posición puede ser usted más objetivo para la defensa? ¿Cuál es el grupo de personas que puede alcanzar gracias a su trasfondo o intereses?

Capítulo Dos

ENTRENAMIENTO ESPECÍFICO

5 pasos para ayudarle en su preparación para proteger y servir en el equipo de emergencia

«Los verdaderos soldados de Cristo siempre deben estar preparados para contender por la fe y, en cuanto dependa de ellos, jamás permitir que se filtren convicciones falsas».[1]

Orígenes

«Instruye al niño en el camino en el que debe andar... pero asegúrate de andar tú mismo en ese camino».

Charles Spurgeon

«¡Hombre caído, hombre caído! ¡Bajen las armas!».

Supe que me habían disparado varias veces, pues mi brazo izquierdo y mi pecho me ardían y mi uniforme se tiñó de rojo, más que herido, estaba avergonzado.

Era un nuevo miembro en el equipo SWAT por sus siglas en inglés (*Special Weapons and Tactics*), y el último oficial titulado. Aunque yo consideraba que era buen elemento, mi oponente fue aun mejor; un francotirador con mucha experiencia, su uniforme estaba impecable, mientras que el mío (incluyendo el casco) estaba cubierto con pintura roja.

Estábamos entrenando en una escuela abandonada que estaba programada para ser demolida. Pasamos semanas en esas instalaciones antes de la llegada de las topadoras, creando situaciones de entrenamiento que pusieran a prueba a nuestros equipos. Perdí la cuenta de todos los errores que cometí en esas sesiones de entrenamiento, pero seguramente fueron muchas más de las que quisiera admitir, sin embargo, valió la pena la experiencia.

En mis primeros días de entrenamiento andaba constantemente manchado de rojo por las pistolas de pintura que usábamos; el francotirador que hacía el papel del sospechoso escondiéndose tras la barricada siempre ganaba las primeras batallas, rara vez le podía disparar. Pero, conforme progresaba el entrenamiento, mejoraron mis tácticas y finalmente dominé mi posición en el equipo; entre más entrenaba, menos tenía que lavar mi uniforme.

En lo que se refiere a hacer cumplir las leyes el entrenamiento es indispensable porque los agentes son desplegados con regularidad. Si pudiéramos gestionar todos los llamados telefónicos sin salir de la estación, no necesitaríamos hacer los ejercicios ni el entrenamiento táctico. No hace falta *entrenarse* si no hay que *desplegarse*. Lo mismo es cierto para nosotros como cristianos. Piense por un momento. La mayoría de nosotros vemos el edificio de la iglesia como un lugar para congregarnos el domingo; rara vez pensamos que es el lugar de *entrenamiento* para que seamos *desplegados*. Siempre que nuestra experiencia *como iglesia* esté limitada a la reunión *en la iglesia* (edificio), tiene poco sentido dedicarnos a un entrenamiento significativo. Tenemos que repensar nuestra *función* para repensar nuestra *respuesta*.

La capacitación es esencial en la aplicación de la ley porque los oficiales se despliegan regularmente. Si pudiéramos manejar cada llamada por teléfono sin salir de la estación, ninguno de nosotros necesitaría hacer ejercicio o entrenar tácticamente. No tiene que *entrenar* si no tiene intención de *desplegarse*. Lo mismo es cierto para nosotros como cristianos. Piense en eso por un minuto. La mayoría de nosotros vemos los edificios de nuestra iglesia como lugares de reunión los domingos; rara vez pensamos en ellos como lugares para *entrenar* en preparación para el *despliegue*. Mientras nuestra experiencia *como iglesia* se limite a reunirse *en una iglesia* (edificio), hay pocas razones para participar en una capacitación significativa. Necesitamos repensar nuestro papel para que podamos repensar nuestra respuesta.

> **Definición forense:**
> ## DESPLEGAR
>
> La palabra *desplegar* proviene del latín *desplicare* (que significa «dispersar»), describe el acto de organizar y enviar personas (o cosas) para un *propósito en particular*. Como cristianos, Dios quiere que nos involucremos en la cultura como un acto de despliegue; podemos hacerlo voluntaria o renuentemente. En Hechos 11:19, Lucas nos describe como usó Dios la persecución de los cristianos en Jerusalén para lograr un despliegue importante: «Los que se habían dispersado a causa de la persecución que se desató por el caso de Esteban llegaron hasta Fenicia, Chipre y Antioquía, sin anunciar a nadie el mensaje excepto a los judíos». Si no estamos dispuestos a ser desplegados *voluntariamente*, puede que Dios nos despliegue de manera dramática.
>
> En retrospectiva, ¿puede usted pensar en una circunstancia en la cual Dios trató de «dispersarlo» a un campo misionero importante? ¿Adónde ha sido desplegado el día de hoy y se encuentra cumpliendo el propósito particular que Dios ideó al desplegarlo al lugar donde se encuentra?

SU LEMA TAMBIÉN ES EL NUESTRO

Si vamos a adoptar el lema de la policía de Los Ángeles, debemos comprender totalmente, y aceptar que nuestra misión es servir y proteger. Si lo que creemos acerca del cristianismo es *verdad*, entonces es nuestra obligación servir a los demás compartiéndoles esa verdad. Si la eternidad está en juego, y nuestro destino depende de las declaraciones esenciales de la verdad del cristianismo, ¿qué clase de humanos seríamos si dejamos que nuestros amigos y vecinos pasaran la eternidad lejos de Dios?

Los cristianos tenemos una vasta tradición de servicio; yendo a los hospitales, dando de comer a las personas de la calle, así como dándoles refugio. Atendemos las necesidades *físicas* de las personas en nuestra comunidad (demostrando así el *amor* de Cristo), para entonces poder suplir sus necesidades *espirituales* (compartiéndoles la *verdad* de Cristo). Entonces, los cristianos proclamamos el evangelio de dos formas diferentes: con nuestras acciones y con nuestras palabras. Nuestros actos de servicio nos dan la oportunidad de demostrar el amor de Dios, así como de proclamar las buenas nuevas de Cristo Jesús.

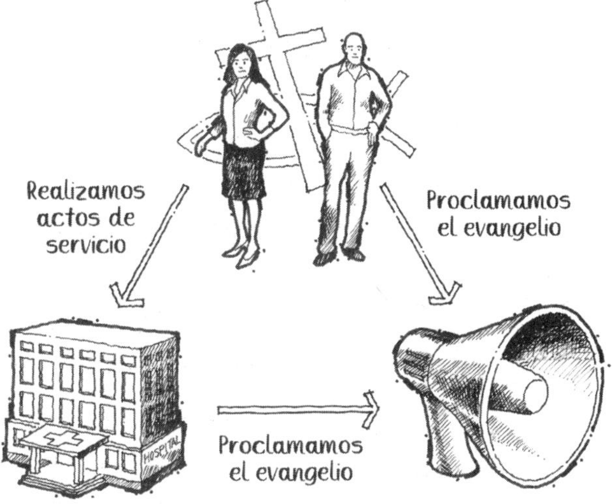

Al igual que los policías, los cristianos somos llamados a *proteger*, ya que la verdad del cristianismo es la cura para el mal que nos está aniquilando como sociedad; es la fuente de donde proviene la vida espiritual, y, como con toda cura (también llamada vacuna), se debe proteger a toda costa la pureza de las declaraciones verdaderas del cristianismo, ya que una *vacuna* que ha sido *contaminada* es potencialmente *venenosa*. Por ejemplo, cuando Jesús se encontró con la mujer samaritana junto al pozo (Juan 4:7-30), él le ofreció «agua que da vida», sin embargo, el agua pierde su valor cuando está contaminada; de hecho, desde tiempos antiguos, el agua contaminada ha sido la causa de muchas muertes, la pureza es vital para que el agua tenga su cualidad de dar vida; de la misma manera, la pureza es clave para las declaraciones vitales del cristianismo. Si el mensaje cristiano está contaminado, distorsionado o alterado, entonces deja de ser el mensaje cristiano, pues, así como el veneno, el resultado de ingerir un evangelio corrompido conduce a la muerte. Es por eso que los apóstoles fueron tan categóricos acerca de nuestra posición como *guardias de la verdad*. Al despedirse de los creyentes en Éfeso, Pablo los desafió a guardarse y protegerse del error:

> Porque sin vacilar les he proclamado todo el propósito de Dios. Tengan cuidado de sí mismos y de todo el rebaño sobre el cual el Espíritu Santo los ha puesto como obispos para pastorear la iglesia de Dios, que él adquirió con su propia sangre. Sé que después de mi partida entrarán en medio de ustedes lobos feroces que procurarán acabar con el rebaño. Aún de entre ustedes mismos se levantarán algunos que enseñarán falsedades para arrastrar a los discípulos que los sigan. Así que estén alerta... — **Hechos 20:27–31**

Pablo no se estaba dirigiendo exclusivamente a los *líderes* (aunque le hizo la misma amonestación a Timoteo, que también era líder en 1ª Timoteo 6:20-21); Pablo estaba escribiendo para *todos* los miembros de la iglesia en Éfeso, independientemente de su cargo en la misma. Ordenó a sus lectores que trataran la verdad con sumo respeto, guardándola ante la oposición tanto afuera como también adentro de la iglesia:

> Por tanto, amados, puesto que aguardáis estas cosas, procurad con diligencia ser hallados por Él en paz, sin mancha e irreprensibles, y considerad la paciencia de nuestro Señor como salvación, tal como os escribió también nuestro amado hermano Pablo, según la sabiduría que le fue dada. Asimismo, en todas sus cartas habla en ellas de esto; en las cuales hay algunas cosas difíciles de entender, que los ignorantes e inestables tuercen—como también tuercen el resto de las Escrituras—para su propia perdición. Por tanto, amados, sabiendo esto de antemano, *estad en guardia*, no sea que, arrastrados por el error de hombres libertinos, caigáis de vuestra firmeza; antes bien, creced en la gracia y el conocimiento de nuestro Señor y Salvador Jesucristo.
>
> — **2ª Pedro 3:14–18 (LBLA)**

Definición forense:

COMPROMISO

Aunque la mayoría de nosotros como cristianos deseamos comprometernos a la causa de Cristo; el compromiso, por definición, es más que una simple «promesa de ser fiel a alguien o a algo», sino también es «una promesa de dar o hacer algo».[2] Nuestro compromiso debe ser más que una expresión intelectual o verbal; el verdadero compromiso conlleva acción.

¿En qué áreas de su vida, alguien que lo observa podría decir que sus acciones son congruentes con su compromiso cristiano? ¿Hay áreas en las que pueda usted incrementar el deber de cumplir su compromiso de hacer algo en el nombre de Cristo?

Una vez más, Pedro no estaba escribiendo exclusivamente a los líderes de la iglesia, sino a *todos* los miembros de la familia cristiana. La obligación que tenemos en común es proteger y guardar las declaraciones verdaderas del cristianismo. El lema de la policía de Los Ángeles también es nuestro lema: somos llamados a servir y a proteger.

Hoy más que nunca necesitamos *servir* a aquellos que aún no han escuchado el evangelio y *proteger* a los que lo oyeron. La cultura secular es mucho más *agresiva*, mientras que la cultura cristiana es mucho más *vulnerable* que antes. Una encuesta reciente de Barna Group reveló que solamente el 9 por ciento de los adultos en Estados Unidos tiene una visión bíblica, que está consciente de la existencia de la verdad moral objetiva, que afirma la exactitud de la Biblia, que cree en la existencia de Satanás, que comprende la relación entre la gracia y las «obras», que afirma la vida perfecta de Jesús y que comprende los atributos de Dios.[3] Pero solo el 19 por ciento de quienes profesan ser *cristianos* dijeron tener una visión bíblica. En otra encuesta de la misma organización, se encontró que las generaciones más jóvenes son menos propensas a creer que Jesús es Dios y que los cristianos están cada vez más divididos por los temas de: la vida perfecta de Jesús y la naturaleza de la salvación.[4]

Todo esto está sucediendo mientras la iglesia continúa enseñando a sus miembros lo mismo de siempre. En amplios sectores de Estados Unidos siguen llevándose a cabo, de manera tradicional, las escuelas dominicales y los programas siguen intactos, formando parte de la cultura de la iglesia. Unas pocas iglesias no tan tradicionales han implementado servicios entre semana, células o grupos pequeños y otros modelos distintos para enseñar a los cristianos las verdades clásicas del cristianismo, pero los números no mienten; son muy pocos los cristianos que verdaderamente comprenden las enseñanzas cristianas y el número se reduce aun más al hablar de los jóvenes cristianos que pueden decir de una forma articulada lo que creen,[5] así que, toda esta *enseñanza* no está marcando la diferencia, tal vez es hora de un cambio.

DEJEMOS DE ENSEÑAR

No tenía mucho tiempo de ser cristiano cuando se me pidió enseñar en la clase de escuela dominical a la que asistía mi hijo; en aquel tiempo yo no sabía mucho, iba solamente unos centímetros más adelante que el resto de los niños a los que tenía que enseñar. Afortunadamente teníamos un programa excelente y aprendí muy rápido, luego me matriculé en el seminario teológico y obtuve mi título. Para cuando me gradué, ya estaba sirviendo como pastor de jóvenes. Nunca olvidaré mi primer año con los alumnos de bachillerato, fue como haber estado en medio de una revolución; batallé para comprender cuál era mi misión y no sabía qué decir, pero después de que el primer grupo de alumnos se graduó, descubrí que, todos ellos, excepto uno, se habían alejado de la fe tras iniciar la universidad. Quedé pasmado y me sentí como un fracasado.

Ese año coloqué el enfoque en mi talento como artista y músico, en lugar de mi habilidad como detective. Después de todo, era un diseñador titulado con un postgrado en leyes, así que, antes de ingresar a la academia policial, recibí mi maestría en arquitectura en la Universidad de California en Los Ángeles. Como pastor novato de jóvenes, ejercité mis dones y diseñé «experiencias» semanales para mis estudiantes, cosas como: música, imágenes y ambientación eran muy importantes para mí al adentrarnos en las Escrituras con mi grupo. El ministerio creció rápidamente y parecía tener éxito, al menos eso indicaban las métricas que usábamos en ese entonces para evaluar el éxito. Pero, al enterarme que mis estudiantes se apartaban de la fe se graduaban de bachillerato, supe que debía hacer un giro radical, algo tenía que cambiar y supe perfectamente qué era: debía *dejar de enseñar*.

> **Definición forense:**
> ## ENTRENAMIENTO
>
> El *entrenamiento* consiste en «mejorar por medio de la capacitación y la práctica, el desempeño de ciertas habilidades, ya sean artísticas, profesionales o de oficio».[6] El entrenamiento es mucho más que la instrucción. El entrenamiento requiere poner la instrucción en *práctica*. De las cosas que ha aprendido como cristiano, ¿Cuáles ha puesto en práctica? Si no lo ha hecho, ¿por qué no? ¿Qué obstáculos se ha encontrado en el camino? ¿Cómo podría superar esos obstáculos? ¿Qué prioridades deberá ajustar para incorporar el entrenamiento como parte imprescindible de su fe?

A través de los años, desde que hice ese cambio, he dado el mismo consejo a muchos pastores de jóvenes, líderes de iglesia y padres de familia; *deje de enseñarle a su joven*. En la iglesia tenemos muy buenos maestros, al igual que muchos padres preocupados que quieren enseñar a sus hijos. Por generaciones hemos estado enseñando a los jóvenes, pero, si las estadísticas actuales que indican la tasa de jóvenes que se apartan cuando llegan a la universidad son ciertas, entonces toda esta enseñanza, obviamente, no ha servido. Hemos estado enseñando, pero los estudiantes se están yendo. Es hora de dejar de *enseñar* y comenzar a *entrenar*.

No me malinterprete; definitivamente reconozco la importancia bíblica de la *enseñanza*. Por ejemplo, Pablo afirmó el valor instructivo de las Escrituras en una de sus cartas a Timoteo:

> Toda la Escritura es inspirada por Dios y útil para *enseñar*, para reprender, para corregir y para instruir en la justicia. — **2ª Timoteo 3:16**

Pablo le dijo a Timoteo que debía usar la Escritura para enseñar, reprender, corregir, para instruir, pero Pablo identificó otro uso importante de la Palabra de Dios:

> Toda la Escritura es inspirada por Dios y útil para enseñar, para reprender, para corregir y para *instruir* en la justicia, a fin de que el siervo de Dios esté enteramente *capacitado para toda buena obra*. — **2ª Timoteo 3:16–17**

Pablo hizo la distinción entre *enseñar e instruir*. Es hora de que nosotros también hagamos la distinción entre ambas. Necesitamos entender el papel de la *enseñanza* dentro del contexto mayor del *entrenamiento*; el enfoque de la *enseñanza* es *impartir conocimiento*, mientras que el *entrenamiento* se enfoca en *preparar para un reto* («capacitarnos» para «toda buena obra»). Los boxeadores y los luchadores profesionales de las Artes Marciales Mixtas entrenan, los equipos de emergencia entrenan, los militares entrenan. ¿Por qué? Porque saben que, eventualmente serán desplegados ya sea al cuadrilátero, al octágono, a las calles o al campo de batalla. Estas personas saben que serán retados y probados en toda área y, a menos que se preparen para enfrentar esa realidad inevitable, saldrán heridos.

De joven fui *fanático* del boxeo, me encantaba seguir ese deporte y hasta tenía a mis boxeadores preferidos. Pronto noté que, hasta los mejores atletas de esa disciplina subían de peso entre peleas. Y es que, como el resto de nosotros a veces se descuidaban, pero una vez que firmaban un nuevo contrato para otra pelea, comenzaban a entrenar seriamente, y aun más en las semanas cercanas al enfrentamiento. Las peleas programadas siempre exigen *entrenamiento*, especialmente si se pretende sobrevivir en el cuadrilátero.

Ahora que mi hijo Jimmy es oficial de policía, comprende esto muy bien, pues en su primer año de trabajo comenzó a entrenar con un peleador de *jiujitsu* muy conocido de la localidad. Al terminar su primera sesión, llegó a la casa con un hematoma en la frente. A pesar de que Jimmy era muy fuerte, el entrenador tenía habilidades *especializadas* y, en esa primera sesión Jimmy recibió una paliza. Al pasar las semanas vi que Jimmy tenía heridas y golpes nuevos en su cabeza y cuello, lo cual me indicaba que no estaba mejorando en sus clases, pero rápidamente me dijo lo contrario: «Ahora le toma el doble de tiempo para vencerme».

Aunque no lo parezca, este leve avance progresivo puede salvar la vida a Jimmy algún día. Si alguna vez Jimmy se enfrenta en una lucha con un sospechoso, podrá subyugarlo el tiempo necesario para que lleguen los refuerzos, y a veces, esos minutos extras pueden marcar una enorme diferencia. Jimmy está *entrenando*, pues sabe que esa inevitable batalla llegará un día.

COMIENCE A ENTRENAR

Como cristianos, enfrentaremos batallas en nuestro intento por servir y proteger lo que creemos, incluso, tal vez será más difícil para nuestros jóvenes en el futuro. Como líderes y padres de familia, necesitamos decidir si enfrentaremos esos retos sin estar preparados, o nos *capacitaremos* antes que estos se presenten. En los años que he pasado preparando estudiantes, he aprendido bien la diferencia entre enseñar y entrenar. He desarrollado un simple acrónimo (en inglés) para describir el proceso:

T – Probar

Desafiarnos unos a otros para exponer nuestras debilidades.

R – Requerir

Esperar más el uno del otro de lo que a veces pensamos que podemos manejar.

A – Armarse

Aprender la verdad y cómo articularla.

I – Involucrar

Desplegar sus ideas al campo de batalla.

N – Nutrir

Atender las heridas y modelar la naturaleza de Jesús.

Las oposiciones que enfrentan los *jóvenes* cristianos son simplemente versiones amplificadas de los retos que todos enfrentamos. Si esperamos cumplir nuestro deber como defensores cristianos, necesitaremos tener un acercamiento diferente hacia el conocimiento, la información y la educación; ya sea que seamos líderes, que estemos criando hijos pequeños o simplemente nos estemos enfocando en ser mejores discípulos. Este paradigma de entrenamiento nos ayudará a prepararnos para enfrentar el reto.

PASO #1 DEL ANÁLISIS FORENSE DE LA FE:
PÓNGASE USTED A PRUEBA Y PRUEBE A QUIENES AMA

Llevo años entrenando a estudiantes y he aprendido algo muy valioso lo cual podemos utilizar en nuestro propio discipulado: Cada vez que voy a trabajar con un grupo de jóvenes por cierto tiempo, siempre comienzo aplicando una *prueba*, la cual tiene dos finalidades; primero, me ayuda a ubicar áreas de debilidad específicas para así saber en qué enfocarme; segundo, y lo más importante es que, la prueba nos ayuda a todos a comprender cuánto necesitamos el entrenamiento.

Mi experiencia como oficial de policía demuestra por qué esto es tan importante. En nuestra ciudad existe una taberna, la cual es una fuente constante de disturbios y peleas, a menudo la policía debe intervenir para solucionar los problemas que surgen, y es un lugar perfecto para probar a los nuevos oficiales. Durante un período de entrenamiento, el oficial encargado de entrenamiento (FTO por sus siglas en inglés), ofreció como voluntarios a nuestra unidad para acudir a cualquier llamada de dicha taberna solicitando presencia policíaca. Su intención era comprobar mi capacidad de defenderme en una circunstancia adversa. Todo oficial nuevo, tarde o temprano, debe ser probado en su capacidad de resolver una riña entre ebrios, y esa taberna era un excelente lugar para esta prueba *controlada*. Cuando fue mi turno, siempre supe que el oficial encargado de mi entrenamiento estaría ahí para cuidar mis espaldas, si es que las cosas escapaban de mi control, él no permitiría que yo saliera lastimado. Unas veces me las arreglé solo, pero otras necesité de su ayuda.

Entrenamiento del análisis forense de la fe:
PÓNGASE A PRUEBA

Hay muchas maneras en las cuales puede usted probarse desde la privacidad de su hogar. Por ejemplo, puede utilizar nuestra prueba de preparación del análisis forense de la fe, y también puede intentar lo siguiente:

Existen muchos vídeos en YouTube de debates entre teístas y ateos. Puede buscar esos debates y seleccionar solamente aquellos en los cuales los ateos se presentan *primero*. Observe sus declaraciones iniciales y sus argumentos, pero pause los vídeos justo antes de escuchar el argumento de los teístas. Ahora, hágase la siguiente pregunta: «Si yo fuera el encargado de responder las declaraciones de estos ateos, ¿qué material tengo para dar respuesta a sus objeciones?».

Además, una simple búsqueda en la Internet le mostrará una gran cantidad de blogs y sitios ateos agresivos; visite los sitios, lea lo que dicen, lea la sección de comentarios, pero cuando lo haga, limítese a las declaraciones hechas por los ateos. ¿Está usted listo para responder a tan agresivas declaraciones y afirmaciones?

Luego de un altercado, el cual no pude controlar, comprendí mi necesidad de mejorar y empecé a entrenar en el área de combate físico, pues estaba determinado a mejorar. Esa *prueba* expuso mi debilidad y me impulsó a *entrenar*.

Por eso comencé a probar a los estudiantes cristianos dentro de un ambiente controlado, presentándome ante ellos *interpretando un personaje*. Para empezar, y si me es posible, me presento como el *viejo* Jim: un ateo que vino a discutir su ideología con el grupo, y en esta primera sesión, paso todo el tiempo argumentando, pacífica pero resueltamente, contra el teísmo para ver si los estudiantes (jóvenes y adultos) son capaces de defender lo que creen, desafortunadamente, la mayoría de las veces no pueden hacerlo. Estas primeras sesiones son estresantes para los cristianos que luchan para responder a mis declaraciones. Por lo regular, los presentes comienzan a turbarse llenos de ansiedad bajo la presión de las múltiples objeciones sin respuesta; no controlan esta «pelea de taberna». Cuando termino y les revelo que soy cristiano y que les ayudaré en su entrenamiento, es *palpable* el alivio que sienten. Se alegran al ver que soy cristiano, a pesar de notar que conozco muchas de las objeciones de los ateos, pero esto los anima a querer iniciar su entrenamiento. En este ambiente *controlado* puedo exponer sus áreas débiles sin que ellos salgan lastimados.

Una vez que se da cuenta de lo poco que sabe

Sabrá exáctamente lo que necesita aprender

Para ser el tipo defensor que usted debe ser

Al igual que los oficiales novatos, tarde o temprano cada cristiano necesita ser *probado*. Ya sea que aprovechemos el ambiente controlado de nuestros ministerios, hogares o iglesias para probarnos, o bien, podemos desaprovechar esas oportunidades y que nuestra primera prueba sea en la escuela, el trabajo o la calle; es nuestra decisión. Si usted desea dar el siguiente paso para convertirse en un defensor cristiano, deberá probarse.

Me gustaría presentarle una herramienta sencilla que le ayudará a ver si está «listo para presentar la defensa a cualquiera que le cuestione acerca de la esperanza que hay en usted». La prueba de preparación del análisis forense de la fe es un cuestionario que consta de siete preguntas y se puede descargar de nuestra página e imprimir como archivo PDF[7] y está diseñado para evaluar sus fortalezas y áreas de debilidad como defensor cristiano. Si usted no tiene acceso a nuestra página o a una impresora, puede evaluarse de la siguiente manera:

1. Comience teniendo a su disposición siete hojas en blanco.

2. Al principio de cada hoja, escriba las siguientes preguntas (una en cada hoja). Estas preguntas están diseñadas para mostrar las preguntas y objeciones más comunes de los escépticos:

    a. ¿Por qué es usted cristiano? (Sea honesto en su respuesta pese a lo que ya hemos comentado en el prefacio de este libro).

    b. ¿Qué evidencia tiene usted para creer que Dios existe?

    c. ¿Por qué cree lo que la Biblia dice acerca de Jesús?

    d. ¿Por qué envía Dios a las personas al infierno solamente porque no creen en Jesús?

    e. Si Dios es Todopoderoso y es amor, ¿por qué hay tanta maldad en el mundo?

    f. Si Dios es el creador de todo lo que hay, ¿quién creó a Dios?

    g. ¿Por qué un Dios que es amoroso ordenaría la destrucción de todos los enemigos de Israel (incluyendo a sus hijos y animales)?

3. Tome tres minutos para contestar cada una de las preguntas, programe un cronómetro y respete el tiempo para contestar cada pregunta. En su totalidad deberá durar veintiún minutos. Recuerde que, en una conversación real puede que no tenga tanto tiempo para presentar sus respuestas.

4. Después de escribir sus respuestas, evalúe lo que escribió y sea honesto. ¿Le pareció difícil responder a cada pregunta? ¿Le resultó desafiante articular una respuesta sin apoyarse en su propia experiencia subjetiva? Pese a que no hay una respuesta «correcta» o «incorrecta» para cada pregunta, algunas de las respuestas son definitivamente más persuasivas que otras. ¿Cree que los escépticos encontrarán sus respuestas satisfactorias, especialmente si le piden evidencias objetivas que sustenten

las declaraciones que les hace? Para obtener un punto de comparación, puede consultar los artículos que dejamos ligados en la prueba de preparación del análisis forense de la fe en: ForensicFaithBook.com (recursos en inglés).

Descubra en 21 minutos que tan preparado está

Si es padre de familia, podrá darles una versión resumida de esta prueba a sus hijos, estas preguntas están ordenadas por grado de dificultad. Ciertamente, los estudiantes más maduros son capaces de completar esta prueba en el orden planteado, sin embargo, usted puede acortar el número de preguntas según se adapte a la situación; por ejemplo, si cree que sus estudiantes de nivel primaria pueden lograrlo, podría utilizar las primeras tres preguntas permitiéndoles cinco minutos por respuesta, o incluso, estas tres primeras preguntas puede hacerlas a sus hijos de manera más informal durante la cena o en un viaje en el auto.

Esta breve prueba le abrirá los ojos para darse cuenta qué tan competente es usted, y qué tan preparados se encuentran los miembros más jóvenes de su familia. Por favor, no se desanime si se le dificulta responder las preguntas o si no le satisface la calidad de sus respuestas, ya que el objetivo de este ejercicio es establecer un punto de inicio, y a partir de este, pueda usted comenzar a crecer y mejorar considerando siempre que este es el tipo de preguntas que hacen los escépticos, y a las que se enfrentan los jóvenes cristianos con dificultad para responder. Al preguntar a los jóvenes la razón por la cual dejaron la iglesia al llegar a la edad universitaria, respondieron que se debió a que no pudieron encontrar a alguien, dentro de su comunidad cristiana o familia que pudiera expresar adecuadamente objeciones como estas.[8] Necesitamos prepararnos con las respuestas; si deseamos crecer como creyentes y marcar la diferencia en las vidas de los jóvenes cristianos, debemos dejar de *enseñarles* y comenzar a *entrenarlos*, y todo comienza con una prueba.

PASO #2 DEL ANÁLISIS FORENSE DE LA FE: ELEVE EL ESTÁNDAR Y SORPRÉNDASE

Si usted es como yo, entonces ha invertido infinidad de horas capacitándose para su profesión, preparándose para obtener su grado académico, ejercitándose para alcanzar sus metas personales de acondicionamiento físico o participando en concursos del pasatiempo que le apasiona. Pero le pregunto: ¿Ha invertido el mismo tiempo y energía para comprender y defender aquello en lo que cree como cristiano? A veces no nos damos cuenta, pero somos más capaces de lo que creemos y nos exigimos como creyentes. Los jóvenes de nuestro entorno también son más hábiles y capaces de lo que creemos; muchos, incluso, toman clases de estudio que son difíciles, con

el propósito de cumplir los requisitos de las universidades más prestigiosas del país, cuando creen que es necesario, y que la meta es tangible, están dispuestos a trabajar arduamente. Sin embargo, cuando se trata de nuestra expectativa en la iglesia, casi nunca nos exigimos a profundizar apasionadamente en la materia, y rara vez expresamos nuestra necesidad de entrenamiento o de trazarnos metas. Sin embargo, una vez que nos examinemos y a nuestros estudiantes, comprenderemos cuáles son nuestras deficiencias y las áreas que necesitamos mejorar. Al tener esto

Entrenamiento del análisis forense de la fe:

ELEVE EL ESTÁNDAR

¿Qué tan dedicado es usted en su preparación como cristiano? ¿Qué actividades e intereses ha dejado de lado por esforzarse en elaborar la defensa de su fe? Examine el uso de su tiempo. ¿Qué clase de sacrificios deberá hacer para estudiar su fe?

Trace un plan, ¿cuánto tiempo apartará para leer, ver y estudiar? ¿Qué actividades necesitará eliminar para tener tiempo y alcanzar su meta? ¿Qué tan rápido comenzará a poner en práctica todo esto?

en claro, estaremos dispuestos a hacer lo necesario para perfeccionar nuestras habilidades. Hoy más que nunca necesitamos elevar el estándar.

He aprendido a exigirme, a enseñar más allá de lo que otros pensarían que los jóvenes pueden aprender; de hecho, enseño el material de mis dos libros anteriores: *Cristianismo: Caso resuelto* y *God´s Crime Scene* [La escena del crimen de Dios], sin importar si mi audiencia son adultos o jóvenes de secundaria, presento el mismo paquete de información, independientemente de la edad del grupo, ya que nunca subestimo las habilidades de mis espectadores, aún si estos son muy jóvenes; si comprenden lo que está en juego, entonces podrán asimilar toda la enseñanza que yo les presente.

Cuando me inicié como pastor de jóvenes, mis hijos e hijas tenían doce, diez, cinco y cuatro años; ninguno tenía la edad suficiente para pertenecer al grupo de mi ministerio, sin embargo, eligieron semana a semana, sentarse y escuchar lo que yo enseñaba a los jóvenes de bachillerato. Me sorprendió ver cuánto sabían al llegar a la edad de bachillerato, pues, aunque yo daba clases a un grupo de más edad que ellos, estuvieron expuestos a todo lo que enseñaba; mi meta era la mente de los jóvenes con municiones de alto calibre y nivel educativo más avanzado; afortunadamente mis hijos fueron alcanzados por ese fuego cruzado; se beneficiaron de la *apologética por rebote.*

Apunte alto ya que usted nunca sabe a quien impactará

Quiero animarle a elevar el estándar y exigir más de usted mismo, más de lo que exige a quienes esté enseñando. Sé que suena intimidante, pero como todo reto que vale la pena, es posible lograrlo gradualmente si está consciente de su necesidad y si está dispuesto a aceptar el desafío. En una ocasión, Creighton Abrams, jefe del estado mayor del ejército de los Estados Unidos dijo lo siguiente: «Cuando tenga que comerse a un elefante, proceda un bocado a la vez».[9] Esa es la clave para elevar el estándar; establezca una meta e inicie su camino hacia ella. No espere alcanzarla en un abrir y cerrar de ojos, tome pasos pequeños y, eventualmente, se encontrará más cerca de lo que imagina. Un año transcurrirá, ya sea que acepte este reto o no, pero, si se exige más a usted mismo y emprende el camino, superará sus propias expectativas en ese período de tiempo: usted elige; ser un año más viejo y seguir sin preparación, o ser un año más viejo pero un poco más sabio, ¿qué opción elegirá? Así que, aparte un tiempo esta semana y expanda su conocimiento con un libro de teología, filosofía de la religión o apologética cristiana; vea un documental en lugar de ver una serie de comedia, tome en serio el desafío, eleve el estándar y comience a estudiar la defensa del cristianismo.

PASO #3 DEL ANÁLISIS FORENSE DE LA FE: ÁRMESE PARA LA BATALLA

Enviar a un oficial novato de policía al campo de batalla sin antes proveerle de las armas necesarias sería un disparate. Mi primer arnés de cintura estaba lleno de compartimentos que contenían esposas, un cargador adicional de revólver, una lámpara y gas pimienta; apenas quedaba espacio para la funda de mi revólver y la macana, casi no podía entrar y salir de la patrulla con todos esos utensilios, pero me sentía *equipado* y mi departamento me había entrenado para usar de manera efectiva cada uno de estos elementos, así que, tenía muy buenas herramientas, y lo mejor es que sabía cómo usarlas.

Cuando se trata de equiparnos como cristianos, nuestra mejor arma y la más efectiva es la verdad. Necesitamos conocer la verdad y saber cómo usarla. Antes de enseñar a mis hijos y a mis estudiantes cómo elaborar la defensa de la fe, lo aprendí yo primero. A decir verdad, la investigación exhaustiva del cristianismo fue la razón por la cual me hice cristiano. Varios *meses* antes de aceptar a Cristo como mi Salvador examiné las evidencias de la existencia de Dios, la fiabilidad de la Biblia y las declaraciones de las verdades cristianas. Para cuando me encontraba enseñando a mis estudiantes, comprendía perfectamente el papel que jugaría esta información en su entrenamiento, pues sabía que esas verdades serían las herramientas que estos jóvenes necesitarían para sobrevivir en una cultura tan hostil. Entendía también que, para ser eficaces, mis estudiantes necesitarían saber cómo vincularse a la cultura con estas verdades; era mi responsabilidad proveerles de excelentes herramientas y mostrarles cómo usarlas.

Abordé la tarea de la misma manera que el oficial encargado de mi entrenamiento lo hizo conmigo como oficial novato. Los oficiales de entrenamiento suelen ser muy estrictos y brutalmente honestos; sin dudar me decían: «Entre más transpires aquí, menos sangrarás allá afuera» y no titubeaban en mostrarme todas las situaciones con las que me podría enfrentar en la práctica, e inmediatamente criticaban mi reacción ante las mismas. Adopté una estrategia similar para mi capacitación y la de los demás defensores de la fe, hago mi mejor esfuerzo para prepararme y a todos aquellos a quienes entreno, presentándoles retos de oponentes agresivos. No es suficiente con tan solo entender la evidencia que respalda *nuestro* punto de vista en este debate, también debemos encarar directamente las declaraciones de la oposición. Cuando tomé la tarea de pastor de jóvenes, introduje este método a mis estudiantes porque quería que comprendieran lo que decían los escépticos y los ateos; estaba determinado a *vacunar* a mis estudiantes, en lugar de *aislarlos*.

Las vacunas contienen los virus que los doctores están tratando de combatir. Los médicos exponen a sus pacientes a una *dosis* de la enfermedad para que el sistema inmune desarrolle los anticuerpos necesarios para combatirla cuando se enfrente con esa enfermedad en el futuro. Al ayudar a mis estudiantes a evaluar las afirmaciones que fomenta la cultura, preparé una *vacuna* que los exponía a una dosis de la cosmovisión mundana. Quería que mis estudiantes se enfrentaran a las declaraciones de los escépticos como Bart Ehrman, Richard Dawkins, Sam Harris, Victor Stenger, Christopher Hitchens, Daniel Dennet y Peter Boghossian mientras cursaban mi clase, pues no quería que su primer encuentro con la ideología de estos hombres fuera en la universidad, lejos de una opinión y razón cristiana.

En tanto que en el mundo hay un buen número de autores ateos que escriben *contra* la visión cristiana, hay aún más defensores de la fe cristiana que son cultos y elocuentes *abogando* por las afirmaciones del cristianismo, hoy más que nunca, las respuestas están disponibles y de fácil acceso para todos (consulte la sección de *Notas de impugnación* para ver ejemplos). Creo que el cristianismo está teniendo un renacer de la elaboración de la defensa de la fe, y se debe en parte al aumento de la hostilidad de la cultura actual. En mis investigaciones iniciales de las declaraciones del cristianismo, no había muchas opciones disponibles que personas interesadas en la evidencia como yo, pudiéramos consultar. En la actualidad ese no es el caso, ya que han surgido por todo el mundo filósofos, científicos, investigadores y autores cristianos expertos que defienden la fe. Personalmente he escrito para ayudarle a descubrir y aprender la verdad, en *Cristianismo: Caso resuelto* y *God's Crime Scene* [La escena del crimen de Dios] incluyo bibliografías extensas presentando a defensores de la fe confiables (así como a los principales ateos), que trabajan en diversos ámbitos.

Entrenamiento del análisis forense de la fe:

HÁGASE DE ARMAS

Cuando se trata de la defensa de la fe cristiana, no necesita tener un título universitario para tener un impacto significativo en su familia y amistades. Comience rodeándose de investigadores fidedignos (revise la lista de autores respetables y ministerios en la sección *Archivo de evidencias*, para seleccionar quiénes serán sus mentores)

Los buenos defensores de la fe no son *coleccionistas*, sino *consumidores de recursos*. Aparte un tiempo para comenzar a aprender; no necesita convertirse en un experto para tener influencia. En todos los juicios donde está presente un jurado, los testigos que llamo al estrado no son quienes toman las decisiones que resuelven el caso, son los miembros del jurado quienes evalúan la evidencia, y estos ciudadanos «normales» no son entrenados en alguna especialidad. Así que, no se intimide ante el desafío, no necesita ser un profesional en apologética cristiana para ser un defensor eficaz de la fe cristiana. Familiarícese con la evidencia y comience su propia colección de literatura de testigos expertos. Los miembros del jurado pueden solicitar «volver a leer» el testimonio de estos testigos, aunque ya lo escucharon durante el juicio. De la misma forma, usted puede volver a consultar su colección de libros de expertos en la materia si es que no recuerda bien un tema.

Una vez que haya examinado las objeciones al cristianismo, tome un tiempo para investigar la verdad. Hoy en día, los indagadores y creyentes que quieren conocer la defensa desde una perspectiva cristiana tienen muchas opciones a su disposición, y la gran mayoría son gratuitas. Por varios años he estado escribiendo en el sitio *ColdCaseChristianity.com*, y cada artículo, vídeo y trasmisión multimedia está disponible para su descarga gratuita (material solo disponible en inglés). En la Internet existen muchas otras fuentes fidedignas; una simple búsqueda de «apologética cristiana» arroja miles de páginas. Como nunca en la historia del cristianismo se puede estudiar e investigar la verdad.

¿Cuándo fue la última vez que escuchó lo que la oposición tiene que decir? ¿Se ha estado aislando de la visión opositora con el propósito de vivir cómodamente su cristianismo? Créame, no se está haciendo un favor, ya es hora de que se *vacune*. No evite leer libros, ver vídeos o escuchar *podcasts* multimedia creados por los escépticos; lea lo que ellos dicen, y si es necesario, permita que estas declaraciones sacudan todo su ser, y luego comience a investigar acerca de esas declaraciones, hágalo apasionadamente y con un sentido de urgencia. Recuerde que, los autores de las Escrituras nos invitaron a examinar detalladamente todo lo que escribieron, usando la habilidad que Dios nos ha dado de razonar, probar y discernir. A Dios no le asustan nuestras dudas; él ha levantado un ejército de defensores de la fe para ayudarnos a clasificar la verdad y lo ha llamado a usted para ser miembro de este equipo. Si no se arma con la verdad, no tendrá la capacidad de defender lo que cree o ayudar a los creyentes más jóvenes, así que, hágase de armas porque el tiempo apremia.

PASO #4 DEL ANÁLISIS FORENSE DE LA FE: INVOLÚCRESE Y SALGA A LAS CALLES

Los oficiales de policía nos desplegamos diariamente al «campo», lo hacemos de manera preventiva en nuestras respectivas ciudades, buscando posibles problemas *antes* de que sucedan; nos *involucramos*. Esta es una de las características de nuestro trabajo, la cual requiere de un entrenamiento previo; por ejemplo, entrenamos en tácticas de defensa, pues sabemos que inevitablemente nos encontraremos en medio de una pelea. Cuando como oficiales nos reunimos a entrenar, pasamos la primera parte de la sesión frente a una pizarra, haciendo diagramas e ilustrando las maniobras y tácticas que son esenciales para nuestra supervivencia. En algún momento durante la sesión, nos entrenamos peleando con personas que realmente saben como luchar. En esta porción tan *práctica* del entrenamiento, descubrimos quiénes pusieron atención y quiénes no. Debido a que todos sabemos que enfrentarnos a una pelea en la calle es algo que sucederá, ponemos toda nuestra atención a lo que sucede en la pizarra; sabemos los retos que nos esperan, esas pruebas difíciles son una cita inminente en nuestro calendario, ya sea que nos guste o no, así que, los retos que se aproximan convierten nuestra *enseñanza* en *entrenamiento*.

De manera similar, si usted quiere adoptar un modelo de entrenamiento en su vida cristiana, el *primer paso* y el más importante es con un *calendario* en mano. Cuando los pastores y líderes me preguntan cómo pueden cambiar la tendencia de sus iglesias y grupos de jóvenes, le contesto que todo se reduce a esto: Si lo que busca es entrenar efectivamente, debe comprender que su *calendario* es más importante que sus notas de estudio. Tiene la oportunidad de incrementar su crecimiento personal como cristiano (así como el de cualquier ministerio en su iglesia) súbitamente, *fechando* las prácticas diseñadas para convertir la *enseñanza* en *entrenamiento*.

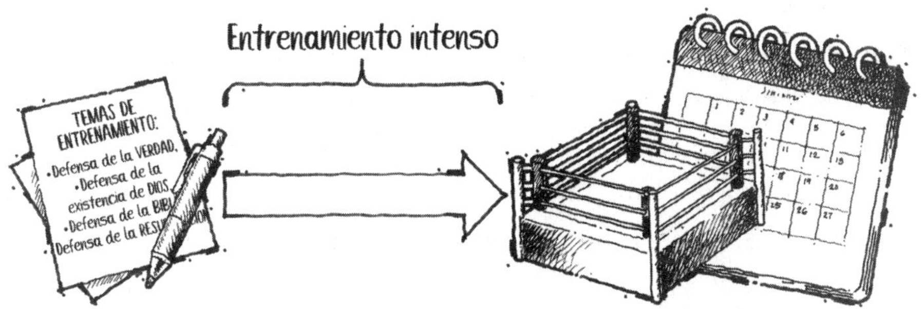

Un cambio anotado transforma una enseñanza en entrenamiento

Al darme cuenta de que mi calendario tenía el poder para transformar mi caminar cristiano, comencé a programar mis propias oportunidades. Me uní al equipo de evangelismo en las calles y a los proyectos de servicio, estos ampliaron mi conocimiento y probaron mi carácter. Sabía con anticipación que tenía que prepararme para estos eventos. Los eventos programados me dieron el incentivo que necesitaba para salir de mi comodidad y comenzar a estudiar. Toda mi agenda cambió, al igual que mi trayectoria como cristiano.

Cuando me inicié como pastor de jóvenes, lo primero que hice fue revisar la agenda del ministerio. Estaba lleno de toda clase de actividades típicas de un ministerio de jóvenes; fiestas con pizzas, noche de juegos, campamentos, veladas, deportes y excursiones. Me apegué a lo programado hasta que me enteré de que la primera generación de jóvenes que ingresó a la universidad se apartó del camino. Fue entonces que me di cuenta de que el calendario de actividades contribuyó con la razón por la cual estos jóvenes ya no formaban parte de la iglesia, y cambié todo.

Me asocié a Brett Kunkle, del ministerio *Stand to Reason* (www.str.org recurso disponible solo en inglés). Brett es un defensor profesional de la fe cristiana y alguna vez fue pastor de jóvenes en el estado de Colorado. Le pedí que fuera el líder del grupo de jóvenes en un viaje de evangelismo a Salt Lake City. Al ver el impacto que tuvo ese viaje en mis estudiantes, le pedí que diseñara un viaje misionero especial a la universidad de California en Berkeley. Nuestra meta fue simplemente formular dos viajes con la finalidad de transformar la *enseñanza* en *entrenamiento*. Brett superó mis expectativas.10 Comenzamos a programar en el calendario, *todos* los años, una semana en el estado de Utah y una semana en Berkeley; ambos viajes requerían que saliéramos al campo de batalla de las ideas, ya que conversamos con mormones en las calles de Salt Lake City y con ateos en California.

El primer viaje nos mostró la teología cristiana ortodoxa, ya que la religión mormona ha incorporado el lenguaje cristiano, pero ha redefinido todos los términos. Así que, para hablar con los creyentes de los santos de los últimos días, tuvimos que aprender cómo defender las declaraciones cristianas clásicas acerca de la naturaleza trina de Dios, la eterna deidad de Jesús, la naturaleza de la gracia, el lugar que tienen las «obras» y la fe y la verdad acerca del cielo y el infierno. Los mormones rechazan la autenticidad cristiana en estas áreas y, por lo regular, están preparados para defender lo que ellos creen. Con la finalidad

Entrenamiento del análisis forense de la fe:

INVOLÚCRESE

Tal vez usted no tiene posibilidades de ir a un viaje misionero a Berkeley o a Utah, pero sí puede anotar sus propios desafíos:

1. Piense en un amigo, miembro de su familia o compañero de trabajo a quien usted ha querido compartirle la verdad del cristianismo. Luego, marque una fecha límite para enfocarse en elaborar la defensa en preparación para su conversación con él.

2. Haga el tiempo para ir de compras a un centro comercial, a caminar por una plaza pública o a visitar las instalaciones de una universidad con el fin de hacer encuestas informales que den pie a conversaciones espirituales (consulte la sección de Archivo de evidencias para obtener ejemplos).

3. Inicie una clase de evidencias cristianas en su iglesia, o bien, sea voluntario para enseñar una serie de clases acerca de evidencias al grupo de jóvenes o a una célula.

4. Establezca de manera regular, una «tarde familiar de evidencias» y use esta oportunidad para demostrar la evidencia esencial del cristianismo.

5. Forme un grupo de diálogo sobre evidencia cristiana en la Internet; puede utilizar las plataformas sociales disponibles o bien, hacer su propio blog.

6. Establezca un grupo enfocado en la evidencia cristiana, pueden utilizar el horario de almuerzo para sus debates y conversaciones, ya sea en su oficina o escuela. Sea creativo, no se encasille, active sus estudios de acuerdo con las oportunidades agendadas y ponga en práctica sus conocimientos. Convierta su enseñanza en entrenamiento.

de prepararnos para este viaje, interpretamos personajes en clase y pasamos ocho semanas entrenando antes de viajar a Salt Lake City. Al llegar, estratégicamente nos colocamos en diversos lugares que son difíciles para evangelizar; compartimos sobre nuestra fe con los mormones en las afueras del templo de la ciudad, en el campus de la universidad *Brigham Young* (una universidad mormona), fuimos casa por casa en las colonias de la ciudad de Provo y en el festival de la ciudad de Manti.

Nuestro viaje misionero a Berkeley nos enseñó a pensar cuidadosamente acerca de la filosofía, la ciencia y la evidencia del cristianismo. Al igual que nuestro viaje a Utah, interpretamos personajes en clase antes de viajar. Cuando llegamos, nos encontramos con grupos de estudiantes ateos en el campus de la universidad, dialogamos sobre una variedad de temas importantes basados en la evidencia y la cultura, tanto de la visión atea como de la cristiana. Invitamos también a líderes, pensadores y autores ateos locales para que presentaran su defensa; estas sesiones estuvieron acompañadas por períodos de preguntas y respuestas. Todos los viajes a Berkeley constaron de varios días compartiendo el evangelio en el predio universitario.

Tomamos *muy en serio* el entrenamiento para estos viajes, nuestra preparación abarcaba dieciséis semanas de nuestro año; ese es un compromiso serio con el entrenamiento, sin embargo, *nunca era suficiente*. Estos viajes eran intimidantes y difíciles. Cada noche regresábamos a nuestras habitaciones con más ganas de estudiar, ya que, sin importar todo el entrenamiento que habíamos tenido antes del viaje, volvíamos sintiéndonos frustrados debido a nuestras propias limitaciones, al igual que nuestra incapacidad de comunicar de manera efectiva lo que creíamos. Así que, cada noche reportábamos nuestras experiencias del día y luego tomábamos un «tiempo libre». Aunque teníamos la oportunidad de ocupar ese tiempo para relajarnos, jugar o simplemente dormir, por lo regular, lo usábamos para *saturarnos de información*. En todos mis años de creyente, nunca había experimentado un tiempo tan estimulante, intenso y de tanto enfoque como el que pasamos en esos viajes. Cuando finalmente llegamos a casa, nos sentíamos exhaustos, pero totalmente preparados.

Estos campos de batalla dieron *vida* a nuestras experiencias educativas, aprendimos el significado de «estén siempre preparados para responder a todo el que les pida razón de la esperanza que hay en ustedes», y lo hicimos «con gentileza y respeto, manteniendo la conciencia limpia, para que los que hablan mal de la buena conducta de ustedes en Cristo se avergüencen de sus calumnias». Nos habíamos ocupado en entrenarnos para comprender el *por qué* creíamos lo *que* creíamos, y verdaderamente sentíamos amor por las personas de Utah, así como por los estudiantes de Berkeley. Esas oportunidades tan difíciles, agotadoras e intensas transformaron la *enseñanza* en *entrenamiento*.

PASO #5 DEL ANÁLISIS FORENSE DE LA FE:
ALIENTE A OTROS DEMOSTRÁNDOLES LA NATURALEZA DE JESÚS

Reconozco que, como un defensor de la fe cristiana novato, me enfocaba en la primera parte del mandamiento bíblico de Pedro, en lugar de en la segunda, y es que, a veces es más fácil «responder de la esperanza que hay en mí», que hacerlo con «gentileza y respeto», en especial si la oposición es descortés y nada afectuosa. De hecho, en nuestros primeros viajes a Utah y a Berkeley, me avergüenzan ciertas actitudes que tuve; fui como un padre protector para mi grupo de jóvenes, por lo cual, a menudo reaccionaba con aspereza ante los ateos que se burlaban de nosotros o nos mentían, mi actitud no demostró mucho a Cristo en esas ocasiones.

Pedro comprendió la relación que hay entre la confianza que da el tener evidencias, y el carácter cristiano cuando combinó estos dos aspectos al presentar la defensa en 1ª Pedro 3:15-16. Es que debemos tener claro que, al dominar las «razones de nuestra esperanza», debe dar como *resultado* una actitud de «gentileza y respeto». Entre más nos preparemos para la batalla, más calmados y serenos estaremos en medio de la prueba; mientras más «preparados» estemos, seremos más «gentiles y respetuosos». Si deseamos entrenarnos apropiadamente para ser buenos defensores de la fe, necesitamos desarrollar la *confianza* que da el tener las evidencias de Jesús, para así demostrar el *carácter* ecuánime de Jesús. Al *alentar* a quienes servimos, la *naturaleza* de Jesús será la que nos guíe.

Una cosa es segura: habrá ocasiones en las que nuestras interacciones con el mundo escéptico que nos rodea requerirán que cuidemos y animemos a aquellos soldados que fueron heridos en el campo de batalla de las ideas. En nuestros encuentros con los no creyentes en Utah y Berkeley pudimos apreciar lo que les espera a los jóvenes cristianos cuando salgan del ambiente seguro de la iglesia, pues nos enfrentamos con escépticos inteligentes y bien informados quienes retaban nuestra ideología y creencias, a veces lo hacían agresivamente (con hostilidad), cuando lo vimos, comenzamos a entender nuestro papel como ayos y modelos.

Cuando era un policía novato, participé por tres años en las olimpiadas policíacas de California y uno de los deportes más populares en esos juegos era el boxeo. Si alguna vez ha observado una pelea de box, sabrá la importancia que tienen los entrenadores y el «cutman» (es la persona responsable de la prevención y el tratamiento del daño físico a un luchador durante los descansos entre asaltos de un combate en los deportes de contacto), quienes están en la esquina del boxeador durante toda la pelea. Jacob «Stitch» Durán es un *cutman* famoso que ha trabajado para muchos boxeadores y luchadores de artes marciales mixtas. Su trabajo es simple; cuando el luchador regresa a su esquina sangrando y con alguna herida al terminar los minutos de cada asalto, el deber de Durán es detener la hemorragia y ayudar al luchador para seguir en la pelea en la mejor condición posible. Como cristianos, a veces necesitamos ser *«cutman»* para nuestros hermanos y hermanas que han quedado heridos tras la batalla de ideas. Durán es muy eficaz porque conoce muy bien cómo tratar los problemas graves que pudiera presentar un luchador después de un asalto, de la misma manera, como defensores cristianos, debemos conocer cómo tratar los problemas graves de los miembros de nuestra familia en la fe para que puedan superar las «lesiones» que sufren en esta cultura que es cada vez más hostil.

Si Durán no contara con las herramientas necesarias, así como el entrenamiento para tratar los problemas de los luchadores, no sería de mucha utilidad. Nuestra eficacia como buenos «cutman» que animan a los demás, depende de nuestras herramientas y entrenamiento. Usted no necesita tener todas las respuestas o ser un experto contestando efectivamente; si tan solo comienza a elaborar la defensa y sabe dónde encontrar las respuestas que le hacen falta para ayudar a los demás, entonces podrá alentar a las personas que tienen preguntas e inquietudes. Como padre de familia y pastor de jóvenes, no siempre tenía todas las respuestas, pero conocía suficiente acerca de cada tema y objeción como para animar a mis estudiantes que tenían dificultad. Nuestro grupo de jóvenes encargado de ministrar se enfrentó con una crisis en nuestro primer viaje misionero a la universidad de Berkeley; en esa ocasión nos acompañó Jenna, una joven que no era un miembro regular de nuestro equipo, se integró cuando ya íbamos avanzados en el proceso de entrenamiento y se perdió las dos primeras sesiones y, debido a que era nueva, no tenía una relación tan cercana con el resto de los jóvenes. En la primera noche del viaje invitamos a ateos de la localidad a presentar su defensa y el invitado fue demasiado agresivo e hizo la siguiente declaración:

Estudiantes, les voy a describir una deidad muy antigua y quiero que me digan de quién se trata el dios al que me refiero...

Nació de una virgen, en una cueva, un 25 de diciembre.

Pastores asistieron a su nacimiento.

Fue considerado un gran maestro y viajó por varias partes.

Tuvo doce acompañantes (o discípulos) a quienes les prometió inmortalidad.

Realizó milagros y se sacrificó a sí mismo por la paz mundial.

Fue enterrado en una tumba y al tercer día resucitó.

Sus seguidores celebraban este evento todos los años en la fecha de su resurrección (a esa fecha luego se le llamó «Semana Santa»).

Fue llamado el «Buen Pastor» y fue identificado como un Cordero y un León.

Fue considerado como «el Camino, la Verdad y la Vida», el «Verbo», el «Redentor», el «Salvador» y el «Mesías».

Sus seguidores celebraban el domingo como el día sagrado (también conocido como el «Día del Señor»).

Sus seguidores celebraban la Eucaristía o la «Cena del Señor».

Así que, jóvenes, díganme de quién se trata.

Yo me encontraba sentado en la parte posterior del salón y sabía perfectamente hacia dónde él quería llevar a mis alumnos y, a pesar de que la mayoría estaban preparados para una confrontación así, Jenna no lo estaba.

«Está hablando de Jesús», contestó ella con mucha confianza.

«No, no me refiero a Jesús en absoluto», respondió el invitado; «me refiero a Mitra, el dios persa que antecedió a Jesús por cuatrocientos años; de hecho, la historia de Jesús es simplemente una pieza robada de la mitología tomada de otras leyendas similares. La historia de Jesús es una mentira, de hecho, no hay evidencia alguna que sustente la declaración de que Jesús vivió en la tierra».

Todos nos percatamos que Jenna estaba visiblemente alterada, y en ese entonces yo no era experto en Mitra, pero sabía lo suficiente gracias a lo que había leído como para darme cuenta de que el invitado estaba equivocado en cuanto a sus declaraciones; la lista de similitudes entre Mitra y Jesús que había expuesto, no era toda la verdad, pues

Entrenamiento del análisis forense de la fe:
APRENDA A CUIDAR

Pocos ministerios en la iglesia están tan carentes de voluntarios como el ministerio de jóvenes; por eso la mayoría de los pastores aceptan ayuda de cualquier persona que desee servir donde se necesite. Cuando comencé a trabajar con jóvenes cristianos, se me pidió que, simplemente me sentara al lado de un maestro de la escuela dominical y que lo asistiera en todo lo posible. Me di cuenta de que la mayor parte del tiempo lo pasaba respondiendo preguntas; pienso que aprendí a cuidar a los alumnos de la clase, lo cual nunca hubiera sucedido si no me hubiese buscado la oportunidad de estar con los jóvenes necesitados de un mentor.

¿Se ha puesto usted en una situación similar? ¿Es usted mentor de alguien? ¿Se encuentra ayudando y sirviendo a las necesidades de otros? Las oportunidades abundan, solo debe buscarlas.

conocía que el poco parecido que hay entre los seguidores de Mitra, y los primeros cristianos se debía a lo que aquellos habían adoptado después de haber sido expuestos al cristianismo. Cabe mencionar que hay evidencia histórica y textual que respalda las declaraciones del Nuevo Testamento acerca de Jesús (lo expuse en mi libro *Cristianismo: Caso resuelto*). A pesar de que yo conocía la verdad, Jenna no conocía estos hechos y, despúes de esa sesión, la joven vino casi llorando a decirme: «Todo fue tan desconcertante, siento que literalmente sacudieron mi fe; en realidad, ni siquiera estoy segura de que pueda orar hoy en la noche porque ya no sé si realmente existe un Dios a quien orar». Nunca olvidaré sus palabras, pasamos las siguientes dos horas recapitulando todo lo ocurrido en esa sesión con el ateo y examinando la evidencia de sus declaraciones. Les compartí que yo sabía algo de Mitra y consulté algunos textos y recursos que habíamos llevado al viaje para señalar varios errores que presentó nuestro invitado (desde aquel viaje, he escrito de manera muy extensa acerca de Mitra en el sitio ColdCaseChristianity.com - recurso disponible en inglés). Como equipo sabíamos lo suficiente acerca de la verdad para ejercer como «cutman» de Jenna. Al final del viaje, Jenna se sentía con más confianza que antes.

Si desea cuidar a quienes fueron lastimados por adversarios agresivos, necesitará prepararse con *anticipación*. Así como «Stitch» Durán, deberá estar preparado *antes* que empiece la batalla, para poder ser útil *durante* la batalla, pues Durán acude a cada pelea preparado para lo peor, él sabe que no tendrá tiempo de aprender cómo curar una herida una vez que la pelea haya comenzado; necesita estar preparado con anterioridad. ¿Está usted preparado? ¿Sabe lo suficiente como para comenzar? Cuando su hermano o hermana en la fe acuda a usted con su primera duda, desafío sin resolver o pregunta escéptica, ¿está preparado para darle una respuesta o guiarle a un recurso? Su preparación, ¿ha ayudado a desarrollar la certeza y el carácter de Jesús? ¿Puede responder con gentileza y respeto? A menudo somos incapaces de responder los desafíos críticos o curar las heridas causadas por ideologías. Hago mi mejor esfuerzo para prepararme con anticipación, para poder equipar y cuidar a mis amigos miembros de mi familia lastimados.

Sé que esto parece una tarea abrumadora, pero recuerde, no necesita ser un experto para cuidar y

Desafío forense de la fe:
LOS CRISTIANOS SON HIPÓCRITAS

Comúnmente, los escépticos mencionan la hipocresía de los cristianos. En la Internet hay una frase muy popular que dice: «No tengo nada contra Dios, pero no soporto a su club de admiradores». El reconocido autor Brennan Manning dijo en una ocasión: «La mayor causa del ateísmo en este mundo son los cristianos, quienes en la iglesia confiesan a Jesús con sus labios, pero al salir, lo niegan con su modo de vivir; eso es increíble para el mundo incrédulo».[11] ¿Cómo respondería usted a esta objeción tan común?

Para encontrar sugerencias de respuesta para esta y otras objeciones similares, consulte la sección *Notas de impugnación*.

guiar a los demás; si está dispuesto a mejorar sus habilidades como defensor de la fe, el próximo año estará mucho más preparado de lo que hoy está, aun el paso más sencillo hacia la preparación, será suficiente para impactar a quienes lo rodean, así que, no se deje intimidar, ya que un poco de preparación es mejor que ninguna. Comience hoy; entrénese para ayudar *a otros*.

LOS BUENOS CRISTIANOS NECESITAN SER ENTRENADORES EXCELENTES

Después de escribir mi libro *Cristianismo: Caso resuelto* me encontraba predicando en una iglesia en el sur de California, al terminar, en la mesa de venta de libros, se acercó una mujer para comprar uno, me pidió que lo firmara y se lo dedicara a su hijo de veintiséis años, procedió a decirme que su hijo se había hecho ateo en la universidad y que ella esperaba que el libro lo persuadiera para reconsiderar su postura. Sinceramente me sentí mal por lo que estaba atravesando esa mujer, pero sabía que debía ser honesto con ella.

«Con gusto le firmo el libro y se lo dedico a su hijo, pero le aseguro que no lo leerá». La mujer se sorprendió con mi observación. «Si ya le confesó que ahora es ateo, lo más probable es que ni siquiera abra mi libro, pero déjeme hacerle una pregunta: Hace años, cuando regresaba a casa de la universidad, ya fuera por vacaciones de verano o de invierno, ¿le dio él un indicativo de que comenzaba a dudar de su fe cristiana?».

«Sí, comenzó a hacerme varias preguntas, pero en realidad no supe cómo respondérselas; sabía que estaba siendo desafiado por algunos de sus maestros, pero no sabía qué decirle», me contestó renuentemente.

Me partió el corazón. «Comprendo perfectamente, y a menudo escucho lo mismo de parte de padres de familia por todo el país. Cuando nuestros hijos comienzan a expresar sus dudas, normalmente los guiamos a leer un libro de «apologética» cristiana para que encuentren respuestas, pero en realidad no es lo que ellos

Tarea del análisis forense de la fe:

PROYECTE EL ENTRENAMIENTO EN SU AGENDA

Todo oficial de policía en el estado de California debe continuar entrenándose para recibir la certificación de la Comisión de Normas y Entrenamiento como oficial de paz. Las agencias logran esto agendando el entrenamiento para su personal. Es costoso y lleva tiempo, pero es necesario ya que, si usted quiere ser un oficial de policía competente, necesita recibir entrenamiento constantemente.

Su agenda personal está ocupada con actividades, pero ¿son las apropiadas? Es hora de programar su entrenamiento en su agenda. Considere, ¿qué día de la semana puede apartar para estudiar y leer?, hágalo semanalmente. ¿Qué día puede dedicarlo a la aplicación práctica de lo aprendido?, hágalo mensualmente. Organice su agenda y transforme su vida.

buscan, lo que necesitan es escuchar lo que nosotros opinamos acerca de sus inquietudes, pues, el primer «apologista» cristiano que nuestros hijos necesitan escuchar es a *nosotros*, sus padres».

Le entregué el libro y la desafié a aceptar su deber como defensora de la fe cristiana, la animé a *comenzar* con su *entrenamiento*. «Le hago entrega del libro *Cristianismo: Caso resuelto*, pero debe prometerme algo; no quiero que se lo dé a su hijo sin antes haberlo leído usted. Familiarícese con la evidencia que he descrito y comience a hablarles a los demás de lo que aprendió. Es más, quiero que empiece a compartir su fe y planee interactuar con los escépticos; sé que parece muy difícil, pero si lo hace, la próxima oportunidad que tenga de hablar con su hijo estará lista para responder sus preguntas, con mucho amor. ¿Vale la pena hacer tal esfuerzo por su hijo? Usted sabe que sí».

Hoy más que nunca, los padres de familia necesitan criar a sus hijos con una fe lista para un análisis forense. Debemos estar preparados para responder las preguntas que tienen y criarlos con la confianza que da el saber que existen evidencias que los apoyan en medio de la presión que inevitablemente tendrán en la universidad. Créame, el entrenamiento es sumamente importante.

«MEMORIA MUSCULAR» Y LA DEFENSADE LA FE CRISTIANA

Los oficiales de policía entendemos la importancia que tiene el entrenamiento. De hecho, frecuentemente se programan oportunidades de entrenamiento en el calendario de nuestro despliegue policial. Entrenamos mensualmente, de manera esencial cuando se trata del uso de nuestras armas. A cada oficial se le requiere visitar el campo de tiro de forma regular para estar capacitados en el manejo de los rifles y pistolas. Nuestros maestros de campo de tiro aprovechan estas ocasiones para realizar simulacros para inculcar principios que son importantes. Uno de estos ejercicios se llama «simulacro fallido», el maestro inserta una bala de goma en el cargador del arma y nadie sabe en qué momento saldrá, comenzamos el ejercicio disparando e inevitablemente, en algún momento, nos toca disparar la bala de goma, la cual causa que el arma falle y se obstruya; es en ese momento que cada uno debe emplear una serie de pasos para sacar la bala de goma del arma y ajustarla para que vuelva a funcionar. Como policías, conocemos los pasos necesarios ya que lo hemos ensayado por años, y es que la repetición paga valiosos dividendos. Cuando fallan nuestras armas, el entrenamiento previo nos permite resolver el problema casi de manera instintiva. Es más, a veces ya ni pensamos en lo que estamos haciendo, pues lo hemos aprendido tan bien que estos pasos forman parte de nuestra «memoria muscular».

Cuando usted realiza el mismo proceso físico de manera repetitiva, sus acciones se vuelven parte de un «hábito» muscular; su cuerpo pareciera que trabaja solo, obedeciendo a la memoria muscular, en lugar de reaccionar a los impulsos cerebrales. Tener memoria muscular es muy importante para los oficiales de policía pues los enfrentamientos armados en situaciones reales son impredecibles y las obstrucciones en el cargador del arma son comunes; lo último que uno quisiera en una situación así, es una distracción mental debido a esa obstrucción, pero si se tiene memoria muscular para resolver el problema, aumenta la probabilidad de salir ileso. Por eso practicamos con frecuencia el simulacro fallido, ya que los simulacros muestran un principio fundamental:

> Cuando se está bajo presión, encontramos la
> solución en nuestro entrenamiento.

Léalo de nuevo, ya que es una verdad muy importante. En situaciones tensas, dependemos de la memoria muscular, y la memoria muscular es el resultado de un entrenamiento repetitivo.

Es por esto que, los mejores defensores de la fe cristiana son quienes, de manera continua, se involucran en la cultura y responden a los desafíos impuestos por los escépticos; los mejores defensores aprovechan cada oportunidad para juntarse con las personas, si no logran hacerlas cambiar de parecer, entonces para ellos es un entrenamiento más. No importa qué tan pequeña parezca la oportunidad; puede que usted tenga una breve conversación con un compañero de trabajo, o cualquier otra situación, entre más interacciones tenga, más entrenamiento recibe, entre más veces presente la defensa, gana más memoria muscular.

Si desea acoger la fe que está lista para su análisis forense, necesitará también acoger su deber de *entrenarse* como defensor de esa fe; una vez que lo haga, estará listo para lo que venga. Ya es hora de desarrollar los hábitos de investigación que un detective debe tener.

Capítulo Tres

INVESTIGACIÓN INTENSIVA

5 prácticas que le ayudarán a examinar, con la pericia de un detective, las declaraciones del cristianismo

«He aquí el verdadero problema y la razón de nuestra negligencia; fracasamos en nuestro deber de estudiar la Palabra de Dios, no tanto porque sea difícil de entender, ni tampoco porque sea aburrida, sino porque implica trabajo; nuestro problema no es que nos falte inteligencia, sino que nos falta pasión, nuestro problema es que somos perezosos».[1]

— R. C. Sproul

«Todo cristiano que no estudia a fondo, y de manera exhaustiva diariamente la Biblia, es un tonto».

— R. A. Torrey

«En esta ocasión, no estoy seguro de que atrapaste al verdadero culpable...».

Keith Morrison, el reconocido periodista y presentador de noticias del canal NBC, se recargó en el respaldo mientras se cruzaba de brazos y se rascaba la barbilla. A través de los años, he visto muchas veces esta expresión maliciosa e inquisitiva, me era difícil determinar si Keith hablaba al azar o en realidad me estaba probando con su entrevista.

«¡Vamos Jim!, dime, ¿qué te hace pensar que Mike es el asesino?».

En el año 1981, Michael Lubahn asesinó a Carol, su esposa, se deshizo del cuerpo y le dijo a la policía que ella había huido de la casa. En ese entonces, Carol era una joven esposa de 28 años y tenía 2 hijos pequeños como producto de su matrimonio con Mike. Todos creyeron la historia que Mike fabricó, incluso la familia de Carol y hasta el detective que originalmente estuvo encargado de los casos de desaparición. Años después de considerarlo como un caso sin resolver, y luego de una larga investigación, condenamos a Mike por el asesinato de Carol; ambas familias y personas allegadas a Mike no podían creer que él fuera capaz de cometer tal crimen.

Fue un caso muy difícil porque no había una sola evidencia, y no fue hasta seis años después del asesinato que nuestra agencia comenzó a considerar el caso como homicidio. Se presentaron varias preguntas claves que no pudimos responder al jurado, tales como: ¿En qué lugar de la casa se cometió el crimen?, ¿cómo mató Mike a Carol?, ¿cómo se deshizo del cuerpo y movió el auto de Carol sin dejar rastro?, ¿cómo hizo Mike para asesinarla (y encubrir el crimen) sin que sus hijos sospecharan? A pesar de todas estas preguntas sin respuesta, el jurado encontró culpable a Mike, luego de deliberar por tan solo cuatro horas.

Una semana después del veredicto, fui nuevamente invitado al noticiero de la televisión, pero esta vez, Keith estaba desafiando mis conclusiones; él había leído todos mis reportes, y el equipo de filmación del programa había estado presente durante juicio, pero a pesar de todo eso, Keith sentía que eran demasiadas preguntas sin respuesta.

Le respondí: «Keith, este es como los demás casos; no es que *una* sola cosa demuestre la culpabilidad de Mike, sino es *todo* el conjunto lo que demuestra que Mike es el culpable».

Me di cuenta de que, de todos los que estábamos en el foro, yo era el que más seguro estaba de la culpabilidad de Mike, pues tanto los camarógrafos, el técnico de sonido y el productor, coincidían con Keith. Inconscientemente, todos ellos estaban evaluando las tres categorías de fe que describí previamente en este libro; trataban de determinar si mi conclusión acerca de Mike era «ciega», «irracional» o «forense». Luego de cuatro horas de entrevista, no estaba tan seguro de haberlos convencido, pero de lo que sí estaba seguro era de mis conclusiones acerca de Mike. Para este punto de mi carrera, ya había investigado muchos casos sin resolver y comprendía muy bien la naturaleza de la evidencia y las deducciones razonables y, a pesar de haber preguntas sin respuesta, yo contaba con evidencias de sobra que indicaban que Mike era el culpable.

Resultó que el canal editó la parte en la que Keith se mostraba escéptico para trasmitirlo por televisión, ya que, semanas después de grabar el episodio, pero antes de la edición final, Mike Lubahn eliminó cualquier duda acerca de su culpabilidad. Durante su audiencia de condena Mike confesó el crimen y nos indicó dónde había enterrado el cuerpo de Carol. Mi certeza acerca de la culpabilidad de Mike había quedado acreditada; a pesar de que, al momento de su condena, no contábamos con todas las respuestas.

LA RELACIÓN QUE HAY ENTRE LA CONFIANZA Y LA DILIGENCIA

La confianza basada en la evidencia es el resultado de la diligencia investigativa. Cuando se trata de hacer deducciones razonables, he aprendido a confiar en el proceso de investigación. En el caso de Mike, estaba seguro de que era culpable porque tomé todos los pasos necesarios de investigación, cuya eficacia está probada; la recolección de evidencias da como resultado una conclusión razonable.

Yo conocía el proceso mejor que Keith y que cualquier otro miembro del equipo de ese noticiero, y eso es lo que me hacía estar tan seguro de la culpabilidad de Mike.

Nuestra seguridad cristiana también puede ser reafirmada si aplicamos un poco de diligencia en la investigación a nuestra vida cotidiana como seguidores de Cristo.. Una vez que hemos aceptado nuestro *deber* basado en la evidencia y acogido el compromiso para *entrenar*, necesitamos aprender a *pensar* como detectives. Puede que mi experiencia como investigador en casos sin resolver sea de ayuda; mis casos trataban de eventos acontecidos en el pasado y en ninguno de ellos se pudo utilizar alguna muestra de ADN o ningún tipo de evidencia forense (y precisamente era la causa por la cual se consideraban casos sin resolver). En muchas ocasiones no teníamos testigos oculares debido a que habían fallecido hacía muchos años, pero afortunadamente sus declaraciones habían quedado registradas gracias a los detectives que investigaron el caso, sin embargo, teníamos circunstancias en que también esos detectives habían muerto y no estaban disponibles al momento de retomar nosotros el caso. De manera que, al abrir nuevamente cada caso, me encontraba con la difícil tarea de tratar de determinar lo que había ocurrido y, a pesar de tener los reportes, tanto los testigos, como los detectives ya no estaban disponibles.

¿Le suena conocido? Los Evangelios en el Nuevo Testamento presentan un reto muy similar. Como cristianos, queremos comprender lo que pasó hace miles de años, a pesar de no tener muestras de ADN, evidencia forense y que ya no tenemos acceso a los testigos originales del caso ni a los autores de los evangelios.

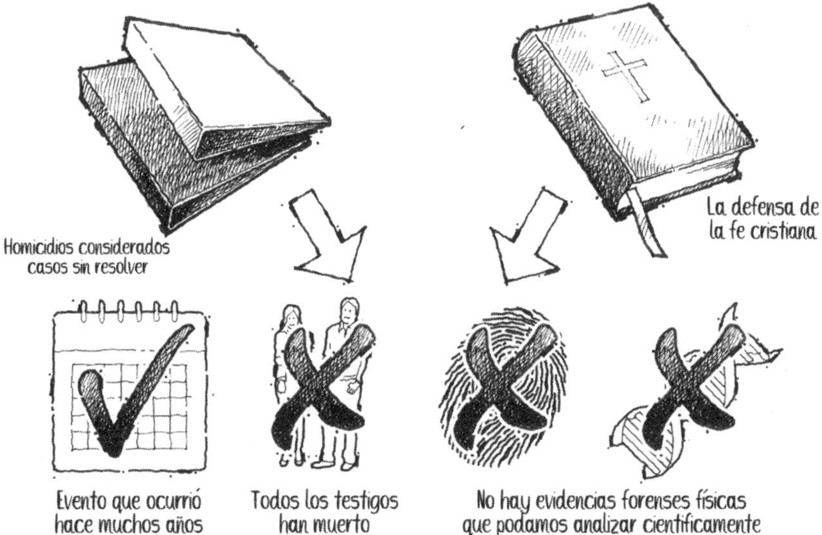

Puede que esto suene abrumador, pero la habilidad de un buen detective experto en casos sin resolver facilita la labor. En mi libro *Cristianismo: Caso resuelto*, al presentar la defensa de la fiabilidad de los Evangelios del Nuevo Testamento, compartí diez principios de investigación que los detectives usan para evaluar a los testigos oculares. Asimismo, al presentar la defensa de la existencia de Dios, describí ocho principios de investigación que los detectives utilizan para examinar la escena del crimen, ahora, en este libro, quiero ofrecerle cinco *prácticas* de investigación que emplean los detectives al examinar los casos sin resolver. Estos hábitos diarios le ayudarán a transformar una *creencia casual* en fe que está lista para su *análisis forense*.

PRÁCTICA DE INVESTIGACIÓN #1:
LEA EL EXPEDIENTE DEL CASO EN SU TOTALIDAD

Definición forense:
PRÁCTICAS

Los oficiales de policía desarrollan y emplean ciertas «prácticas» que les permiten alcanzar sus metas; el término *práctica*, utilizado de esta forma, se refiere a las costumbres repetitivas, actividades habituales u operaciones. Las «acciones» no se convierten en «prácticas», a menos que se realicen repetida o habitualmente.

Si usted quiere desarrollar una fe que esté siempre lista para su análisis forense, necesitará pensar como un detective y adoptar aquellos *hábitos* repetitivos que emplean los detectives al investigar la verdad acerca de un caso. Al escribir esta sección, intencionalmente estoy utilizando el término *práctica* con la finalidad de ayudarle a ver la importancia que tiene el reconsiderar reiteradamente la manera en la que ha afrontado su propia visión cristiana, ya que, no es suficiente con leer este libro, usted debe poner en *práctica* estos conceptos.

En nuestra agencia, los casos que no han sido resueltos se distinguen por estar en un folio rojo y se encuentran archivados en nuestra «bóveda de homicidios». Cuando inicio una investigación, busco el expediente de la bóveda y me dedico a leerlo en su totalidad; esto incluye el reporte original del crimen, la síntesis de la investigación, la copia de las entrevistas de los testigos oculares, el reporte de la autopsia, así como el reporte de la investigación de la escena del crimen. Antes de *retomar* el caso para su investigación, necesito leer y comprender el expediente como si yo hubiese sido parte del equipo *original* de detectives; confieso que, en ocasiones es difícil sumergirme totalmente, pues algunos reportes son más interesantes que otros, en otras palabras, algunos son *aburridos*. Pero, si pretendo entender por qué, «en aquél entonces», los detectives iniciales fracasaron en resolver el caso, necesito ser diligente y permanecer atento al «aquí y ahora».

Frecuentemente reorganizo los reportes en el orden cronológico en el que fueron escritos, pues, los expedientes antiguos no siempre están organizados de esa manera (a veces, los reportes son agrupados por «tipo»), incluso, algunos archivos son un completo *desorden*. La acción de organizar los reportes en forma cronológica me permite obtener respuestas a muchas preguntas fundamentales acerca de un caso. A continuación, me dedico a leer completa y *repetidamente* los reportes hasta convertirme en un experto en el caso; mi objetivo es que no haya nadie que conozca más acerca del caso que yo. Esto requiere que me familiarice completamente con cada reporte, conocer lo que contiene cada uno de ellos y dónde se localiza cierto reporte dentro del expediente.

También he aprendido a resistir la tentación de leer, *fuera de contexto*, ciertas piezas del expediente. Por ejemplo, es fácil darle demasiada prioridad a cierta declaración del sospechoso si me enfoco en *una sola línea* del informe de la entrevista. Las declaraciones que se sacan de contexto pueden demostrar aún más culpable al sospechoso (o incluso, más inocente) de lo que en verdad es. A estas alturas, he aprendido la importancia que tiene el leer *todo* el expediente, de principio a fin antes de enfocarme en un solo reporte, también he aprendido a leer *completamente* el reporte antes de aislar un par de enunciados o párrafos, pues todo gira alrededor del contexto; todo es acerca del contexto.

PRÁCTICA #1 DEL ANÁLISIS FORENSE DE LA FE:

LEA LA BIBLIA EN SU TOTALIDAD

Si desea desarrollar una *fe lista para su análisis forense*, necesitará abordar nuestro «expediente» cristiano desde una perspectiva de detective. A menudo me sorprende descubrir la cantidad de cristianos no han leído el Nuevo Testamento completo, y mucho menos el Antiguo Testamento. No se sienta mal, creo que todos nos hemos propuesto, en alguna ocasión, leer la Biblia de principio a fin, pero nos estancamos en el libro Levítico o de Números; es fácil perder el impulso pero, aunque haya momentos en los que es difícil sumergirse en el estudio, es muy importante continuar, ya que si usted quiere comprender la historia redentora del pueblo de Dios «en aquél entonces», deberá ser diligente «aquí y ahora». Haga

un pacto con usted mismo, encuentre la versión de la Biblia que más le agrade y tome el compromiso de leerla en su totalidad, ya que es nuestro «expediente». Existen diferentes planes gratuitos de lectura bíblica en la Internet, estos le pueden ayudar a permanecer enfocado, pero si usted quiere algo más sencillo, entonces puede leer cuatro capítulos diarios, ya que, a ese ritmo, terminará de leer toda la Biblia en un año. Es una meta factible, especialmente si su intensión es convertirse en un defensor instruido de la fe cristiana.

Enfrente la lectura bíblica de la misma forma que yo afronto mis expedientes rojos; lea cada «reporte» una y otra vez, poniendo atención al orden de los textos bíblicos. Aprenda de memoria lo que contiene cada libro y en qué parte del «expediente» se encuentra ese libro, pues la meta es hacernos expertos y comprender la información bíblica de tal manera que podamos ayudar a aquellos que tienen preguntas. Una buena manera de comprender el flujo de la historia y

Guía para la investigación del análisis forense de la fe:

USE LOS COMENTARIOS

Algunos de mis casos sin resolver son tan antiguos, que las palabras usadas por los testigos oculares, las cuales aparecen en los reportes originales (es decir, la terminología y modismos coloquiales) son confusos y, a menos de que algún miembro del jurado esté familiarizado con la cultura y condiciones de la época en la que se suscitó el caso, al jurado se le dificulta comprender e interpretar el testimonio de dichos testigos. De igual manera, los autores bíblicos usan palabras (y se refieren a situaciones) que se usaban específicamente en ese entorno y, a menos que usted se familiarice con esa cultura y lenguaje, se le dificultará comprender los textos bíblicos.

No tema usar comentarios bíblicos para ayudarle a complementar su lectura bíblica. Hoy en día hay excelente material disponible en la Internet para su descarga *gratuita*, como: los Comentarios Bíblicos de Matthew Henry de 1706 y los Comentarios Bíblicos de Adam Clarke de 1826. El leer estos comentarios de manera adicional a su lectura bíblica, le ayudará a comprender lo que están tratando de decir los autores de las Escrituras.

las conexiones teológicas que hay entre los textos bíblicos es leer los libros de la Biblia en *el orden en el cual ocurrieron los sucesos*. Las Biblias que hoy tenemos no están ordenadas de ese modo; al igual que mis expedientes antiguos, normalmente, los textos de la Biblia están agrupados por «tipo». Cuando termine de leer la Biblia de principio a fin, saque provecho de los planes de lectura2 que se encuentran en la Internet de manera gratuita, los cuales organizan los textos y lecturas diarias de manera cronológica, en *el orden en el cual ocurrieron los sucesos*. Quedará sorprendido de ver cuántas de sus preguntas básicas acerca de la Biblia quedarán contestadas al organizar y leer los textos en orden cronológico.

No lea fuera de contexto ciertas piezas de la Biblia, pues, puede que esté de moda leer los pasajes de la Escritura como si cada versículo hubiera sido escrito para usarse en una galleta de la suerte, pero leerla de este modo da como resultado su malinterpretación. Mi amigo Greg Koukl lo dice de esta forma: «Nunca lea un versículo bíblico» (de hecho, tiene un magnífico folleto con ese mismo nombre3). Greg no le está sugiriendo que no debería *leer la Biblia*, sino que usted no debería *leer solamente un versículo de la Biblia y nada más*. Antes de que base toda su fe en una promesa bíblica, o elabore la defensa de la doctrina teológica sobre un versículo de la Biblia, asegúrese que su interpretación está sustentada por el marco global del pasaje. Recuerde, toda gira alrededor del contexto; todo es acerca del contexto.

PRÁCTICA DE INVESTIGACIÓN #2:
PIENSE EN LA NATURALEZA DE LA EVIDENCIA EN TÉRMINOS GENERALES

Como detective de casos sin resolver, mi trabajo es encontrar la evidencia que otros detectives pasaron por alto; pero, si limito en sentido estricto mi concepto de «evidencia», puede que no alcance a ver o leer algo que «valga» como tal. Es por esto mismo que adopto una perspectiva muy amplia al tratar de determinar lo que pueda, o no, tener valor como evidencia. Los miembros del jurado, en los primeros días de haber sido seleccionados, no están familiarizados con aquello que se estima como evidencia, pero no les toma mucho tiempo para ampliar su conocimiento en cuanto a ello. *Todo* tiene la probabilidad de ser considerado como evidencia. En todos los años que tengo de experiencia en cuanto a casos criminales en el estado de California, he presentado objetos físicos, declaraciones, conductas y muchas otras cosas como evidencias para respaldar mi defensa. Le presento una breve lista del tipo de evidencias que comúnmente se presentan en los juicios criminales:

Evidencia física forense.

Evidencia física no forense.

El lugar donde la víctima fue atacada.

El/los lugares donde la víctima no fue atacada.

Objetos encontrados en la escena del crimen.

Objetos que faltan en la escena del crimen.

Palabras dichas por el sospechoso.

Lo que no dijo el sospechoso.

Algo que hizo el sospechoso.

Algo que no hizo el sospechoso.

Fácilmente pudiera seguir, pero ¿puede ver el patrón? Verdaderamente *todo* tiene la posibilidad de ser evidencia para el caso, dependiendo de la naturaleza del mismo caso. A veces, el más simple de los detalles (algo que usted no consideraría como evidencia), puede hacer la diferencia en la defensa. He investigado, de manera exitosa, casos procesados solamente con declaraciones; estos casos no tuvieron una sola evidencia física y aún así, el jurado dio el veredicto de culpable. Cuando leo en su totalidad el expediente de cualquier caso sin resolver, hago mi mejor esfuerzo por mantener una mente abierta y examinar *todo*, ya que cualquier cosa puede valer como evidencia.

PRÁCTICA #2 DEL ANÁLISIS FORENSE DE LA FE:
PIENSE EN LA EVIDENCIA DE DIOS Y DE LA BIBLIA EN TÉRMINOS GENERALES

Cuando los escépticos dicen que la defensa del cristianismo es muy precaria porque no se puede corroborar con evidencias científicas, comprobables y forenses, evidentemente no conocen cómo son procesados los casos criminales en Estados Unidos, pues *todo* cuenta como evidencia, incluyendo las conductas de las personas que presenciaron la existencia y vida de Jesús, el testimonio de quienes escucharon las declaraciones de estos testigos, la corroboración arqueológica de la evidencia, la confirmación geográfica, la política, los nombres propios (explicaré esto más adelante) y la deficiencia de las explicaciones alternativas. Estos tipos de evidencia (y similares), se utilizan diariamente en los juicios criminales. Lea el «expediente» cristiano con una mente abierta para que su definición de «evidencia» se expanda.

Antes de continuar con el otro principio, es un buen momento para responder a una objeción muy común por parte de los escépticos: «Las declaraciones *extraordinarias* requieren evidencias *extraordinarias*; decir que «Dios existe» es una declaración extraordinaria, y más vale que cuente con evidencias extraordinarias para sustentar tal declaración». En base a mi experiencia, esto es falso.

En el año 1981 había, aproximadamente, 24.159.000 habitantes en el estado de California; ese año, unas 3.143 personas cometieron asesinatos. La mayoría eran ciudadanos respetuosos de la ley, unos pocos (solamente el .01 por ciento de la población), eran asesinos; si lo consideramos, ese número es *extraordinariamente* bajo. Uno de esos asesinos (el cual representa el .000004 por ciento de la población de California en 1981), era Michael Lubahn, el hombre que mató a su esposa y luego inventó que ella había abandonado el hogar. Michael era muy apreciado por la familia de la víctima, y ellos se rehusaron a creer que él fuera el responsable de la muerte de

Guía para la investigación del análisis forense de la fe:

IDENTIFÍQUELO «TODO»

En esta sección he enumerado algunas formas de evidencias que comúnmente presentamos en los juicios criminales. Sin abrir su Biblia, imagine una lista similar que se pueda elaborar con relación a la evidencia aleatoria contenida en nuestro «expediente» cristiano. Si estuviera tratando de elaborar la defensa de la deidad de Jesús, ¿qué tipo de evidencia contenida en los Evangelios podría considerar como importante? Profundice tanto como le sea posible y sea creativo. En la siguiente sección, puede utilizar esta lista para proceder con la investigación.

su esposa. Entiendo que creyeran eso, ya que, después de todo, era una declaración totalmente extraordinaria que Michael Lubahn, un hombre gentil y amigable, representaba el .000004 por ciento de toda la población, y no contaba con ningún tipo de antecedentes criminales o de violencia y, sin tener un motivo evidente, fue acusado de cometer el peor crimen posible. La familia de la víctima, en repetidas ocasiones me dijo que se trataba de una afirmación extraordinaria, la cual ellos no podían aceptar. Aun después de haberles mostrado las evidencias que recolecté antes del juicio, ellos se negaron a creer.

El juicio duró aproximadamente un mes y, como casi todos mis casos, la evidencia era completamente circunstancial; sin embargo, este caso era *particularmente* extraordinario, pues no había evidencia física, no había un cadáver o una escena del crimen. De todos mis casos circunstanciales, definitivamente este fue de los más difíciles y el expediente era muy «endeble». Era un caso extraordinario por diversos motivos: lo inverosímil del caso para lo que estábamos acostumbrados en 1981, la culpabilidad improbable del sospechoso, y la imposibilidad de nuestra parte, de obtener evidencias.

Luego de semanas de declaraciones y el veredicto del jurado, la familia aún no estaba convencida, pues se trataba de una acusación extraordinaria, ¿no debería haber alguna evidencia extraordinaria antes de encerrar de por vida a alguien? Bueno, esa es la característica de *todos* los casos de homicidio; afortunadamente, todos son únicos y extraordinarios. Pese a esta realidad, el jurado llega a conclusiones razonables gracias a la evidencia, la cual es ordinaria. Como resultado de esto, he aprendido que, las declaraciones extraordinarias no necesariamente requieren de evidencias extraordinarias; cuando la evidencia ordinaria conduce a una conclusión extraordinaria, el jurado está en su derecho de tomar una decisión razonable. Cuando Michael Lubahn finalmente confesó su crimen (lo cual fue otro hecho *extraordinario*), corroboró que el jurado había tomado la decisión correcta basados únicamente en la evidencia *ordinaria* con la que contábamos.

Las mismas personas que demandan evidencias extraordinarias que demuestren la existencia de Dios, por lo general son incapaces de ver la naturaleza extraordinaria de *sus propias* declaraciones. Por ejemplo, las afirmaciones ateas acerca de la naturaleza del universo; ¿En realidad todo (espacio, tiempo y materia), brotó de la nada, gracias a un proceso natural que funciona con leyes físicas? ¿La vida surgió de la materia inerte? ¿La consciencia inmaterial y el libre albedrío pueden surgir de un universo que es completamente físico y determinista? ¿Las leyes físicas pueden proveer las bases adecuadas para las obligaciones morales? Cuando los naturalistas ateos elaboran la defensa de tan extraordinarias declaraciones, lo hacen con evidencias y cálculos ordinarios, disponen teorías derivadas de dicha evidencia, y luego esperan que todos aceptemos su defensa y adoptemos su ideología. En verdad creo que ese es un enfoque válido, pero también creo que es válido usar evidencias *ordinarias* para llegar a una conclusión *extraordinaria* con respecto a la existencia de Dios (lo cual hago en mi libro *God's Crime Scene* [La escena del crimen de Dios].

A medida que vaya leyendo el «expediente» cristiano, mantenga la mente abierta y no deje pasar aquello que cuenta como evidencia. Podemos elaborar la defensa de la fiabilidad de la Biblia, la historicidad de la deidad de Jesús y la existencia de Dios a partir de los hechos y declaraciones que parecieran no ser tan importantes, pero recuerde, *todo* cuenta como evidencia, aun las cosas «ordinarias» que estemos tentados a pasar por alto.

PRÁCTICA DE INVESTIGACIÓN #3:
TOME NOTAS Y ANALICE MINUCIOSAMENTE EL CASO

Antes de comenzar a leer el expediente original de un caso sin resolver, hago una copia, ya que, en ella, puedo subrayar y hacer mis anotaciones detalladas en los márgenes; por lo general utilizo tintas de colores, de esa manera, clasifico ciertos temas con ciertos colores. Hacer esto me ayuda a analizar el caso a profundidad y me recuerda que esas áreas necesitan verificación (o una investigación más a fondo), también me permite hacer un resumen de los elementos importantes del caso y de esta forma un esquema con los detalles fundamentales. Estos esquemas se convertirán en mis reportes finales cuando presente el caso al fiscal asignado.

Entre mejor sean las notas que usted tome... mejor será su resumen... y mejor será su elaboración de la defensa

Trato de ser muy meticuloso al citar y hacer notas de los aspectos importantes de los reportes del expediente, y gran parte de eso se debe a mi entrenamiento en el Análisis Forense de las Declaraciones (FSA por sus siglas en inglés). Describí a detalle esta disciplina en mi libro *Cristianismo: Caso resuelto*. Este análisis es un método para examinar las palabras usadas por los testigos oculares y por los sospechosos que ayudan a identificar los «indicadores de engaño» y otras pistas esenciales. Si hay algo acerca del análisis de las declaraciones que usted debería saber es: todos podemos decidir que palabras usaremos para describir algo; cuando escogemos una palabra en particular, estamos seleccionando *no* usar otras alternativas. De hecho, este libro (así como cualquier otro libro), es un ejemplo excelente de este proceso de selección de palabras, en él, he tratado de elegir cuidadosamente mis palabras para ser conciso y claro. Tal vez usted haya hecho algo parecido, especialmente al comunicarse con sus seres amados. Las palabras que utilizamos descubren nuestras intenciones y revelan nuestros sentimientos, motivos y deseos. Para los detectives, *cada* palabra cuenta. Mi entrenamiento en el análisis de las declaraciones me guía en la forma de examinar un reporte, ya sea de la declaración de un testigo, el sospechoso o acerca de algo más. Al tomar mis notas de los casos sin resolver, pongo mucha atención en la variedad de características textuales, incluyendo las siguientes:

Nombres propios y pronombres

La manera en la que el autor, testigo o sospechoso describe algo, es muy importante. ¿Usaron un nombre propio? A lo largo de su declaración, ¿cambiaron la forma de referirse a esa misma persona? Si fue así, ¿por qué? Veamos las siguientes opciones:

«Kathy nos mintió».

«Esa mujer nos mintió».

«Esa estúpida nos mintió».

Las palabras que la gente usa para describir a *alguien más* son un indicativo muy importante de la manera en que ven o lo que sienten por dichas personas, o la forma que su *audiencia* ve o siente por esas personas.

Adjetivos y adverbios

El uso de los adjetivos (que describen al sujeto) y los adverbios (que describen los verbos) son opcionales. Veamos los siguientes ejemplos:

«Kathy nos mintió».

«Kathy nos dijo una mentira perversa».

«La pelirroja de Kathy, vengativamente nos dijo otra de sus mentiras perversas».

En este caso, el cronista eligió usar el adjetivo para describir a Kathy, y en el adverbio que seleccionó para describir la mentira que ella dijo. Fácilmente pudo omitir esos adjetivos y adverbios, sin embargo, al escoger incluirlos para expresar lo que él creía acerca de los motivos de Kathy (creía que ella estaba siendo «perversa»), o para distinguir a esa Kathy en especial (tal vez había otra con el mismo nombre, pero con otro color de cabello).

Extensión o disminución del tiempo

El número de palabras que alguien usa para describir un período de tiempo puede ser un indicativo de la importancia de ese evento en la mente del cronista, o puede indicar también la intención de ocultar algo. Veamos las siguientes declaraciones que describen el mismo período de tiempo:

«Kathy y yo comimos pizza».

«Conduje hasta la casa de Kathy desde la pizzería, tomé el boulevard Hawthorne. Comimos panecillos para acompañar nuestra pizza».

«Conduje hasta la casa de Kathy desde la pizzería, decidí tomar el boulevard Hawthorne, las calles se encontraban resbaladizas debido a la lluvia. Regularmente nunca tomo el boulevard Hawthorne, pero pensé que habría mucho tráfico por la calle Sepúlveda, pero no fue así; cuando llegué a la calle Carson, el semáforo demoró mucho, los demás conductores que esperaban la luz verde se estaban impacientando, hasta consideré pasarme la luz roja, pero afortunadamente cambió el semáforo y pude llegar a la casa de Kathy. Ah, se me olvidaba decir que, antes de llegar, me detuve en la esquina para leer los mensajes de mi teléfono móvil. Llegué tarde a su casa, a ella le encantaba la pizza».

En la primera declaración, el cronista no logra dar detalles del viaje hacia la casa de Kathy. Si el cronista fue breve en describir también *todos* los períodos de tiempo del día en cuestión, puede que no levante sospecha

Definición del análisis forense de la fe:

ANÁLISIS FORENSE DE LAS DECLARACIONES

El análisis forense de las declaraciones (FSA) determina una serie de técnicas secuenciales que usan los expertos para identificar «señales» lingüísticas que ayudan a separar las mentiras de las declaraciones verdaderas. Los expertos en este análisis examinan cuidadosamente las declaraciones de los sospechosos y de los testigos para identificar los indicadores que, inconscientemente, revelan información. El análisis forense de las declaraciones es una herramienta muy efectiva cuando es empleada por alguien que ha recibido entrenamiento en esta disciplina.

Este análisis no es una ciencia, por eso debemos ser muy cuidadosos de las conclusiones a las que llegamos cuando examinamos las declaraciones. Pero una cosa sí es cierta; cuanto más practiquemos las técnicas de este análisis, más fiables serán nuestras conclusiones. Al leer las declaraciones con un ojo crítico, tenga mucho cuidado de llegar apresuradamente a una decisión o inferir en algo. Pruebe y verifique sus afirmaciones y elabore una defensa cumulativa para asegurarse que sus conclusiones son razonables.

alguna. Si, por otra parte, incluyera muchos detalles en *otros* relatos, menos de su viaje hacia la casa de Kathy, la *disminución* del tiempo puede ser un indicativo de engaño, o simplemente de lo que para él no tiene tanta importancia. La última declaración incluye una gran cantidad de detalles acerca del viaje a la casa de Kathy, si el cronista fue breve en su descripción de *todo lo demás* que sucedió durante el día excepto en este período, entonces su extensión del tiempo puede ser un indicativo de que trataba de ocultar algo que *sí* estaba haciendo, o puede que sea un reflejo de lo que para él es importante.

Aunque la extensión o disminución de información *puede o no* indicarnos algo malvado, lo que es un hecho es que indica que el asunto requiere una investigación más profunda. ¿El cronista acostumbra siempre a extender o disminuir la información? ¿Hay más testigos que puedan confirmar las afirmaciones del cronista? ¿Se le ha sorprendido al cronista en alguna mentira acerca de cualquier cosa que pueda hacernos dudar de él?

Información aparentemente ilógica o absurda

En ocasiones las interrogaciones a testigos, sospechosos y cronistas dan lugar a más preguntas, especialmente si están tratando de describir algo que para ellos es de conocimiento general, o algo que se describió previamente. Veamos los siguientes ejemplos de las declaraciones de cuatro testigos *diferentes*:

«Ellos trajeron pizza de anchoas a la fiesta, a pesar de que a todos nos disgustan las anchoas».

«Debido a Kathy, ellos llevaron pizza de anchoas a la fiesta».

«Kathy mintió y dijo que a todos nos gustaban las anchoas».

«Ellos se vieron en una situación difícil debido a que Kathy es una antipática».

Si leemos de manera aislada la declaración de cada testigo, tendremos muchas dudas, pero cuando se consideran *en conjunto*, podemos comenzar a entender lo que pasó en esa fiesta y *porqué* sucedió. Sin embargo, la pregunta sigue siendo: ¿Por qué cada una de estas personas excluyó un detalle importante? La respuesta podría indicarnos lo que él o ella considera que es de conocimiento general, la prioridad que esa persona le da a ciertos aspectos del evento en cuestión, o lo que en verdad siente por las personas implicadas en el hecho.

Gracias a mi experiencia como analista forense de las declaraciones, examino cuidadosamente *cada palabra* que leo en el expediente. Quisiera decir que solamente lo hago en mi profesión, pero honestamente, lo hago también cuando leo correos electrónicos, noticias, blogs y hasta en mis conversaciones con otras personas.

PRÁCTICA #3 DEL ANÁLISIS FORENSE DE LA FE:
TOME NOTAS Y ANALICE MINUCIOSAMENTE EL CASO

Si usted busca desarrollar una fe que esté lista para su análisis forense, necesitará tener la estrategia de un detective al tomar sus notas. Al iniciar mi investigación de cada palabra dicha por Jesús, fui a la librería más cercana y compré una Biblia, ya que nunca había tenido una, sin embargo, sabía qué libro estaba buscando; quería una Biblia con márgenes amplios y mucho espacio entre el título de los capítulos del Nuevo Testamento. No buscaba una Biblia de estudio, solamente quería una que tuviera espacio en las mismas páginas para hacer mis anotaciones, ya que, gracias a mi experiencia con el análisis forense de las declaraciones, son mis notas las que indican el orden en el cuál debo leer el expediente. Actualmente, es casi imposible leer mi Biblia, debido a que he llenado cada espacio en el margen con mis notas clasificadas por color; cada vez que se me acababa el espacio, le añadía trozos de papel, del mismo tamaño de las hojas de la Biblia, para seguir haciendo mis anotaciones y observaciones.

Fui muy meticuloso al citar y anotar aspectos importantes de los relatos del Nuevo Testamento, y gran parte de aquello que consideré importante fue gracias a mi entrenamiento como detective. Los autores del Nuevo Testamento seleccionaron *cuidadosamente* cada palabra que utilizaron, y cada vez que hicieron esto, eligieron *no* usar otra de las alternativas disponibles. *Cada* palabra era importante para mí al leer los textos del Nuevo Testamento, y, al tomar notas en aquella Biblia, puse toda mi atención a las mismas características textuales que considero al leer un expediente en mi profesión.

Ahora que ya le he explicado algunas áreas que se consideran para analizar las declaraciones de los casos criminales, permítame presentarle unos paralelismos bíblicos:

Nombres propios y pronombres

El modo en el que los autores bíblicos describen a una persona es muy importante; por ejemplo, Pablo, al escribir su carta a los gálatas, describió sus visitas en las cuales estuvo acompañado de Pedro y Jacobo, notemos la forma en la que Pablo describió a estos hombres:

> Entonces, tres años después, subí a Jerusalén para conocer a Pedro (Cefas), y estuve
> con él quince días. Pero no vi a ningún otro de los apóstoles, sino a Jacobo (Santiago),
> el hermano del Señor. — **Gálatas 1:18–19 (NBLH)**

En este versículo, Pablo se refiere a Pedro como «Cefas», que es su nombre en arameo, tal vez porque Jesús así le llamaba, o porque en esa región de Galacia había muchas personas que hablaban arameo. La elección de Pablo para referirse a Pedro nos dice algo acerca del *público* al que él se dirigía. Pablo también aclaró de qué Jacobo se trataba al añadir la información «el hermano del Señor». Esto puede ser un indicativo de que el público al cual se dirigía Pablo conocía a todos los apóstoles, incluyendo a Jacobo, hijo de Zebedeo. Unos versículos después, Pablo vuelve a describir a estos hombres (y al apóstol Juan), sin embargo, eligió usar palabras distintas:

> Después, pasados catorce años, subí otra vez a Jerusalén con Bernabé, llevando tam-
> bién conmigo a Tito. Pero subí según una revelación, y para no correr o haber corrido
> en vano, **expuse** en privado **a los que tenían cierta reputación** el evangelio que
> predico entre los gentiles. — **Gálatas 2:1–2** (RVR**1960**)

Puede que la elección de Pablo de usar «los» se deba a que ya nos había presentado a Pedro (Cefas) y a Jacobo en el capítulo anterior de su carta, pero la selección de Pablo al decir «que eran reconocidos como dirigentes» (incluyendo también a Juan, como se aprecia en el versículo 9), es sorprendentemente importante, pues Pablo pudo haber dicho «Pedro, Jacobo y Juan», o «los que caminaron con Jesús», o bien, «los apóstoles», en cambio, Pablo se refirió a ellos como «los que eran reconocidos como dirigentes». ¿Por qué escogió Pablo usar esa expresión? Si solamente leyéramos hasta aquí, parecería que Pablo quisiera que sus lectores recordaran la posición de eminencia y el conocimiento de Pedro, Jacobo y Juan, pero ¿por qué? Si un sospechoso hiciera esto durante un interrogatorio, esperaría que él usara la posición de eminencia de esos hombres para sustentar algo que el mismo sospechoso dijo o hizo. Estoy seguro de que eso es lo que pretendía Pablo:

> Pero ni aun Tito, que estaba conmigo, fue obligado a circuncidarse, aunque era
> griego. Y esto fue por causa de los falsos hermanos introducidos secretamente, que
> se habían infiltrado para espiar la libertad que tenemos en Cristo Jesús, a fin de

someternos a esclavitud, a los cuales ni por un momento cedimos, para no someternos, a fin de que la verdad del evangelio permanezca con ustedes. Y de **aquéllos que tenían reputación de ser algo** (lo que eran, nada me importa; Dios no hace acepción de personas); pues bien, **los que tenían reputación**, nada me enseñaron (contribuyeron). — **Gálatas 2:3–6** (NBLH)

Pablo cambió el término para referirse a Cefas, Jacobo y Juan, para resaltar la posición que estos tenían ante los gálatas, con el fin de legitimar su propia posición teológica acerca del evangelio y la circuncisión. Pablo presentó a estos apóstoles con gran autoridad, lo que les estaba predicando a los gentiles, y ellos ratificaron la postura de Pablo; no le añadieron nada. Entonces Pablo usó la posición de esos hombres que *eran reconocidos*, para atribuir autenticidad a sus declaraciones. Las palabras de Pablo fueron importantes para señalar la manera en la que, tanto él, como su *público* percibían a los apóstoles.

Adjetivos y adverbios

En mi libro *Cristianismo: Caso resuelto* describí un adjetivo muy importante que Lucas usó al inicio de su evangelio; de hecho, Lucas usó varios adjetivos y adverbios en este pasaje que a continuación veremos y cada uno nos dice algo valioso acerca del sustantivo o verbo que está describiendo:

Muchos han intentado hacer un relato de las cosas que se han cumplido entre nosotros, tal y como nos las transmitieron los que desde el principio fueron testigos y servidores de la palabra. Por lo tanto, yo también, **excelentísimo** Teófilo, habiendo investigado todo esto **con esmero** desde

Guía para la investigación del análisis forense de la fe:

USE LOS ESPACIOS Y MÁRGENES

Si aún no tiene una Biblia, le recomiendo que compre una sencilla, que no sea muy costosa, pero que tenga espacios y márgenes amplios. Compre una en que no le duela escribir y llenarla de notas y observaciones. En su primera revisión de los textos bíblicos, siéntase con la libertad de escribir todo lo que descubra, incluyendo sus impresiones racionales y emocionales, los recordatorios de las cosas que usted quiere investigar y las partes en donde el texto llega a ser confuso o hasta «desconcertante».

En la segunda revisión que haga, enfóquese en las cuatro áreas que he descrito en esta sección. Luego de resaltar las palabras y pasajes, trate de resolver cualquier duda que tenga. Para las áreas más difíciles, use algunos de los recursos disponibles para su consulta pública y gratuita, para examinar más a fondo los pasajes que le resultan complicados. (Encontrará una breve lista de dichos recursos en la sección *Archivo de evidencias*).

su origen, he decidido escribírtelo **ordenadamente**, para que llegues a tener plena seguridad de lo que te enseñaron. — **Lucas 1:1–4**

Pareciera que Lucas quiere que apreciemos la diligencia con la que él investigó los relatos de los testigos que conocieron a Jesús. Él pudo omitir usar las palabras «con esmero», sin embargo, decidió incluirlas. Al describir a Teófilo, el hombre a quien se refirió al escribir su evangelio y el libro de los Hechos, eligió incluir el adjetivo «excelentísimo»; al optar por usar esta descripción, Lucas nos habla acerca de la persona de Teófilo (o nos indica algo acerca del respeto que Lucas tenía por este hombre), pues ese título estaba reservado para las personas que ocupaban posiciones prominentes en la sociedad (Por ejemplo, Pablo usó el mismo título al referirse a Festo, procurador de Judea, en Hechos 23:26).

Hay un adjetivo en particular que capturó mi atención la primera vez que leí el pasaje de Lucas y fue la palabra «ordenadamente». No fue suficiente que Lucas le dijera a Teófilo que le había escrito un «relato»; él quiso asegurarse que Teófilo supiera que lo había escrito «ordenadamente». La palabra griega que se emplea aquí (καθεξῆς) significa «orden cronológico». De hecho, en una de las traducciones bíblicas se traduce como «de principio a fin». Si Lucas estaba escribiendo la historia de Jesús basándose en los relatos de los testigos oculares que tenía a su disposición, ¿por qué se habrá sentido obligado a decir que su historia está en el orden cronológico correcto? ¿Acaso no *todos* los relatos históricos están ordenados cronológicamente?

Recuerde, las descripciones adicionales por lo regular se usan para distinguir a un objeto o a una persona del resto. Como ya hemos visto, Pablo describió a Jacobo como «el hermano del Señor» para distinguirlo de otros apóstoles o líderes que se llamaban así. Entonces, el uso de la palabra «ordenadamente» por parte de Lucas, ¿intentaba distinguir su evangelio de los demás «relatos de las cosas que se han cumplido entre nosotros»? Pienso que sí. Como lo indiqué en mi libro *Cristianismo: Caso resuelto*, Papías de Hierápolis describió la narración del evangelio de Marcos de la siguiente manera:

Siendo Marcos el intérprete de Pedro, registró con precisión, **pero no en orden**, las cosas que él recordaba que Cristo dijo e hizo, pues él no escuchó ni siguió al Señor, pero después siguió a Pedro, quien adaptó sus enseñanzas a las necesidades específicas de su público. Así que, podemos decir que Marcos no cometió errores al escribir las cosas como las recordaba, pues fue cuidadoso de no omitir nada de lo que había escuchado, ni de escribir mentiras.[4]

Habiendo leído la descripción de Papías, el uso de la palabra «ordenadamente» por parte de Lucas, tiene sentido, sobre todo si él conocía los relatos de Marcos y quería hacer una distinción entre ambas narraciones. Como era de esperarse, efectivamente, Lucas conocía el trabajo de Marcos, ya que se refirió a él en repetidas ocasiones (Lucas usó la información contenida en aproximadamente 350 versículos de Marcos). La elección de Lucas en usar el adjetivo «ordenadamente» fue para distinguir sus relatos de los de Marcos y describir así su propio evangelio.

Extensión o disminución del tiempo

A veces, los escépticos señalan las diferencias que hay entre los evangelios usándolas como evidencias de su falta de fiabilidad. Sin embargo, cuando yo era ateo y leí por primera vez los evangelios, las diferencias que existen entre cada uno de ellos, hicieron que me interesara más y los viera como relatos de los testigos oculares. ¿Por qué?, porque los testigos *siempre* escogen ciertas cosas para reportar lo que vieron; todos extienden o disminuyen el tiempo; la pregunta aquí es, si esa contracción o expansión es una señal de *engaño*. Examinemos un ejemplo del Nuevo Testamento; el tiempo que cada uno tomó para describir el sermón del monte, Mateo, al escribir acerca de este sermón, nos proporcionó la siguiente información:

Y tomando él [Jesús] la palabra, comenzó a enseñarles diciendo:
«Dichosos los pobres de espíritu, porque el reino de los cielos les pertenece.
Dichosos los que lloran, porque serán consolados.
Dichosos los humildes porque recibirán la tierra como herencia.
Dichosos los que tienen hambre y sed de justicia, porque serán saciados.
Dichosos los compasivos, porque serán tratados con compasión.
Dichosos los de corazón limpio, porque ellos verán a Dios.
Dichosos los que trabajan por la paz, porque serán llamados hijos de Dios.
Dichosos los perseguidos por causa de la justicia, porque el reino de los cielos
les pertenece.

Dichosos serán ustedes cuando por mi causa la gente los insulte, los persiga y levante contra ustedes toda clase de calumnias. Alégrense y llénense de júbilo, porque les espera una gran recompensa en el cielo. Así también persiguieron a los profetas que los precedieron a ustedes». — **Mateo 5:3–12**

Notemos la manera en la que Mateo proveyó una lista extensa de las «dichas» o «bendiciones» en su relato. Sin embargo, cuando Lucas describió en su evangelio este mismo sermón, acortó la lista de las bendiciones y añadió una lista de las «dolencias».

Él entonces dirigió la mirada a sus discípulos y dijo:
«Dichosos ustedes los pobres, porque el reino de Dios les pertenece.
Dichosos ustedes que ahora pasan hambre, porque serán saciados.
Dichosos ustedes que ahora lloran, porque luego habrán de reír.
Dichosos ustedes cuando los odien, cuando los discriminen, los insulten y los desprestigien por causa del Hijo del hombre.
Alégrense en aquel día y salten de gozo, pues miren que les espera una gran recompensa en el cielo. Dense cuenta de que los antepasados de esta gente trataron así a los profetas.
Pero ¡ay de ustedes los ricos, porque ya han recibido su consuelo!
¡Ay de ustedes los que ahora están saciados, porque sabrán lo que es pasar hambre!
¡Ay de ustedes los que ahora ríen, porque sabrán lo que es derramar lágrimas!
¡Ay de ustedes cuando todos los elogien! Dense cuenta de que los antepasados de esta gente trataron así a los falsos profetas». — **Lucas 6:20–26**

Marcos y Juan, al escribir sus propios evangelios, contrajeron el tiempo y omitieron *completamente* este sermón. ¿Cómo podemos armonizar estos relatos? ¿Será que la extensión o disminución del tiempo y la información en ellos indica que alguien está mintiendo? El sermón del monte, ¿realmente ocurrió?, y si así fue, ¿por qué Marcos y Juan lo omitieron completamente? Mientras que, la extensión o disminución de la información puede que sea o no, señal de algo malicioso, lo que sí nos indica es que necesitamos examinar esta situación más a fondo; nos podemos hacer las mismas preguntas que en una investigación criminal: El autor, *¿siempre* expande o comprime la información? ¿Hay algún otro testigo ocular que pueda confirmar estas declaraciones? ¿Se ha descubierto al autor diciendo una mentira como para dudar de su credibilidad?

La omisión de Juan y Marcos parece coincidir con sus evangelios, ya que, por ejemplo, el evangelio de Marcos *en general* es notablemente breve. Marcos documentó menos cosas que el resto de los autores y lo hizo con más rapidez (para conocer más acerca de esto, lea mi libro *Cristianismo: Caso resuelto*). Puede que Marcos haya omitido el sermón del monte, pero claramente podemos ver que lo conocía, ya que él repitió elementos de las enseñanzas de Jesús en el resto de su evangelio (por ejemplo, citó las instrucciones de como orar al Padre, en Marcos 11:25). Juan fue muy selectivo en lo que comunicó, incluso admitió que «hay muchas otras cosas que hizo Jesús».[5] La intención de Juan fue hablarles un poco más a sus lectores acerca de los eventos que los demás evangelios *no relataron*. Pero no hay algo en los evangelios de Marcos o Juan que nos lleve a creer que Mateo o Lucas hayan *mentido* con respecto al sermón; tenemos dos relatos adicionales que verifican el evento.

INVIERTA EN SU INVESTIGACIÓN

Si no se está familiarizado con el idioma griego, o el hebreo, es muy difícil examinar la importancia de la *selección de palabras* en la Biblia, ya que es esencial poder responder a las siguientes preguntas: ¿Cuál fue la palabra que originalmente usó el autor? ¿Usó esa misma palabra en otra parte de su escrito? ¿Cómo utilizaron otros autores esa palabra en la historia contemporánea? Cuando comencé a estudiar los textos bíblicos (que fue mucho antes de completar mi tesis para obtener mi título en estudios teológicos), me di cuenta de que debía comprender mejor los lenguajes bíblicos, así que, invertí en varios recursos impresos, llené mi biblioteca personal con enciclopedias, diccionarios y comentarios bíblicos, además de adquirir un programa de estudio bíblico para mi computadora.

Si usted desea tomar el siguiente paso para desarrollar su análisis forense de las declaraciones bíblicas, le aconsejo que invierta en su investigación. Por ejemplo, un programa de estudio bíblico para su computadora pondrá a su disposición el mundo de la sabiduría y conocimiento del estudio bíblico. Puede consultar varias herramientas gratuitas de estudio bíblico en la Internet y adquirir un programa para su computadora y convertirse en el mejor de los investigadores. Puede asesorarse en la sección *Archivo de evidencias* para ver una lista de estudios bíblicos.

Información que parece ser ilógica o absurda

Al igual que los testigos oculares en mis casos criminales, los autores de los evangelios, al relatar los acontecimientos, dan lugar a más preguntas. Cuando descubrimos algo que aparentemente es ilógico, debemos investigar tal informe. Aquí está un ejemplo de lo que Mateo nos reporta acerca del juicio contra Jesús; Mateo nos dice que Jesús fue llevado ante Caifás y fue acusado de blasfemia:

> – ¡Ha blasfemado! –exclamó el sumo sacerdote, rasgándose las vestiduras–. ¿Para qué necesitamos más testigos? ¡Miren, ustedes mismos han oído la blasfemia! ¿Qué piensan de esto? –Merece la muerte –le contestaron. Entonces algunos le escupieron en el rostro y le dieron puñetazos. Otros lo abofeteaban y decían: –A ver, Cristo, ¡adivina quién te pegó! — **Mateo 26:65–68**

Cuando leemos completamente este capítulo de Mateo nos deja con preguntas en cuanto a los agresores de Jesús. Mateo nos reportó que los hombres presentes en el juicio desafiaron a Jesús para que profetizara quién lo había golpeado, con la finalidad de comprobar las afirmaciones acerca de su deidad. ¡Qué difícil habrá sido para Jesús no mirarlos a la cara y responderles la pregunta! ¿Por qué sus respuestas a este interrogatorio probarían el poder de Jesús? El informe de Mateo no nos provee respuestas; afortunadamente, otro informe complementa al de Mateo:

> Los hombres que vigilaban a Jesús comenzaron a burlarse de él y a golpearlo. **Le vendaron los ojos,** y le increpaban: –¡Adivina quién te pegó! Y le lanzaban muchos otros insultos. — **Lucas 22:63–65**

Lucas responde las preguntas que nos generó el relato de Mateo; Jesús se encontraba *vendado de los ojos* antes de ser agredido, por eso, el responder al desafío lanzado por sus agresores era una evidencia de su poder. Los evangelios poseen muchas características similares que podemos ver en los recuentos de los demás testigos fiables. Mientras que, el leer cada recuento de manera aislada puede generar dudas, cuando se analizan estas declaraciones *en conjunto* es cuando comenzamos a entender completamente lo que ocurrió.

No dude en escribir sus notas en su Biblia, los márgenes están ahí con un propósito. Puede que hasta ahora haya pasado por alto las evidencias más importantes en la Escritura, ahora que ya conoce algunas de las cosas que yo como detective considero importantes, creo que puede comenzar a verlas usted mismo en cada página del Nuevo Testamento.

PRÁCTICA DE INVESTIGACIÓN #4:
SINTETICE Y ORGANICE LA EVIDENCIA DE MANERA ÚTIL

Los detectives hacemos listas. Luego de leer completamente un expediente y notar los aspectos importantes de cada reporte, comienzo a organizar y sintetizar la evidencia que descubrí durante el proceso. Cuando estoy investigando un caso sin resolver, hago *docenas* de listas, las cuales, por lo general se clasifican en dos categorías: *evidencias* y *aclaraciones*. Los casos se resuelven cuando *una* de las aclaraciones de mi lista explica todas las evidencias de mi *otra* lista. A este proceso se le llama «razonamiento abductivo» y demuestro su valor en mis dos libros anteriores: *Cristianismo: Caso resuelto* (capítulo 2) y *God's Crime Scene* [La escena del crimen de Dios], (capítulo 5). Mis listas no son arbitrarias; sino *orientadas a objetivos concretos* y *con un propósito*. Evaluemos el siguiente ejemplo adaptado de un caso que describí en mi libro *Cristianismo: Caso resuelto*.

Una mujer fue brutalmente asesinada a golpes en su propia casa, el asesino usó una estaca grande. Una testigo vio a un hombre con una careta, pantalón azul y botas industriales correr del lugar del crimen y alejarse en automóvil. La familia sospechó del novio de la mujer, y al investigar a ese hombre, los detectives reunieron la siguiente lista de evidencias:

1. El novio de la mujer coincidía con la descripción del asesino.

Era de estatura y peso similares.

2. El novio mintió acerca de dónde se encontraba la noche del asesinato.

Cuando los detectives lo interrogaron, él dijo que había estado bebiendo cervezas con unos amigos, pero cuando los detectives interrogaron a los amigos, descubrieron que llevaban semanas sin verlo.

3. El novio de la mujer tenía, de manera inexplicable, un bate de béisbol en su armario.

Los detectives ejecutaron una orden de cateo y descubrieron un bate de béisbol en el armario del novio de la occisa. El bate estaba abollado, como si se hubiera usado para golpear algo; también estaba saturado de líquido desinfectante.

4. El novio de la mujer tenía, de manera inexplicable, un pantalón azul en casa.

En el cateo, también se descubrió un pantalón azul, la prenda coincidía con la descripción que dio la testigo; el pantalón estaba cubierto de polvo, pero la prueba de luminol6 expuso que se había utilizado un detergente para limpiar algunas manchas (que no eran de polvo) a la altura de las rodillas.

5. No había señales de que la puerta de la casa de la víctima había sido forzada.

O la víctima conocía al asesino y lo dejó entrar, o el asesino tenía llave y abrió él mismo la puerta; el novio era una de las tres personas que tenía llave.

6. El novio de la mujer admitió tener antecedentes de violencia.

En el interrogatorio, el cual fue grabado, el novio confesó a los detectives que a menudo golpeaba a su novia, y se sentía mal de hacerlo. También admitió haberla golpeado el día del asesinato porque supo que lo estaba engañando con otro y hasta amenazó con matarla frente a los amigos de ella, pero negó haber materializado esa amenaza.

7. El novio de la mujer tenía unas botas de trabajo como las descritas por la testigo.

La testigo dijo que el asesino llevaba puestas unas botas muy particulares, las cuales tenían una franja de cuero vertical a los lados de cada bota. Luego de investigar acerca de las botas, los detectives descubrieron que solo había un fabricante que las hacía y solamente una tienda en el país las tenía a la venta; la tienda reportó haber vendido únicamente treinta pares de botas en los últimos dos años, y el novio de la mujer tenía un par en su armario al momento de ejecutarse la orden de cateo.

Definición del análisis forense de la fe:

ARGUMENTOS ACUMULATIVOS DEL CASO

Los argumentos acumulativos del caso normalmente son edificados sobre las piezas de evidencia, las cuales pueden ser imperfectas o insuficientes si se ven de manera aisladas, pero cuando se examinan en conjunto, crean un caso sólido y razonable.

Aquellos que se oponen a este tipo de casos, casos acumulativos, usualmente atacan las imperfecciones o insuficiencias que encuentran en piezas aisladas de evidencia en el caso, pero recuerde, cada evidencia por sí sola, ciertamente es insuficiente, pero esto no deberá ser determinante para llegar a una conclusión razonable, ya que las evidencias acumulativas son avasallantes. El hecho de evaluar las objeciones de los casos acumulativos ayuda a las personas a ver los factores en conjunto y no uno por uno. (Lea más acerca de esto en el capítulo 10 de mi libro *Cristianismo: Caso resuelto*.

8. El novio de la mujer pretendía suicidarse.

Al ejecutarse la orden de cateo, se encontró una nota suicida inconclusa escrita por el novio; en esa nota, el novio manifestaba estar muy consternado por algo que había hecho (el mismo día del asesinato) y que lo consumía la culpabilidad a tal grado que se quería quitar la vida, admitió haber perdido el control haciendo algo horrible, mas no dijo explícitamente haber asesinado a su novia.

9. El automóvil del novio de la mujer coincidía con la descripción del vehículo en el que huyó el sospechoso.

La testigo vio al sospechoso huir en un vehículo de modelo inusual; lo describió como un automóvil Volkswagen Karmann Ghia, modelo 1972-74, color amarillo canario. Cuando los detectives buscaron en la base de datos del Departamento de tránsito, descubrieron que en todo el estado había muy pocos de estos vehículos, y con la orden de cateo, descubrieron que el novio tenía un Karmann Ghia, modelo 1972 color amarillo estacionado en su garage.

La lista de evidencias es muy útil, pues organiza la información para poder evaluar e interpretarla; esta lista es la elaboración de la *defensa*. Después de leer todos esos hechos, el caso contra el novio de la mujer es muy claro. Cuando los detectives hacen listas como la anterior, se puede decir que es un ensayo previo a la presentación del caso ante el fiscal de distrito para su consideración. Si alguien me preguntara: «¿Por qué sospecha del novio?», esta lista me ayudaría a responder de manera *sintetizada*:

Sé que el novio es el asesino pues coincide con la descripción física que nos dio la testigo, además de que mintió acerca de dónde se encontraba la noche del asesinato. Él tenía un bate de béisbol muy similar al que vio la testigo, el cual, de manera sospechosa, limpió con desinfectante, probablemente para destruir cualquier evidencia de sangre o tejido cutáneo; también tenía un pantalón igual al que usó el asesino, el cual tenía manchas que él limpió de manera efectiva (muy probablemente era la sangre de su novia), las botas del novio también eran muy particulares y coincidían con las que usó el asesino, además de que el automóvil correspondía de igual manera con la descripción. Él era de las pocas personas que tenía llave de la casa, pudiendo haber entrado sin forzar la puerta, además de haber admitido que golpeó y amenazó con matar a su novia; ese día él tenía un motivo para asesinarla: descubrió que ella lo engañaba con otro.

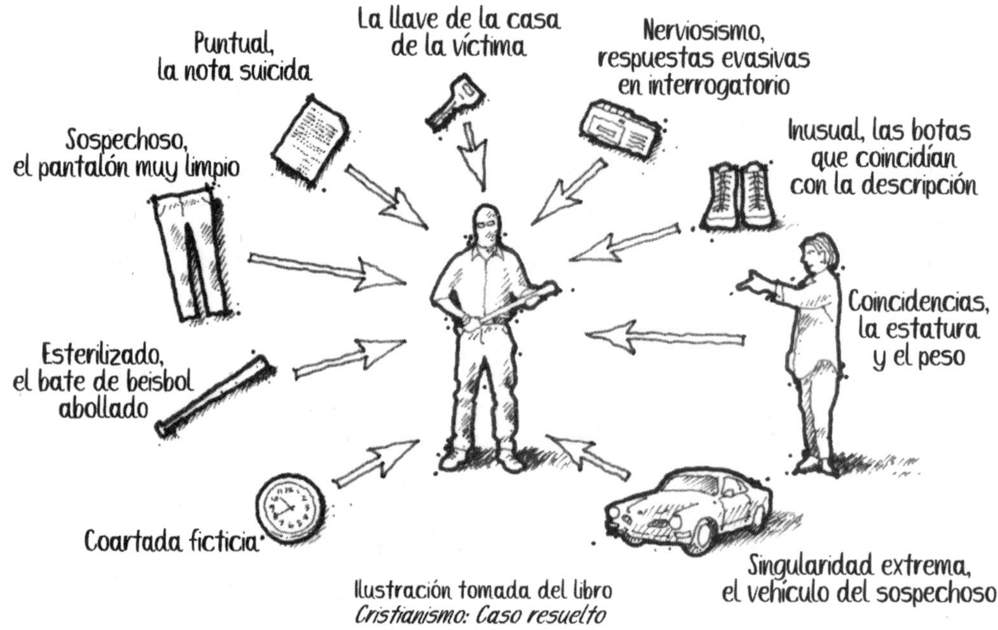

Ilustración tomada del libro *Cristianismo: Caso resuelto*

Es mucho más fácil hacer *resúmenes* explicativos cuando hago las *listas* de evidencias. Los *resúmenes* o *síntesis* me ayudan a elaborar la defensa y presentarla a quienes me pregunten el por qué creo que cierto sospechoso es el asesino.

PRÁCTICA #4 DEL ANÁLISIS FORENSE DE LA FE:
SINTETICE Y ORGANICE LA EVIDENCIA BÍBLICA DE MANERA ÚTIL

Cuando empecé a investigar las declaraciones del cristianismo, escuché a varios de mis amigos decir cosas acerca de Jesús, las cuales se les dificultaba sustentar; en una ocasión hice una pregunta muy simple y planteé un desafío: «¿En verdad Jesús *dijo* que él era Dios? Les apuesto a que en la Biblia no podrán encontrar donde Jesús haya dicho: «Yo soy Dios», ¿saben por qué?, porque Jesús nunca declaró ser Dios». Este desafío desconcertó a más de uno de mis colegas cristianos.

Finalmente, cuando ya era cristiano, decidí investigar las declaraciones fundamentales del cristianismo basándome en la evidencia. Desde la perspectiva del análisis forense de las declaraciones, hice listas de acuerdo con las características de las declaraciones que anteriormente mencioné; por ejemplo, una lista de evidencias que demuestran que Jesús *sí* declaró ser Dios:

1. Jesús hizo declaraciones con respecto a su *lugar* divino de origen.

Cuando se le preguntaba acerca de su lugar de origen, Jesús se refería a sí mismo como del mismo «lugar» donde habita Dios Padre. Mientras se dice que los seres humanos provienen de este mundo temporal, Jesús dice que él y Dios Padre provienen de otro reino. Al dirigirse a los líderes judíos, Jesús dijo:

—Ustedes son de aquí abajo – continuó Jesús–; yo soy de allá arriba. Ustedes son de este mundo; yo no soy de este mundo. Por eso les he dicho que morirán en sus pecados, pues, si no creen que yo soy el que afirmo ser, en sus pecados morirán. — **Juan 8:23–24**

Más adelante, cuando Poncio Pilato le preguntó a Jesús acerca de su posición como el «Rey» de los judíos, Jesús le confirmó que no era de origen humano y que él y Dios Padre eran del mismo reino espiritual:

—Mi reino no es de este mundo – contestó Jesús–. Si lo fuera, mis propios guardias pelearían para impedir que los judíos me arrestaran. Pero **mi reino no es de este mundo.** –¡Así que eres rey! –le dijo Pilato. –Eres tú quien dice que soy rey. Yo para esto nací, y para esto vine al mundo: para dar testimonio de la verdad. Todo el que está de parte de la verdad escucha mi voz. — **Juan 18:36–37**

Guía para la investigación del análisas forense de la fe:

COMIENCE A HACER LISTAS

Empiece creando listas de «evidencias» y «aclaraciones»; comience identificando algunas de las declaraciones fundamentales del cristianismo y enumere esas partes en la Biblia donde encuentra evidencia o aclaración relacionada al tema. ¿Por qué creemos que Dios es omnisciente? ¿Es Jesús un ser creado, o el Dios eterno? ¿Demostró Jesús, de alguna forma, su deidad? ¿Cuáles son los atributos de Dios y cómo podemos defenderlos mediante la Escritura?

Examine los temas que le intrigan o que representan un desafío para usted, o mejor aún, examine las inquietudes que sus hijos, amigos o compañeros de trabajo le han presentado al conversar con ellos acerca del cristianismo. Comience a recolectar evidencia para luego elaborar la defensa. Mantenga estas listas dentro de su Biblia, o cerca de ella. De ser posible, utilice un acrónimo o cualquier opción literaria que le ayude a recordar la lista cuando alguien le solicite que presente la defensa.

2. Jesús hizo declaraciones acerca de su *posición* divina.

Además de todo esto, Jesús dijo muchas cosas que sonaban ilógicas, a menos de que Jesús estuviera considerando su paridad con Dios. Por ejemplo, en Mateo 13:41, Jesús dijo que, tanto los ángeles como el reino eran *suyos*:

> **El Hijo del hombre enviará a sus ángeles,** y arrancarán de su reino a todos lo que pecan y hacen pecar. — **Mateo 13:41**

En otras partes de los Evangelios, los «ángeles de Dios» y el «reino de Dios» fueron descritos como pertenencia de Dios Padre, no de Jesús:

> Les aseguro que a cualquiera que me reconozca delante de la gente, también el Hijo del hombre lo reconocerá delante de **los ángeles de Dios.** Pero al que me desconozca delante de la gente se le desconocerá delante de los **ángeles de Dios.** — **Lucas 12:8–9**

La declaración de que los ángeles *de Dios* eran *sus* ángeles sería muy inapropiado, a menos de que Jesús y Dios fueran uno solo. También, Jesús hizo varios comentarios acerca de su relación con Dios Padre, las cuales serían difíciles de comprender si Jesús no se considerara Dios:

> —Yo soy el camino, la verdad y la vida —le contestó Jesús—. Nadie llega al Padre sino por mí. Si ustedes realmente me conocieran, conocerían también a mi Padre. Y ya desde este momento lo conocen y lo han visto. —Señor —dijo Felipe—, muéstranos

al Padre y con eso nos basta. —¡Pero, Felipe! ¿Tanto tiempo llevo ya entre ustedes y todavía no me conoces? **El que me ha visto a mí ha visto al Padre.** ¿Cómo puedes decirme: «Muéstranos al Padre»? — **Juan 14:6–9**

3. Jesús hizo declaraciones acerca de su *paridad* divina.

Jesús hizo varias declaraciones que *expresaban* su deidad, incluso antes de hacer declaraciones *acerca* de su deidad. Jesús daba un preámbulo de sus enseñanzas de tal modo que lo distinguía de los demás profetas o líderes religiosos. Cuando los profetas del Antiguo Testamento hacían una declaración, normalmente comenzaba diciendo: «Por lo tanto el Señor dice así» (RVR1960) o «Así dice el Señor» (en las traducciones modernas):

Por eso, así dice el Señor, el Señor Todopoderoso: «Pueblo mío, que vives en Sion, no tengas temor de Asiria, aunque te golpee con el bastón y contra ti levante una vara, como lo hizo en Egipto...». — **Isaías 10:24**

Así dice el Señor Todopoderoso: ¡Talen árboles y levanten una rampa contra Jerusalén! Esta ciudad debe ser castigada, pues en ella no hay más que opresión. — **Jeremías 6:6**

Así dice el Señor Omnipotente: Esta es la ciudad de Jerusalén. Yo la coloqué en medio de las naciones y de los territorios a su alrededor. — **Ezequiel 5:5**

Estos profetas comenzaban así sus proclamaciones porque hablaban *de parte* de Dios, y no *como* Dios. Pero Jesús nunca habló así cuando hizo proclamaciones similares; Jesús comenzaba con expresiones tales como: «De cierto, de cierto *os* digo» (RVV1960), o «Les aseguro» (en las traducciones modernas). Jesús no legitimó sus palabras como los profetas del Antiguo Testamento, él habló con autoridad en primera persona usando «Yo» como la única descripción de la fuente de su sabiduría. Los profetas hablaban *por* Dios, pero Jesús habló *como* Dios.

Les aseguro que mientras existan el cielo y la tierra, ni una letra ni una tilde de la ley desaparecerán hasta que todo se haya cumplido. — **Mateo 5:18**

Guía para la investigación del análisis forense de la fe:

PRACTIQUE LA SÍNTESIS

Mis órdenes de detención de criminales están divididas en tres secciones; en la primera sección simplemente describo la cronología de la investigación, resumiendo qué se hizo y cuándo; en la segunda sección, proveo una lista de evidencias, las cuales señalan al sospechoso como culpable; en el tercer párrafo, sintetizo el caso basándome en las evidencias previamente descritas. Las dos primeras secciones son extensas, pero la tercera es la más breve y urgente posible.

Esa es la clave de una buena *síntesis* o resumen; brevedad e impacto. A manera de ejercicio, lea el evangelio de Juan y haga una lista de todas las evidencias que demuestran que Jesús es Dios. Luego de una lista extensa, practique recapitular la lista en un solo párrafo de 150 palabras o menos. Imagine que esta es la defensa que le presentará a un amigo. ¿Cómo puede resumir la evidencia de una manera breve pero intensa a la vez?

Les aseguro que entre los mortales no se ha levantado nadie más grande que Juan el Bautista; sin embargo, el más pequeño en el reino de los cielos es más grande que él. — **Mateo 11:11**

Les aseguro que, si alguno le dice a este monte: «Quítate de ahí y tírate al mar», creyendo, sin abrigar la menor duda de que lo que dice sucederá, lo obtendrá. — **Marcos 11:23**

4. Jesús hizo declaraciones acerca de su *poder* divino.

Hablando de nuevo con los escépticos, Jesús argumentó que sus milagros deberían ser suficientes para demostrar su deidad; estos milagros eran prueba de que él era Dios:

Ya se lo he dicho a ustedes, y no lo creen. **Las obras que hago en nombre de mi Padre son las que me acreditan,** pero ustedes no creen porque no son de mi rebaño. Mis ovejas oyen mi voz; yo las conozco y ellas me siguen. Yo les doy vida eterna, y nunca perecerán, ni nadie podrá arrebatármelas de la mano. Mi Padre, que me las ha dado, es más grande que todos, y de la mano del Padre nadie las puede arrebatar. — **Juan 10:25–29**

Los líderes judíos supieron lo que Jesús quiso decir; supieron que se estaba igualando con Dios, por eso intentaron apedrearlo, porque decían que era blasfemo.

Una vez más los judíos tomaron piedras para arrojárselas, pero Jesús les dijo: —Yo les he mostrado muchas obras irreprochables que proceden del Padre. ¿Por cuál de ellas me quieren apedrear? —No te apedreamos por ninguna de ellas, sino por blasfemia; porque tú, siendo hombre, **te haces pasar por Dios. — Juan 10:31–33**

5. Jesús hizo declaraciones directas acerca de su *persona* divina.

Finalmente, Jesús hizo una declaración directa acerca de su identidad, aunque pudiera parecer encubierta para quienes no comprenden el contexto histórico de sus palabras. La primera vez que Dios se apareció a Moisés, en la zarza que ardía, Moisés fue lo suficientemente hábil y le preguntó a Dios su nombre; Dios le dio una respuesta muy interesante:

—YO SOY EL QUE SOY —respondió Dios a Moisés—. Y esto es lo que tienes que decirles a los israelitas: «**YO SOY** me ha enviado a ustedes». — **Éxodo 3:14**

Los israelitas reverenciaban el nombre de Dios («YO SOY») y lo consideraban un título preciado que por ningún motivo debería ser difamado o usado por otra persona, porque es propiedad únicamente de Dios; hasta que llegó Jesús. Un día, cuando los fariseos estaban cuestionando el poder, la autoridad y la enseñanza de Jesús, lo acusaron de estar poseído por un demonio. Veamos la respuesta de Jesús:

—No estoy poseído por ningún demonio —contestó Jesús—. Tan solo honro a mi Padre; pero ustedes me deshonran a mí. Yo no busco mi propia gloria; pero hay uno que la busca, y él es el juez. Ciertamente les aseguro que el que cumple mi palabra nunca morirá. —¡Ahora estamos convencidos de que estás endemoniado! —exclamaron los judíos—. Abraham murió, y también los profetas, pero tú sales diciendo que, si alguno guarda tu palabra, nunca morirá. ¿Acaso eres tú mayor que nuestro padre Abraham? Él murió, y también murieron los profetas. ¿Quién te crees tú? —Si yo me glorifico a mí mismo —les respondió Jesús—, mi gloria no significa nada. Pero quien me glorifica es mi Padre, el que ustedes dicen que es su Dios, aunque no lo conocen. Yo, en cambio, sí lo conozco. Si dijera que no lo conozco, sería tan mentiroso como ustedes; pero lo conozco y cumplo su palabra. Abraham, el padre de ustedes, se regocijó al pensar que vería mi día; y lo vio y se alegró. –Ni a los cincuenta años llegas –le dijeron los judíos–, ¿y has visto a Abraham? –Ciertamente les aseguro que, **antes de que Abraham naciera, ¡yo soy! — Juan 8:49–58**

Jesús hizo dos declaraciones extraordinarias; primero, les afirmó que él era eterno y que existió antes de Abraham. Otro aspecto importante es que Jesús escogió un pronombre único para identificarse a sí mismo al usar el antiguo título que solo se le atribuía a Dios: «YO SOY». Los fariseos entendieron exactamente lo que Jesús les dijo con eso. Desde la perspectiva de ellos Jesús les dijo: «Yo soy Dios». ¿Cómo sabemos que eso fue lo que ellos interpretaron por las palabras que habló Jesús? Lo sabemos por su reacción. Y una vez más, reaccionaron tratando de apedrearlo.

Cuando comencé a hacer listas como esta,[7] las adherí a mi Biblia ya casi hecha pedazos, la cual estaba llena de anotaciones. Así como la lista en los homicidios que investigo, esta lista de evidencias es muy útil porque en conjunto, representan la *defensa*. Luego de leer estos hechos, es claro que Jesús sí afirmó ser Dios. Como cristianos, al hacer listas así, se puede decir que estamos ensayando antes de presentar la defensa a alguien más. Si alguien me preguntara: «¿Jesús afirmó que era Dios?», esta lista me ayudaría a responder de manera sintetizada:

Sí, Jesús afirmó ser Dios; él hizo declaraciones acerca de su lugar divino de origen, en repetidas ocasiones expresó a sus oyentes que su origen no era humano, y que él y Dios Padre provenían del mismo reino espiritual. También hizo declaraciones que revelaban su posición divina, declarando su paridad con Dios, rehusándose a validar sus proclamaciones como lo hacían los profetas del Antiguo Testamento (usando expresiones «así ha dicho el Señor») sino proclamando «le aseguro». Jesús también hizo declaraciones recordándole a los demás su poder divino, haciendo milagros como muestra de su deidad, y lo más importante, usó el título divino que le pertenecía a Dios nombrándose el gran «YO SOY».

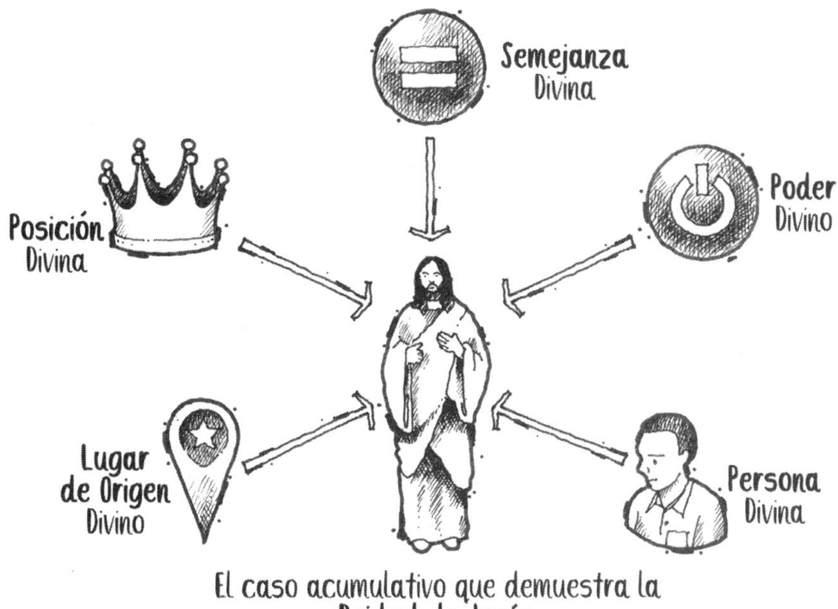

Mis *listas* me facilitaron la tarea de formar una *síntesis,* y el sintetizar es de mucha ayuda cuando se presenta la defensa a los demás. Si mis colegas cristianos hubieran sido de los creyentes *que hacen listas* en aquel tiempo en el que los cuestioné siendo un escéptico, hubieran estado preparados para contestar mis objeciones y se les hubiera facilitado presentarme la defensa.

PRÁCTICA DE INVESTIGACIÓN #5:
AÑADA EVIDENCIAS AL CASO

La razón por la cual los casos sin resolver quedaron de esa forma es simplemente porque, cuando los crímenes fueron investigados, no existían suficientes evidencias para sustentarlos. A pesar de que algunos detectives pudieron enfocarse en un sospechoso en particular, no lograron obtener suficientes evidencias para presentar el caso ante el fiscal de distrito. Al iniciar la investigación de uno de esos casos sin resolver, examino y busco todo lo que está *dentro* del expediente para encontrar algo que los detectives pudieran haber pasado por alto la primera vez que lo investigaron, y sé que, si mi intención es presentar el caso ante el fiscal, tendré que encontrar evidencia adicional *fuera* del expediente. Al hacer nuevos interrogatorios y recolectar nuevas pruebas, eventualmente llenaré otra libreta con el material que resultará de esta nueva investigación.

De hecho, el que haya pasado tiempo me *ayuda* a alcanzar mi meta, ya que puedo utilizar tecnología avanzada para examinar la evidencia antigua, muchas veces, los testigos que al principio se mostraban renuentes, con el tiempo deciden cooperar, hasta puede que el sospechoso, al cabo del tiempo, diga o haga algo importante para delatarse. La única manera para descubrir la evidencia adicional es comenzar a buscar *fuera* del expediente.

Uno de mis casos más conocidos es un excelente ejemplo de esto; el asesinato fue una de las notas principales en los noticieros de televisión llamado *Dateline*, del cual escribí ampliamente en el capítulo 4 de mi libro *God's Crime Scene* [La escena del crimen de Dios]. Una habitante de nuestra ciudad llamada Lynne Knight fue asesinada en 1979. El asesino utilizó un garrote (un artefacto utilizado para estrangular compuesto de dos asas de madera unidas por un cable) para cometer el crimen. El caso quedó sin resolver al año de su investigación, a pesar de que los detectives se enfocaron en Douglas Bradford quien era el principal sospechoso, y antes del asesinato había salido con la víctima. El sospechoso dejó el garrote en la escena del crimen, pero los detectives no pudieron encontrar evidencias que los ayudaran a vincular el arma con Douglas. En el año 2003 reabrimos el caso, y en el 2004, el señor Bradford finalmente fue sentenciado.

Los primeros detectives nunca ejecutaron una orden de cateo, pero yo lo hice muchos años después; ejecutamos la orden en la casa de la madre de Bradford, ya que él vivía con ella en el año que se cometió el crimen. De manera sorprendente, descubrimos que había un tipo de cable muy poco común en el garaje de la casa, ese cable era idéntico al que se usó para construir el garrote, curiosamente, la madre de Bradford se dedicaba a pintar cuadros y guardó por más de tres décadas ese gran carrete de cable, ya que lo usaba para colgar sus cuadros. Evidentemente, Bradford utilizó de ese cable, pues era lo tenía a su disposición.

En el tiempo transcurrido entre el asesinato y su arresto, Bradford entabló una nueva relación sentimental con otra mujer, su pareja estuvo dispuesta a hablar conmigo y me describió sus conversaciones con Bradford; esas declaraciones lo implicaban en el asesinato, esta mujer también describió cómo Bradford la había acechado en el pasado. Rápidamente reconocimos esas similitudes con nuestro caso; el sospechoso que había matado a la víctima la había acechado previamente, de esa manera se habría asegurado de que estaba sola a la hora del ataque. El comportamiento de acecho de Bradford coincidía con el del caso sin resolver.

Debido a que buscamos evidencias fuera del expediente, pudimos recaudar varias piezas clave que fortalecieron el caso contra Douglas Bradford; cuando añadimos estas a las evidencias que se encontraban dentro del expediente, tuvimos lo necesario para presentar el caso y condenarlo.

PRÁCTICA #5 DEL ANÁLISIS FORENSE DE LA FE:
AÑADA EVIDENCIAS A LA DEFENSA BÍBLICA

Siendo un ateo acérrimo, me burlaba de mis amigos cristianos, quienes continuamente me presentaban la defensa de lo que creían acerca de la Biblia, pero limitando sus argumentos solamente a los versículos *de* la Biblia, yo les decía: «Muy bien, aunque creas, basándote en los versículos de la Biblia, que Jesús sí dijo que era Dios, ¿por qué crees en esos versículos? ¿Por qué crees que la Biblia es fiable? ¿Crees en la Biblia solo porque la Biblia dice que creas en ella?».

Nunca he encontrado convincente ese razonamiento, y las personas que cuestionan la confiabilidad de la Biblia opinan lo mismo. Cuando esto sucede, debemos aplicar este principio de la investigación de caso sin resolver: añadir *evidencias* a la defensa bíblica. La Biblia es nuestro «expediente» cristiano y, aunque hay bastantes evidencias *dentro* del libro, habrá ocasiones en las que los escépticos demandarán más evidencias, y lo más seguro es que quieran de la evidencia adicional que está *fuera* del libro.

Al igual que en mis casos criminales, a veces, el paso del tiempo nos ayuda a alcanzar nuestra meta. Ya sea que usted esté elaborando la defensa de la existencia de Jesús, o de la confiabilidad de la Biblia, el paso de los años ha favorecido a su misión. Los autores cristianos no fueron los únicos que escribieron acerca de Jesús; a través de los años, muchos escritores de antaño añadieron evidencias a la defensa del cristianismo. Una vez que usted comience a buscar *fuera* del «expediente» cristiano, quedará impresionado con lo que encuentre (describí una parte de esta evidencia en mi libro *Cristianismo: Caso resuelto*):

Relatos «paganos» hostiles ajenos al «expediente» cristiano

Hay muchos relatos antiguos clásicos acerca de Jesús que provienen de fuentes no cristianas; por lo general, estos relatos son hostiles hacia el cristianismo. Varios autores antiguos negaron la naturaleza milagrosa de Jesús y los eventos que lo rodearon, pero también nos aportaron evidencias adicionales que *sustentan* las declaraciones del cristianismo:

Tallus (entre 5-60 d.C.)

Tallus es quizá el escritor más antiguo que mencionó a Jesús; es tan antiguo que sus escritos ya no existen, pero Sexto Julio Africano, quien fue otro historiador escribió alrededor del siglo 221 d.C., citando el intento que hizo Tallus de explicar el período de tinieblas que ocurrió en la crucifixión de Jesús:

> Todo el mundo fue oprimido con *una temible oscuridad*, y las *rocas fueron quebranta-das por un terremoto*, y muchos lugares de Judea fueron derribados. A esa oscuridad, Tallus le llama en su tercer libro, sin razón aparente, un eclipse solar.[8]

Si se pudieran encontrar más escritos de Tallus, hallaríamos confirmaciones adicionales de la crucifixión de Jesús, pero hay cosas que sí se pueden concluir de este informe: que Jesús vivió, que fue crucificado y que ocurrió un terremoto acompañado de tinieblas al momento de su crucifixión.

Tácito (entre 55-117 d.C.)

Cornelio Tácito fue un senador bajo el dominio del emperador Vespasiano y también fue procónsul de Asia; es de los historiadores más fiables. En sus *Anales* (escritos en el siglo 116 d.C.), describió el afán del emperador Nerón por culpar a los cristianos del gran incendio de Roma:

> Por consiguiente, para deshacerse del reporte, Nerón afianzó la culpa y afligió a una casta, que ya era odiada por sus abominaciones, con magnas torturas, a la cual la población llamaba *cristianos*. Cristo, de quien se origina tal nombre, *sufrió la penalidad máxima durante el reinado de Tiberio, a manos de Poncio Pilato, uno de nuestros procuradores*, y una superstición desordenada que ya había sido controlada, se desató nuevamente no solo en Judea, la cual fue el centro de esta maldad, sino que llegó hasta Roma, donde toda clase de actividad abominable y vergonzosa de todo el mundo encuentra su epicentro y adquiere popularidad.[9]

En este relatos, Tácito está confirmando varios elementos históricos de la narrativa bíblica: que Jesús vivió en Judea, que fue crucificado por orden de Poncio Pilato y que tuvo seguidores quienes fueron perseguidos debido a su fe en Cristo.

Mara bar-Serapión (siglo 70 d.C., aproximadamente)

Un filósofo sirio llamado Mara bar-Serapión le escribió a su hijo y comparó la vida y persecución de Jesús con la que sufrieron otros filósofos famosos. Mara bar-Serapión se refirió a Jesús como el «rey sabio»:

> ¿Qué beneficio obtuvieron los atenienses al matar a Sócrates? Hambruna y plagas vinieron a ellos a manera de juicio por su crimen. ¿Y qué de los habitantes de Samos al quemar a Pitágoras? En solo un instante el país entero fue cubierto de arena. *¿Y qué de los judíos que asesinaron a su rey sabio?* ... Después de hacerlo, el reino fue *abolido.* Dios vengó justamente a esos hombres ... *El rey sabio ...* vivió aquellas cosas que enseñaba.[10]

Este informe complementa nuestra comprensión acerca de Jesús: Él fue sabio y fue un hombre de influencia, el cual murió por su fe. El liderazgo judío fue responsable por la muerte de Jesús y los seguidores de Jesús adoptaron su fe y vivieron de acuerdo con ella.

Flegón (entre 80-140 d.C.)

Julio Africano también mencionó a un historiador llamado Flegón, quien escribió una crónica de la historia alrededor del siglo 140 d.C. Al igual que Tallus, Flegón describió las tinieblas que se hicieron presentes al momento de la crucifixión:

> Flegón registra que, en la época de Tiberio César, en luna llena, hubo un eclipse solar total que duró de la hora sexta a la hora novena.[11]

Flegón también fue mencionado por Orígenes, un teólogo y erudito de la iglesia primitiva nacido en Alejandría:

Ahora, Flegón, creo que, en su decimotercero o tal vez decimocuarto libro de sus Crónicas, no solamente le atribuyó a Jesús *un conocimiento de los eventos futuros ... sino también testificó que el resultado correspondía con las predicciones que Jesús había hecho.*

Y, con respecto al eclipse que ocurrió en los años de Tiberio César, en cuyo reinado *fue crucificado Jesús, y ocurrió el gran terremoto...*

Mientras Jesús estuvo con vida, no se auxilió a sí mismo, sino que, *después de morir, resucitó y exhibió las marcas del castigo que recibió,* mostrando *las perforaciones de los clavos en sus manos.*[12]

Estos informes añaden aún más a nuestra comprensión acerca de Jesús: Él tuvo la habilidad de predecir el futuro, fue crucificado durante el reinado de Tiberio César y luego de resucitar, mostró sus heridas.

Plinio el Joven (entre 61-113 d.C.)

Los primeros *cristianos* también fueron descritos fuera de las páginas de la Biblia, y esas descripciones nos dan más información acerca de Jesús. Cayo Plinio Cecilio Segundo (Plinio el Joven), fue un abogado y magistrado imperial durante el dominio del emperador Trajano. En una carta dirigida al emperador, describió el estilo de vida que tenían los primeros cristianos:

Se reunían antes del amanecer en un día establecido y cantaban un himno a Cristo, *como si se le cantasen a un dios,* también hicieron un pacto de no cometer crímenes; de refrenarse de robar, de cometer adulterio, de romper sus promesas y de no retener un depósito cuando el préstamo fuese recuperado.[13]

Esta descripción prematura de los primeros cristianos confirma varias declaraciones acerca de la persona de Jesús: Los primeros cristianos creían que Jesús era Dios y creyeron el prominente código moral que él les enseñó.

Suetonio (entre 69-140 d.C.)

Suetonio (Gayo Suetonio Tranquilo) fue otro historiador romano (durante el dominio del emperador Adriano). En sus manuscritos acerca de los cristianos, describió el tratamiento que estos recibieron por parte del emperador Claudio (41-54 d.C.):

> Él (Claudio), expulsó a los judíos de Roma, pues siempre provocaban alborotos a causa del instigador, el tal Cristo.[14]

Con esta descripción podemos saber que Jesús tuvo un impacto inmediato en sus seguidores, los cuales confesaron creer que Jesús era Dios y soportaron el tormento y castigo del imperio Romano.

Celso (siglo 180 d.C., aproximadamente)

Celso fue un filósofo griego antagonista de las declaraciones de los Evangelios, pero, en su crítica severa, inconscientemente afirmó y reforzó las mismas declaraciones que trató de socavar; sus argumentos fueron citados por Orígenes. Celso, al condenar al cristianismo, hizo referencia a casi ochenta citas bíblicas, confirmando de esa manera la existencia de estas en la historia. Además, admitió los milagros realizados por Jesús, de los cuales aún se hablaban en el segundo siglo. El siguiente fragmento es de la defensa de Orígenes contra Celso (las porciones del texto que provienen de Celso están en cursiva):

> Él (Celso) caracteriza al judío sosteniendo una conversación con Jesús, objetándole varios cargos. Primero, *él (Jesús) fabricó la historia de su nacimiento a través de una virgen, reprochándolo porque provino de un pueblo judío y de una mujer campesina pobre, quien se dedicaba a la costura.* Él dice que ella, *al ser acusada de adulterio, fue sacada del pueblo por su esposo, quien era carpintero.* Continúa relatando, *luego de ser llevada lejos del pueblo por su esposo, deambulando en su desgracia, dio a luz en secreto a*

Guía para la investigación del análisis forense de la fe:

EXPANDA SU BIBLIOTECA

Si comienza a buscar evidencias fuera del «expediente» cristiano, deberá leer recursos que no están dentro del mismo. Muchos de los informes históricos que aquí describo se pueden encontrar en la Internet. Familiarícese con los escritos de los autores de antaño que le he mostrado en esta sección, si no puede adquirir estos libros, comience a separar en una carpeta especial, los sitios de la Internet que contienen información relacionada a estos autores; muchas de las páginas están disponibles para su descarga gratuita e impresión. Personalmente, al iniciar mi investigación (antes de poder comprar libros), me dediqué a imprimir artículos de varios de esos sitios e hice un compendio a manera de libro para auxiliarme con mis notas y fuente de referencias.

Es hora de que expanda su conocimiento, al igual que su biblioteca. He dispuesto valiosos recursos en la sección *Archivo de evidencias* para ayudarle a examinar toda la evidencia relacionada a la vida de Jesús en la historia, la fiabilidad de la Biblia y la existencia de Dios, todo lo he tomado de fuentes ajenas a la Biblia.

Jesús. Él asegura que, *debido a que Jesús era muy pobre, fue contratado como obrero en Egipto, y fue ahí donde aprendió ciertos poderes mágicos, los cuales los egipcios se jactan de tener, y regresó orgulloso de sus poderes declarándose Dios.*[15]

Celso nunca escondió su hostilidad hacia las creencias del cristianismo, pero proveyó, sin quererlo, más evidencias de la existencia de las declaraciones cristianas en la antigüedad: Que Jesús nació de una virgen, que su padre terrenal fue carpintero, que poseía «poderes mágicos» y que afirmaba ser Dios.

Relatos hostiles judíos ajenos al «expediente» cristiano

Adicionalmente a las fuentes clásicas «paganas» y hostiles que relatan la vida de Jesús y sus seguidores, también existen muchas fuentes judías que describen a Jesús. Estos son escritos de teólogos judíos, historiadores y líderes igualmente hostiles a las declaraciones del cristianismo:

Josefo (entre 37-101 d.C.)

Tito Flavio Josefo nació cuatro años después de la crucifixión; fue asesor de los rabinos judíos desde muy temprana edad, con solo dieciséis años, ya era comandante militar de Galilea y fue testigo ocular de muchas cosas que narró en el primer siglo d.C. Bajo el dominio del emperador romano Vespasiano, a Josefo se le permitió escribir la historia de los judíos e incluyó el siguiente pasaje con respecto a Jesús:

En esta época, hubo un hombre sabio llamado Jesús, cuya conducta siempre fue buena y se le conoció por ser virtuoso. *Muchas personas del pueblo judío y otras naciones se convirtieron en discípulos. Pilato lo condenó a morir crucificado, y todos aquellos que eran sus discípulos no abandonaron su fervor, fueron ellos mismos quienes reportaron que se apareció ante ellos tres días después de su crucifixión* y afirmaron que *estaba vivo.* Por lo tanto, *tal vez sí era el Mesías* del que escribieron los profetas.[16]

Del texto anterior podemos concluir lo siguiente: Jesús vivió en Palestina, fue un hombre muy sabio y virtuoso, así como un maestro con muchos discípulos judíos y no judíos, fue condenado a morir crucificado por ordenes de Poncio Pilato, sus seguidores dijeron haberlo visto con vida tres días después de su muerte y creían que esto era la confirmación acerca de que él era el Mesías.

El Talmud (400-700 d.C.)

Los primeros escritos rabínicos del Talmud aparecieron en el quinto siglo, sin embargo, debido a las prácticas de copiado fiel que tenían, otorgaron enseñanzas fiables que provienen del período de los *Tanaim* también conocido como el período Mishnaico (del primer siglo a.C., al segundo siglo d.C.). Los eruditos creen que aún hay escritos Talmúdicos que hacen referencia a Jesús (se dice que muchos de estos lo describen usando palabras codificadas), sin embargo, el siguiente pasaje habla de Jesús de una manera más directa:

> Se enseñó que: *Un día antes de la Pascua, crucificaron a Jesús.* Se envió un pregonero cuarenta días antes (proclamando): «Él será apedreado, pues *ha practicado la magia y ha persuadido a Israel a desviarse del camino*; el que tenga argumentos a su favor, que comparezca e interceda por él», pero no hubo nadie que lo hiciera, así que lo crucificaron un día antes de la Pascua.[17]

De este pasaje Talmúdico en particular (sin contar los demás que también hacen referencias similares), podemos concluir lo siguiente: Que Jesús tenía «poderes mágicos», hizo que sus seguidores se alejaran de sus creencias judaicas, fue enjuiciado por sus acciones y declaraciones y fue ejecutado un día antes de la Pascua.

Veamos nuevamente todas las evidencias que encontramos acerca de Jesús *fuera* del «expediente». Al igual que en mis casos sin resolver, el transcurrir de los años nos ha ayudado a recolectar información adicional. Note que hemos empleado los principios de la investigación, ya que hicimos una lista. De manera que, si le preguntasen: «¿Por qué cree que Jesús vivió en esta tierra?, y, ¿por qué cree lo que la Biblia dice acerca de él?» usted podría responder de manera *sintetizada*:

> Si todas las Biblias que existen fueran destruidas, y los únicos documentos antiguos que tuviésemos a la mano fueran los escritos por los escépticos hostiles, aún así podríamos saber que Jesús fue un hombre real en la historia de la humanidad, nació, según se reporta, de una virgen y tuvo un padre terrenal que fue carpintero, vivió en Judea, en la región mejor conocida como Palestina, fue un hombre sabio y recto; sus enseñanzas tuvieron tanta influencia que lo seguía una cantidad importante de personas, tanto judíos, como gentiles quienes se convirtieron en sus discípulos.

Enseñó a sus discípulos a vivir con la misma pureza que él demostraba, también tenía un alto código moral, sin embargo, Jesús fue mucho más que un maestro de la moralidad; también poseía «poderes mágicos» y tenía la habilidad de predecir, acertadamente, el futuro. Sus actos y enseñanzas sobrenaturales persuadieron a muchos judíos a separarse de sus antiguas creencias. Jesús afirmó ser Dios y sus discípulos aceptaron rápidamente tal declaración. Los líderes judíos imputaron cargos a Jesús, debido a sus acciones y enseñanzas; Jesús fue enjuiciado y crucificado por orden de Poncio Pilato, durante el reinado de Tiberio César, y en algún momento, durante su ejecución, ocurrió un terremoto y tinieblas. Tres días después de la crucifixión, los seguidores de Jesús afirmaron verlo con vida y él les mostró sus heridas; sus seguidores creyeron que la resurrección fue una prueba que Jesús era el Mesías, así que, adoptaron sus enseñanzas acerca de la moralidad y vivieron creyendo en la deidad de Jesús, aún cuando el hacerlo, significaría sufrir grandemente a manos del imperio romano; sus seguidores fueron perseguidos por su fe en Cristo. Hay *mucha* información de fuentes antiguas no cristianas, que coinciden con lo que la Biblia dice acerca de Jesús.

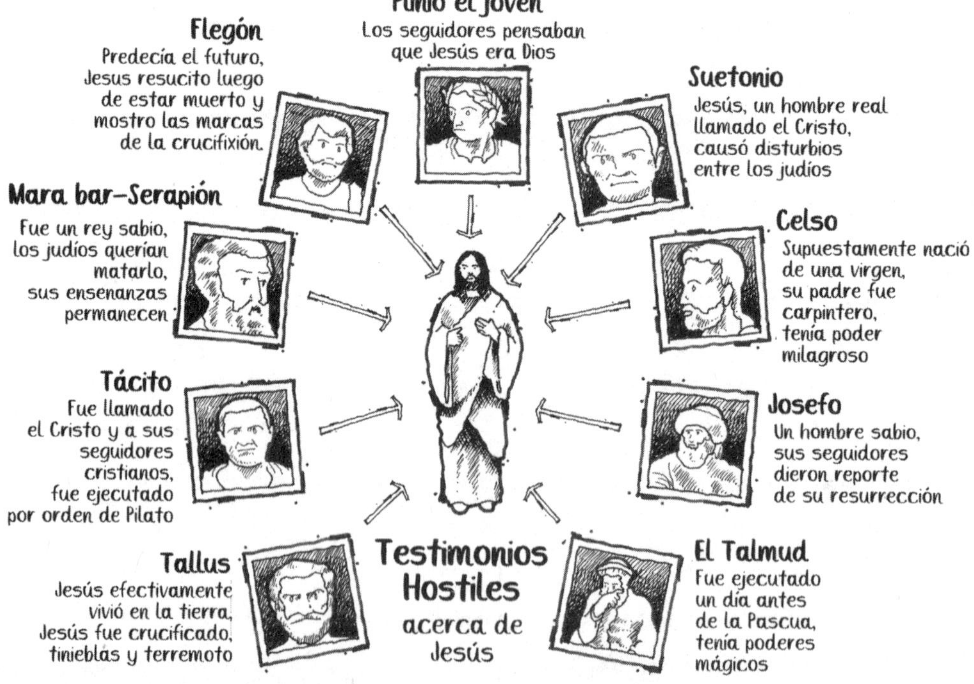

La historicidad de Jesús es innegable, los registros contenidos en el «expediente» cristiano acerca de la vida y ministerio de Jesús son fiables, y estos informes se fortalecieron al paso del tiempo, ya que surgieron evidencias adicionales *externas* al expediente. Hay muchas otras formas de evidencia que se han reforzado con el paso del tiempo, las cuales se encuentran fuera del «expediente» cristiano, y que podríamos examinar. En mi libro *Cristianismo: Caso resuelto*, expongo varios ejemplos de estas, incluyendo evidencias arqueológicas. Las evidencias obtenidas de fuentes *externas* a la Biblia fortalecen la defensa que de encuentra *en* la Biblia.

Si usted está elaborando la defensa de la existencia de Dios, el paso del tiempo beneficiará a su investigación, ya que, los descubrimientos actuales en la ciencia y la filosofía robustecen la defensa de la existencia de Dios. En mi libro *God's Crime Scene* [La escena del crimen de Dios], presento ocho piezas de evidencia que provienen de cuatro distintas categorías de investigación, pero todas *fuera* de los textos bíblicos:

1. Evidencias cosmológicas

    a. Nuestro universo tuvo un comienzo.

    b. Nuestro universo parece estar en sintonía con la vida humana.

2. Evidencias biológicas

    a. Luego de un estado inerte, surgió la vida.

    b. Los organismos biológicos parecen estar diseñados.

3. Evidencias mentales

    a. La consciencia inmaterial surgió de la materia inconsciente.

    b. Nosotros, como humanos, somos «entes libres» en un universo regido por la ley de «causa y efecto».

4. Evidencias morales

    a. En nuestro universo existen verdades morales objetivas y trascendentales.

    b. A pesar de hacer nuestro mejor esfuerzo, continúan existiendo la maldad y la injusticia.

De esta lista de evidencias, es posible crear otra lista importante que describe las características de un «sospechoso» a quien le podemos adjudicar estas evidencias. Basándonos en nuestros hallazgos del universo, nuestro «sospechoso» es:

1. «Externo» al universo.

2. No se puede medir en espacio, tiempo y materia.

3. Sin causa.

4. Lo suficientemente poderoso para crear todo lo que hay en el universo.

5. Lo suficientemente resuelto para producir un universo que está en sintonía con la vida que hay en él.

6. Inteligente y comunicativo.

7. Creativo e ingenioso.

8. Una mente consciente.

9. Libre para elegir (y crear).

10. La fuente de la verdad moral y la responsabilidad.

11. El patrón de la bondad y contra el cual se mide la maldad.

Nuevamente, estas *listas* le pueden ayudar a hacer un *resumen*, y ese resumen le será de mucha ayuda para elaborar la defensa de la existencia de Dios. De tal manera que si alguien le preguntase: «¿Por qué cree usted que Dios existe?», podría responder de la siguiente manera:

Las evidencias cosmológicas, biológicas, mentales y morales que hay en el universo señalan a un sospechoso en particular quien posee características específicas. Estas evidencias se pueden explicar mejor por un sospechoso «externo» al universo, el cual, claramente, no se puede medir en espacio, tiempo, materia y es sin causa. También, nuestro sospechoso es lo suficientemente poderoso para crear todo lo que vemos en el universo, y lo suficientemente determinado para producir un universo que está en sintonía con la vida que hay en él; nuestro sospechoso es inteligente y comunicativo, creativo e ingenioso, es una Mente consciente y es la fuente de la responsabilidad y toda verdad moral, además de ser el patrón de la bondad. Solamente un Ser puede ser descrito de esta manera; solo un sospechoso puede explicar razonablemente la evidencia del universo; además de las evidencias de la ciencia y la filosofía sin tener necesidad de hacer referencia a la Biblia, esto es Dios mismo, y esta descripción de Dios casualmente coincide con la que nos da la Escritura.[18]

Como lo dije anteriormente, la evidencia que se encuentra *fuera* del «expediente» cristiano sustenta y confirma las evidencias que encontramos dentro del «expediente». Con cada año que pasa, la evidencia científica y filosófica continúa creciendo y señala la existencia de un creador divino. Así que, no tenga temor de buscar fuera de la Biblia cuando se encuentre examinando las declaraciones de esta. La Escritura habla de *dos* tipos de revelación divina; la primera está al alcance de todos: que la existencia de Dios es obvia gracias a la revelación general de la naturaleza:

Los cielos cuentan la gloria de Dios, el firmamento proclama la obra de sus manos. Un día transmite al otro la noticia, una noche a la otra comparte su saber. Sin palabras, sin lenguaje, sin una voz perceptible, por toda la tierra resuena su eco, ¡sus palabras llegan hasta los confines del mundo! — **Salmos 19:1–4**

Ilustración tomada de *"La escena del crimen de Dios" (adaptación libre God's Crime Scene)*

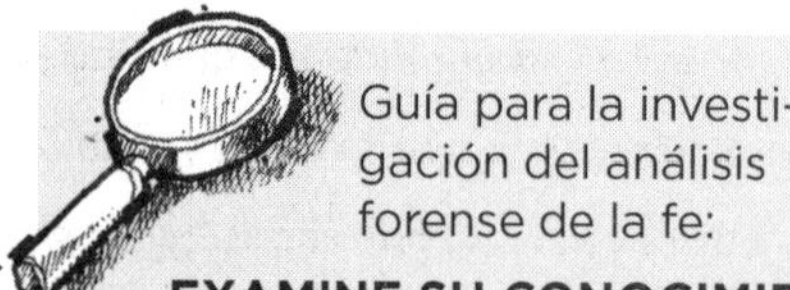

Guía para la investigación del análisis forense de la fe:

EXAMINE SU CONOCIMIENTO

Al leer la respuesta que he provisto para la pregunta «¿Por qué cree que Dios existe?», ¿puede usted explicar las categorías de evidencia que describí? ¿Puede usted elaborar la defensa de la existencia de Dios a partir de las evidencias cosmológicas, biológicas, mentales y morales? Si no es así, es hora de que se prepare mejor.

Obtenga los recursos (los he enumerado en la sección Archivo de evidencias) y elija solamente un área de interés como su punto de inicio (por ejemplo, las evidencias morales, es algo en lo que pensamos casi a diario, aun cuando no estemos tratando de asociar la moralidad con la existencia de Dios). Comience a estudiar una categoría de evidencias que se encuentran fuera del «expediente» cristiano para que las pueda añadir a la defensa bíblica.

Ciertamente, la ira de Dios viene revelándose desde el cielo contra toda impiedad e injusticia de los seres humanos, que con su maldad obstruyen la verdad. Me explico: lo que se puede conocer acerca de Dios es evidente para ellos, pues él mismo se lo ha revelado. Porque *desde la creación del mundo las cualidades invisibles de Dios, es decir, su eterno poder y su naturaleza divina, se perciben claramente a través de lo que él creó, de modo que nadie tiene excusa.*

— **Romanos 1:18–20**

La evidencia que vemos fuera del «expediente» cristiano, tanto en el universo como en la creación, es suficiente para que cualquiera llegue a la conclusión de que Dios existe; no hay excusa. Sin embargo, Dios nos ha dado información y evidencia aún más explícita (y específica). Tenemos el otro tipo de revelación; la *revelación especial* que se encuentra en a Biblia:

Ante todo, tengan muy presente que ninguna profecía de la Escritura surge de la interpretación particular de nadie. Porque la profecía no ha tenido su origen en la voluntad humana, sino que los profetas hablaron de parte de Dios, *impulsados por el Espíritu Santo.* — **2ª Pedro 1:20–21**

Toda la Escritura es inspirada por Dios y útil para enseñar, para reprender, para corregir y para instruir en la justicia, a fin de que el siervo de Dios esté enteramente capacitado para toda buena obra. — **2ª Timoteo 3:16–17**

La *revelación especial* de la Biblia es *consistente*, y *confirmada por* la *revelación natural* del mundo que nos rodea. La defensa elaborada a partir del contenido del «expediente» cristiano es aún más robusta gracias a la evidencia que encontramos *fuera* del expediente. Toda la evidencia que observamos en la naturaleza (incluyendo la evidencia de índole científica), no es contraria al Dios que nos describe la revelación especial; al contrario, la evidencia señala la existencia de Dios (así como lo describí en *God's Crime Scene* [La escena del crimen de Dios]).

TODA ESTA EVIDENCIA, ¿EN VERDAD NOS «DICE» ALGO?

En el juicio de Douglas Bradford, tanto el abogado de la parte acusadora, como el abogado defensor, hicieron todo lo que pudieron para convencer al jurado que la evidencia «decía» algo acerca de la inocencia o culpabilidad de Bradford. Esta idea de que la evidencia «dice» algo, es una declaración comúnmente usada.

Por ejemplo, recientemente hice una breve búsqueda en la Internet y descubrí los siguientes artículos:

«El té ¿beneficia a la salud? Veamos lo que dice la evidencia».

«Marcando la diferencia en la educación: Lo que nos dice la evidencia».

«La publicidad impresa, ¿es obsoleta? La evidencia dice que no».

En cada una de estas historias, los autores escribieron como si la evidencia *hablara* clara, inequívoca y enfáticamente. Los datos científicos, por lo regular, también se expresan de manera muy parecida, como se puede apreciar en los siguientes artículos encontrados en línea:

«El TDAH en los adultos: Lo que dice la ciencia al respecto».

«El costo de los negocios por el cambio climático: Lo que dice la ciencia».

«Los tumores y el uso del teléfono celular: Lo que dice la ciencia».

Desafío forense de la fe:

LA CIENCIA Y LA RELIGIÓN SON INCOMPATIBLES

El famoso biólogo naturalista alemán Ernst Haeckel, escribió lo siguiente en una ocasión: «La ciencia acaba donde empieza la fe».[20] ¿Ha escuchado a alguien decir algo parecido al discutir que la ciencia es incompatible con las creencias cristianas? ¿Alguna vez le han dicho que su fe cristiana contradice toda la verdad científica? ¿Cómo respondería a esta objeción tan común, acerca de la relación que hay entre el cristianismo y la ciencia? ¿Puede usted pensar en dos o tres cosas que podría decirle a alguien que haga este tipo de declaraciones?

Para conocer algunas respuestas y recursos que le ayudarán a contestar objeciones similares, consulte la sección *Notas de impugnación*.

Los autores de estos artículos también escribieron con tal autoridad, como si no hubiera espacio para negociación alguna, como si la ciencia tuviera *la respuesta* absoluta sin dar lugar a la controversia. Sin embargo, existen algunas controversias relacionadas a varios de estos temas (de la misma manera que en el caso de Bradford había desacuerdo entre los abogados). ¿Por qué? Porque, como dijo mi buen amigo Frank Turek (autor del libro *Robándole a Dios: ¿Porque los ateos necesitan a Dios?*)[19]: «La ciencia en realidad no es la que «habla», son los científicos los que lo hacen».

Los experimentos científicos nos suministran *información*, las investigaciones históricas (incluyendo las investigaciones criminales) nos suministran *hechos*. La información bruta y los hechos no *hablan* ni nos *dicen nada*; son los observadores y pensadores, los cuales examinan, e interpretan la información y los hechos, que nos proveen sus «hallazgos» y «conclusiones». El problema radica en que, los observadores y pensadores (ya sean científicos, historiadores o personas comunes como usted y yo), llegan a ciertas presunciones o premisas, y esas *presunciones* arbitrarias afectan la manera en la que se crean las conclusiones.

Por ejemplo, si usted forma parte de la comunidad científica postilustrada, la cual está dedicada al naturalismo filosófico (es la idea de que nada existe fuera del terreno natural del universo material), encontrará una manera de interpretar cada pieza de información para confirmar sus presunciones naturalistas, aún cuando la deducción más clara de la evidencia apunta hacia algo *sobrenatural*, pero si usted ya determinó mentalmente buscar una respuesta en particular, aun antes de investigar la pregunta, encontrará un modo de llegar a esa respuesta que ya tenía predeterminada.

Le daré un ejemplo excelente; dos jóvenes (C1 y C2) crecieron en la fe cristiana, ambos asistían al grupo de jóvenes y persistieron en su interés por la Biblia durante sus años de universidad, posteriormente fueron a otras universidades para obtener el posgrado en estudios bíblicos (C1 fue a la universidad Wheaton y C2 fue a la universidad Lebanon Valley). Con el tiempo, ambos ingresaron a la universidad de Princeton; C1 obtuvo su grado de maestría en divinidad y C2 obtuvo su licenciatura y maestría en teología; ambos continuaron su educación en Princeton

Tarea forense de la fe:

ARME SU «EQUIPAMIENTO» DE INVESTIGACIÓN

Como detective, aprendí a armar un bolso de «movilización» y tenerlo listo para el momento en que se me llamara a investigar un asesinato. Mi bolso incluía (entre otras cosas) objetos para tomar notas, una cámara, una grabadora de audio, una lámpara portátil y guantes de látex. Ese bolso se convirtió en una parte esencial de mi práctica de investigación.

Si usted quiere desarrollar una fe que esté lista para su análisis forense, necesitará convertirse en un investigador experto. Comience a armar su «equipamiento» de investigación. Mi equipamiento para la investigación forense de la fe es un bolso negro pequeño (solía llamarlo mi «bomba de la verdad»); contiene la Biblia más reciente que uso con amplios márgenes, varios bolígrafos de colores para hacer mis anotaciones, etiquetas adhesivas de colores para separar páginas, una libreta de notas, un libro de comentarios del Nuevo Testamento y cualquier recurso adicional que pueda necesitar para auxiliarme con el tema que esté investigando.

Arme su propia caja o bolso de investigación y esté preparado para algo más que hojear la Biblia; ese bolso o caja le ayudará a llegar a un nivel más profundo al momento de elaborar la defensa.

y obtuvieron su doctorado en estudios bíblicos y lenguas de la antigüedad, se casaron con mujeres creyentes y se convirtieron en autoridades de la Biblia examinando los mismos textos y manuscritos antiguos. A pesar de que estos dos hombres examinaron la misma evidencia, uno es un cristiano devoto y el otro no.

C1 es Bart Ehrman, el exitoso escritor agnóstico, autor de muchos libros escépticos que desafían la fiabilidad de la Escritura y la deidad de Jesús; actualmente encabeza el departamento de Biblia de la universidad *Chapel Hill* en Carolina del Norte, a pesar de *no ser creyente*. Muchos escépticos citan y señalan a Ehrman cuando presentan defensa contra el cristianismo. Por otro lado, C2 es Bruce Metzger, el icónico erudito de la Biblia, quien ha sido profesor en el Seminario Teológico de Princeton por muchos años; la autoridad que tiene Bruce como erudito de la Biblia es irrefutable. Antes de su muerte en el año 2007, se desempeñó en la junta directiva de la Sociedad Bíblica Americana y la Sociedad Bíblica Unida, y fue considerado uno de los eruditos más sobresalientes de su *generación*. Bruce fue profesor y mentor de Bart en Princeton; Bruce fue quien ya contaba con su *grado de maestría* cuando Bart era su *alumno*. Ambos conocían de sobra la evidencia, pero, aparentemente, no la escucharon «decir» lo mismo.

Es por eso que es tan importante familiarizarse con la evidencia, al igual que con lo que *dicen* los expertos acerca de ella. Nunca he estado en un juicio en el cual los testigos tengan voto en la culpabilidad o inocencia del acusado; son los miembros del jurado quienes *examinan* toda la evidencia (junto con los expertos), y llegan así a su conclusión. Tal como lo describí en mi libro *Cristianismo: Caso resuelto*, existen varias razones por las cuales las personas (incluso los expertos), puedan objetar una declaración verdadera. Esas razones no siempre son lógicas, las objeciones emocionales y volitivas son, por lo regular, estímulos muy poderosos, y esos impulsos secundarios por lo regular son la causa por la cual alguien rechace una declaración.

Jesús entendía esta realidad; cuando sus discípulos le preguntaron por qué hablaba en parábolas, Jesús citó al profeta Isaías:

> Por eso les hablo a ellos en parábolas: «Aunque miran, no ven; aunque oyen, no escuchan ni entienden. En ellos se cumple la profecía de Isaías»: «Por mucho que oigan, no entenderán; por mucho que vean, no percibirán. Porque el corazón de este pueblo se ha vuelto insensible; se les han embotado los oídos, y se les han cerrado los ojos. De lo contrario, verían con los ojos, oirían con los oídos, entenderían con el corazón y se convertirían, y yo los sanaría». — **Mateo 13:13–15**

Jesús sabía que muchos de los que lo oían tenían una *enfermedad del corazón* y no una *enfermedad de la cabeza*, pues, aunque la evidencia era clara, sus presunciones y corazones cerrados no les permitirían determinar la verdad.

Así que, cuando alguien intente desacreditar la visión cristiana, o la defensa de la existencia de Dios, denotando que la ciencia o la evidencia ya «hablaron» de manera definitiva, recuerde que eso no podría estar más alejado de la verdad; la evidencia y la ciencia no han «dicho» nada; son los *evaluadores* los que han hablado. Si dichos evaluadores se aferran a una visión filosófica *natural*, no debería sorprendernos si estos encuentran una manera de interpretar toda la evidencia para que coincida con sus expectativas y presunciones. Si usted es cuidadoso de sus suposiciones e inclinaciones, será capaz de separar la verdad del error. Estoy seguro de que una investigación a fondo confirmará la verdad del teísmo y la validez del cristianismo.

Capítulo Cuatro

COMUNICACIÓN CONVINCENTE

*5 principios que le ayudarán a compartir
su fe como un buen abogado fiscal*

«Su voz no nos guía a tener un discipulado cohibido, sino a testificar con audacia».[1]

Charles F. Stanley

*«Hay cuatro cosas que debemos hacer con la Palabra de Dios: Admitir que es la Palabra de Dios,
permitir que consuma nuestros corazones y mentes, someternos a ella y transmitirla al mundo».*[2]

William Wilberforce

El abogado fiscal se puso de pie ante el jurado, colocó su mano izquierda en su cintura y con un gesto, apuntó con su mano derecha hacia mí; los miembros del jurado se habían familiarizado con él por espacio de seis semanas, el abogado conocía acerca de cada miembro del jurado porque leyó los cuestionarios que cada uno contestó antes de su selección definitiva, igualmente invirtió semanas estudiando las expresiones faciales que hicieron cuando todos los abogados presentaron las evidencias. Ahora, en preparación para dar su alegato final, el abogado fiscal recurrió a la siguiente analogía:

«Cuando el detective Wallace me trae un caso, se le dificulta entregármelo para el juicio. Todo el esfuerzo que invierte en la investigación y preparación ha finalizado. Al llegar la hora de ceder el caso para el juicio; sé que es muy difícil para él confiarme todo su trabajo. De hecho, les apuesto que incluso en este momento cree que él hubiera presentado el caso mejor que yo».

El jurado rió; lo habían escuchado atentamente por más de un mes y se notaba que les agradaba el abogado fiscal. A estas alturas del juicio el jurado estaba familiarizado con todo el trabajo que se invirtió en la investigación y presentación de nuestro caso, y probablemente también estaban contentos de percibir que llegaba a su fin.

«Entregar tu caso a alguien más es algo muy difícil, el detective Wallace hizo todo lo que pudo, y finalmente tuvo que confiar en que yo haría mi mejor esfuerzo; él hizo su trabajo y esperaba que yo hiciera el mío, sé que fue muy difícil para él ya que en este momento yo también voy a confiar en *ustedes* de la misma manera en la que el detective Wallace confió en *mí*. Durante todo este tiempo, me he esforzado por *presentar* el caso ante ustedes, hice todo lo que pude, mi trabajo está hecho; es hora de que *ustedes* hagan *su* mejor esfuerzo, es hora de que hagan *su* trabajo».

He trabajado con este abogado fiscal por más de quince años, lo he escuchado decir lo mismo en diversas ocasiones, sin embargo, cada vez que lo escucho me resulta muy impresionante. ¿Por qué? Porque captura una verdad muy importante acerca de la naturaleza persuasiva de la comunicación. Usted puede pasar mucho tiempo investigando, preparando y comunicando una declaración verídica, pero después de todo, deberá sentirse cómodo *confiriendo* su argumento. Haga su trabajo, exponga su defensa y luego confíe en que el jurado hará lo correcto.

A través de los años, hemos trabajado casos muy difíciles, incluso en algunos, al jurado le tomó más tiempo deliberar; conforme pasaban las horas y los días sin un veredicto, comenzamos a preguntarnos si el jurado dudaba acerca de la solidez de nuestro caso y, en algún momento, uno de nosotros decía: «Recuerden, hicimos todo lo que pudimos, hicimos *nuestro trabajo*, ahora es el turno del jurado hacer lo que les corresponde».

Este es un buen consejo, aún cuando no se encuentre presentando un caso ante la Corte Criminal de Los Ángeles; también es una buena recomendación para quienes deseamos presentar la defensa del cristianismo a nuestras amistades y familiares. De hecho, hay muchas cosas que como cristianos podemos aprender de los abogados profesionales, ya que, la habilidad para comunicarse de una manera convincente es el último componente y uno de los más importantes. Si quiere convertirse en un buen defensor del cristianismo, lo invito a considerar los siguientes cinco principios.

PRINCIPIO #1 DE LA FE LISTA PARA SU ANÁLISIS FORENSE: ESCOJA ASTUTAMENTE AL JURADO

A menudo la gente me pregunta: «¿Cuál es la parte más importante en un juicio criminal? ¿Tal vez los alegatos iniciales, la presentación de las evidencias o los alegatos conclusivos? Las personas se sorprenden al escuchar mi respuesta. La mayoría de los casos se pierden o se ganan mucho antes de que los abogados, tanto de la parte acusadora como la defensora, hagan sus alegatos iniciales, generalmente los casos se deciden desde la *selección del jurado*.

Si no se cuenta con el jurado adecuado, perderá miserablemente sin importar que tenga un caso robusto. Es por eso por lo que, tanto los abogados fiscales, como los defensores, se especializan en la selección del jurado (o consultan con expertos en la materia para hacerlo). El procedimiento que se utiliza para la selección del jurado es conocido como *voir dire*; la mejor traducción para este término latín es: «hablar con la verdad», y refleja el objetivo que se tiene de identificar a los miembros del jurado más competentes y capaces (de un grupo numeroso), esto se logra interrogándolos hasta que logren «hablar con la verdad». Ambos equipos de abogados buscan, entre el grupo numeroso, a jurados que sean imparciales, que examinarán el caso sin inclinación alguna. Los candidatos al jurado son interrogados y, en los casos más serios, se les pide llenar un cuestionario para que así, los abogados conozcan más acerca de ellos. Tanto a los abogados fiscales como a los defensores se les permite poner un número limitado de «desafíos previos» para así, excluir a aquellos que se consideren problemáticos; una vez agotados estos desafíos (o que ambas partes están satisfechas con la selección), se completa el panel. Este proceso puede llevar varios días y es una parte crítica del juicio.

Jesús seleccionó a sus doce discípulos; el grupo al que le presentaría la defensa durante tres años, los seleccionó cuidadosamente y con precisión, y los cuatro autores de los Evangelios se aseguraron de capturar este proceso de selección (ver Mateo 4:18-22; Marcos 1:16-20; Lucas 5:1-11 y Juan 1:35-51). Jesús hizo su elección deliberadamente y, a pesar de que, en los primeros días de su ministerio, muchas personas se convirtieron en seguidores suyos, Jesús escogió, concienzudamente (y mediante la oración), de un grupo numeroso de candidatos a doce hombres competentes y capaces:

Por aquel tiempo se fue Jesús a la montaña a orar, y pasó toda la noche en oración a Dios. Al llegar la mañana, llamó a sus discípulos y escogió a doce de ellos, a los que nombró apóstoles. — **Lucas 6:12–13**

Al seleccionar a sus doce discípulos, Jesús fue estratégico y selectivo; este grupo de hombres contaba con muchas características, las cuales he identificado en los que son considerados como miembros idóneos del jurado y, como defensor del cristianismo, he descubierto la importancia que tiene el reconocer estos atributos en las personas que deseo alcanzar por medio del evangelio. Antes de presentar la defensa del cristianismo, pienso en la «selección del jurado»; así como los abogados son muy cuidadosos para seleccionar a los *candidatos* más aptos, también nosotros necesitamos ser cuidadosos al seleccionar a los oyentes correctos. Las personas a quienes hablamos, ¿son capaces de examinar imparcialmente la evidencia? Si queremos ser defensores eficaces del cristianismo, necesitamos ser cuidadosos cuando seleccionamos nuestro «jurado».

Con respecto a los juicios criminales, he aprendido a buscar tres características importantes en los candidatos al jurado; también son atributos importantes para aquellos a quienes deseamos alcanzar con la verdad del cristianismo:

Un buen miembro del jurado es alguien apasionado

Algunos de los candidatos al jurado van a cumplir con su deber con gran renuencia, pues consideran este servicio como una carga y una molestia y, como resultado, no tienen el interés necesario y muestran disgusto. Lo último que quiero, luego de haber pasado años investigando, es tener a un jurado que carece de interés en el caso; al contrario, quiero a doce hombres y mujeres que consideren que su servicio en el panel de jurados es un *honor* y un *privilegio*. Quiero personas en ese panel que estén expectantes de descubrir la verdad, que lo hagan con gusto, apreciando la oportunidad que tienen de estar ahí. La apatía es algo muy peligroso en un jurado; lo que busco son miembros apasionados.

Como defensor del cristianismo, también reconozco lo devastadora que puede ser la apatía. Acepté la verdad del cristianismo a los treinta y cinco años. Previamente, fui un ateo obstinado, pero tras una investigación minuciosa de los Evangelios analizados como reportes de testigos oculares, cambié mi forma de pensar y la trayectoria de mi vida. En los primeros años de mi vida cristiana, me emocionaba profundamente el compartir lo que había aprendido, pero no siempre fui cuidadoso al elegir a mi jurado; pues muchas personas con las que hablé no estaban interesadas en lo que yo tenía que decirles. Un día, un buen amigo me dijo: «No me interesa en lo más mínimo, Jim, conmigo pierdes tu tiempo; no es que esté en contra de lo que crees, simplemente no me interesa». Realmente no creo que mis palabras fueron desperdiciadas en mi amigo, pues oro y confío en Dios que, en algún momento él recordará nuestra conversación. Sin embargo, esa experiencia acentuó la importancia de continuar compartiendo el evangelio con las personas que sí están interesadas en lo que uno tiene que decir.

Jesús comprendía muy bien la importancia que tiene el seleccionar personas apasionadas e interesadas en escuchar su mensaje; por ejemplo, Simón Pedro, quien claramente fue un oyente apasionado, impulsivo y energético; Pedro era pronto para ofrecerse de voluntario y deseoso para responder en cualquier ocasión. Por otro lado, siempre estuvo interesado en lo que Jesús decía. Pedro y su hermano Andrés habían sido discípulos de Juan el Bautista (como lo indica Juan 1:35-42) y había escuchado las enseñanzas de Juan acerca del Mesías prometido. Un día, Andrés escuchó que Juan identificó a Jesús como el Mesías, «el Cordero de Dios», así que, Andrés fue a buscar a su hermano Simón y rápidamente se hicieron discípulos de Jesús, ambos eran apasionados y receptivos.

Ya sea que me encuentre viajando, en mi trabajo o en mis momentos de esparcimiento, siempre observo las señales de la intervención de Dios en la vida de los escépticos que me rodean. Varios de mis conocidos, repentinamente se interesan apasionadamente por las cosas de Dios, y cuando veo que sucede y a la mayor brevedad posible, los coloco en mi panel de jurado. Al percibir que Dios se está moviendo en sus vidas es el momento de presentarles la defensa. Soy tan solo una pequeña parte de todo lo que Dios está haciendo, pero siempre me encuentro listo para desempeñar mi función, ayudando a despejar obstáculos y a responder preguntas difíciles.

Un buen miembro del jurado es alguien imparcial

Le preguntamos a cada candidato del jurado si es capaz de tomar una decisión justa, aún cuando sabemos que puede tener sus propias opiniones e inclinaciones. Como seres humanos, todos estamos profundamente afectados por nuestras experiencias e historias personales. Por ejemplo, algunos candidatos tienen en su familia a personas que trabajan en las fuerzas policíacas o que son abogados, algunos tienen familiares que han sido arrestados. Cuando estas situaciones salen a la luz durante el proceso de selección, preguntamos si se sienten capaces de tomar una decisión justa basada únicamente en las evidencias que se presenten durante el juicio pese a la experiencia que hayan tenido en el pasado con la ley (ya sea positiva o negativa). Por ejemplo, mi hijo fue miembro del jurado en una ocasión (incluso fungió como el presidente del panel) pese al hecho de que su padre y abuelo eran detectives y el abogado fiscal era un amigo cercano a nuestra familia. Algunas personas tienen la capacidad de poner a un lado sus sentimientos, pero otras no. Si usted no es capaz de tener una mente abierta, no podrá ser considerado apto para el jurado. Yo busco candidatos que sean capaces de examinar imparcialmente la evidencia, sin importar su historia personal o relaciones familiares; busco personas para el jurado de mente abierta.

Cuando Jesús seleccionó a sus doce apóstoles, escogió a hombres que tuvieran una mente abierta; puede que hayan tenido pasados turbios, como el apóstol Mateo, pero lo que importaba era su mentalidad y no tanto su vida pasada. Mateo no fue discípulo de Juan el Bautista, él era un cobrador de impuestos del primer siglo (quienes cobraban impuestos a los judíos de parte de Herodes Antipas).

Los cobradores de impuestos como Mateo eran aborrecidos por todos los judíos, quienes los consideraban unos traidores y ladrones.[3] Usted podría pensar que alguien con este perfil pudiera tener una mente cerrada a las enseñanzas justas de Jesús, pero no fue así; Mateo estuvo abierto a lo que Jesús tenía que decir, incluso lo invitó a su casa a cenar. Mateo abandonó su vida como cobrador de impuestos y más delante describiría su vida con Jesús en el evangelio que lleva su nombre.

Como defensor del cristianismo, busco ser lo más eficaz posible, aunque sé que hay quienes tienen inclinaciones muy arraigadas a las que no desean renunciar; hay gente que simplemente no puede ser imparcial y sería insensato de nuestra parte colocar a dichas personas en el jurado, y tal vez sea igualmente insensato hacer de esas personas el *blanco* de nuestra defensa del cristianismo.

Probablemente a estas alturas, usted se ha encontrado con personas hostiles hacia el cristianismo. A diferencia de un jurado apático, las personas que se rehúsan a evaluar imparcialmente nuestras declaraciones, tal vez se deba a que han tenido una mala experiencia con el cristianismo (o, para ser más precisos, con los cristianos), si

Guía para la investigación del análisis forense de la fe:

IDENTIFIQUE A LOS «INDAGADORES»

A menudo es fácil identificar a los «indagadores», pues son las personas que buscan respuestas a las preguntas que sus propias convicciones no han logrado responder, otras veces puede ser difícil identificar a las personas que están comenzando a tener dudas.

Si en su círculo social hay un joven, comience preguntándole acerca de la firmeza de sus propias convicciones; se sorprenderá al ver cuántas dudas él o ella han evitado preguntar por no sentirse con la confianza de hacerlo. Anticípese a sus preguntas apoyándose en lo que usted sabe de él o ella. Establezca una atmósfera de confianza donde exista la libertad de preguntar y responder.

Para aquellas personas con quienes no existe mucha familiaridad, utilice una estrategia diferente para lograr ese mismo ambiente de confianza. Por lo regular nos enfocamos en los amigos o familiares que aún no tienen la curiosidad de conocer del cristianismo y no debe sorprendernos que son personas difíciles de alcanzar, pero ¿qué podemos hacer al respecto? Trate de vivir de tal manera que aquellos que lo rodean no puedan resistir preguntarle sobre su fe. ¿Estamos reflejando la naturaleza de Jesús? ¿Los que nos rodean tienen la curiosidad de saber lo que creemos? Comience a vivir una vida que incite a los demás a preguntarle acerca de su fe cristiana.

me encuentro con personas así, reconozco la responsabilidad que tengo ante ellas, pues seré un cristiano más que conozcan. Los policías sabemos muy bien que nuestras acciones se encuentran constantemente bajo el escrutinio público; en un mundo de teléfonos inteligentes con cámara, todo lo que hagamos se podrá capturar para examinarse a profundidad. Por esta razón, hemos aprendido la importancia de ser embajadores *consistentes* y *persistentes* de nuestra profesión y de la agencia que representamos. Como cristiano, sé que constantemente estoy bajo el escrutinio de mi Maestro, la pregunta es: ¿Se siente él orgulloso de mí? ¿O, acaso contribuyo a la percepción negativa que los ateos tienen de los cristianos? ¿Habrá algo que yo pueda hacer para influenciar positivamente a los escépticos que me rodean sin comprometer mi papel como embajador de Dios? Por mi parte, no quiero ser una razón más por la cual los incrédulos rechazan a los cristianos; no deseo contribuir a ese problema. Aun así, me tomo el tiempo para compartir mi fe, sin embargo, soy más realista en mis expectativas y más sensible para percibir aquello que les impide ver la verdad.

Un buen miembro del jurado es alguien humilde

Soy muy cauteloso al seleccionar a alguien que es experto en un área que es crucial en nuestro caso; por ejemplo, si vamos a llamar a un electricista profesional como testigo experto, probablemente no pondríamos a un electricista en el jurado, ¿por qué?, porque una y otra vez hemos visto a miembros del jurado colmarse de orgullo al encontrarse con el testimonio de alguien de la misma profesión. A miembros de un jurado que se creen expertos en un campo en particular, a veces se les dificulta aceptar el testimonio de *otros* que también son expertos, y por lo regular, todo tiene que ver con el orgullo. Para poder tomar una buena decisión se requiere cierto grado de humildad, y los miembros del jurado que creen «saber más», pueden crear caos en nuestro caso. Busco candidatos que sean inteligentes, pero moldeables; individuos que no dejarán que su orgullo se interponga en la búsqueda de la verdad; busco personas humildes.

La humildad fue también muy importante para Jesús; evidentemente él quedó impresionado con la humildad que vio en Mateo, quien aceptó todo lo que Jesús tenía que decirle y se arrepintió de los pecados que había cometido como cobrador de impuestos. Es más, puede que Jesús haya tenido en mente a Mateo cuando contó una historia para ilustrar la importancia de la humildad:

> Dos hombres subieron al templo a orar; uno era fariseo, y el otro, recaudador de impuestos. El fariseo se puso a orar consigo mismo: «Oh Dios, te doy gracias porque no soy

como otros hombres –ladrones, malhechores, adúlteros– ni mucho menos como ese recaudador de impuestos. Ayuno dos veces a la semana y doy la décima parte de todo lo que recibo». En cambio, el recaudador de impuestos, que se había quedado a cierta distancia, ni siquiera se atrevía a alzar la vista al cielo, sino que se golpeaba el pecho y decía: «¡Oh Dios, ten compasión de mí, que soy pecador!». Les digo que este, y no aquel, volvió a su casa justificado ante Dios. Pues todo el que a sí mismo se enaltece será humillado, y el que se humilla será enaltecido. — **Lucas 18:10–14**

En repetidas ocasiones, Jesús dijo a sus seguidores que evitaran la arrogancia y el orgullo. Como defensor del cristianismo, he llegado a reconocer la relación que hay entre el *conocimiento* y el *orgullo* pues, cuando uno aumenta, también lo hace el otro y nadie está exento de esta regla general (incluyéndome a mí). La Internet ha complicado este asunto para todos los que deseamos compartir la verdad del cristianismo, pues hay demasiada información disponible como para que cualquiera se crea «experto» en temas teológicos, científicos y filosóficos, aún cuando esta información no siempre está comprobada y es poco fiable. Podría dificultarse compartir la verdad con alguien que, de manera errónea, cree que ya domina un tema simplemente por haber leído sobre el tema en la Internet. Estas personas son fáciles de detectar porque la mayoría de nosotros podemos reconocer la arrogancia a distancia. Cuando busco oportunidades para compartir, trato de identificar a las personas que son inteligentes, pero moldeables, personas que no permitirán que el orgullo se interponga en la búsqueda de la verdad.

Los candidatos al jurado no son los únicos que corren el riesgo de caer en la arrogancia que resulta del exceso de confianza; los defensores corremos el mismo riesgo si permitimos que el orgullo excesivo determine nuestro esfuerzo; pues, como la Biblia claramente describe: «Al orgullo le sigue la destrucción; a la altanería, el fracaso» (Proverbios 16:18). Cuando un detective sube al estrado durante un juicio criminal y tiene una actitud arrogante o jactanciosa, lo más probable es que el jurado rechace su testimonio. De la misma manera, los abogados que son altivos o pretenciosos, con su actitud, automáticamente excluyen al mismo jurado que están tratando de convencer. Si usted desea elaborar la defensa del cristianismo y se encuentra con un opositor orgulloso, tome un momento para examinar *su propia* actitud ya que, una manera segura de intensificar el orgullo en su interlocutor, es permitiendo que lo domine su propia arrogancia porque, cuando el orgullo se encuentra con más orgullo, no trae resultados favorables pero si usted es humilde, sencillo y tiene un actitud cortés, lo más probable es que la persona que lo está escuchando demuestre las mismas características.

El principio 3/4

Con la finalidad de ayudarle a identificar y emplear estas características importantes de selección del «jurado» de tal forma que pueda obtener mejores beneficios de su esfuerzo, permítame exponer el concepto que denomino «el principio 3/4». En todos los años que llevo participando en juicios criminales, he aprendido que existen dos grandes grupos de los cuales son seleccionados los miembros del jurado:

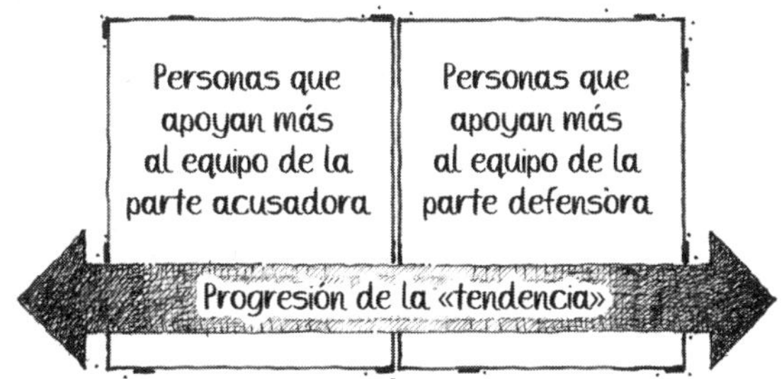

El grupo general del cual hacemos la selección para el jurado tiene personas que, o apoyan más al equipo de la parte acusadora (1), o apoyan más al equipo de la parte defensora (2). Los miembros del grupo uno puede que en el pasado hayan tenido experiencias positivas con las fuerzas policiales, o fueron víctimas que se beneficiaron del trabajo de un abogado fiscal; por otra parte, los miembros del grupo dos tal vez tuvieron experiencias negativas con las fuerzas policiales, o conocen a alguien que afirme fue acusado falsamente.

Estos dos grupos los podemos dividir subgrupos. Si creamos un tipo de «progresión de tendencia», podemos definir estos nuevamente en cuatro subgrupos de la siguiente manera:

Nuestros dos amplios grupos ahora se encuentran divididos en cuatro subgrupos: (1) Personas que creen de manera inflexible que la parte acusadora siempre tiene la razón, (2) Personas que se inclinan por la parte acusadora, pero conservan una mente abierta pues lo que más les interesa es conocer la verdad, (3) Personas que se inclinan por la parte defensora, pero mantienen una mente abierta pues lo que más les interesa es conocer la verdad y (4) Personas que creen de manera inflexible que la parte defensora siempre tiene la razón.

Estos cuatro grupos representan al grupo general para la selección del jurado; los mejores jurados se forman de personas que provienen de los grupos 2 y 3, así que, los abogados realizan su mejor esfuerzo para identificar a las personas que pertenecen a los grupos 1 y 4 para eliminarlos como candidatos.

Los defensores cristianos pueden aprender mucho de este ejercicio que acabamos de analizar. Si usted ha pasado mucho tiempo compartiendo su fe con amigos o familiares, sepa que ellos también pueden dividirse en dos grupos: (1) creyentes cristianos (2) escépticos.

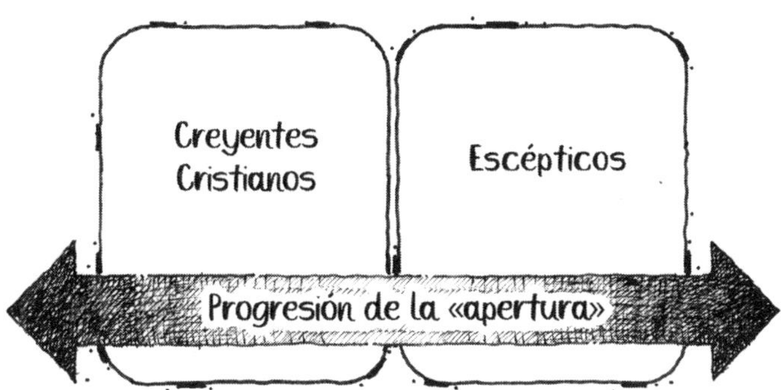

Esos dos grupos pueden dividirse en dos subgrupos: (1) creyentes que están convencidos de su postura, (2) creyentes que comienzan a dudar, (3) escépticos que comienzan a dudar (4) escépticos que están convencidos de su postura.

Estos cuatro grupos se pueden colocar en un tipo de «progresión de la creencia» que va desde los que están más convencidos (a la izquierda), hasta los que son más escépticos (a la derecha):

Los miembros de estos subgrupos representan al grupo general de donde debemos seleccionar a nuestro panel del jurado. Siendo un defensor cristiano que ha escrito libros, dado conferencias y que continúa elaborando la defensa del cristianismo en la Internet, he aprendido una verdad muy importante. Aunque al escribir me dirijo a los miembros de los *cuatro* grupos, sé que únicamente *tres* de estos grupos tienen una mente abierta para escuchar mi exposición; los miembros de los grupos 1, 2 y 3 son receptivos, mientras que los miembros del grupo 4 *no* lo son.

No es complicado identificar la posición de cada persona en esta progresión; a veces usted puede descubrir la postura de alguien simplemente haciéndole algunas preguntas directas. Probablemente ya sepa lo que creen los miembros de su familia, y si tiene la suerte de contar con amigos o conocidos en la Internet que son francos, la postura de estos será obvia. Cualquiera que sea el caso, una vez que ha determinado el lugar de cada uno en esta progresión, le será más sencillo saber cómo proceder.

Grupo 1 - El creyente convencido

Puede que usted piense que no hay razón para compartir acerca de la evidencia del cristianismo con las personas que ya están convencidas que el cristianismo es la verdad, pero no es así. Por ejemplo, este libro fue escrito para cristianos; sin embargo, aquellos que ya están convencidos, tal vez desconozcan la defensa que sustenta su fe, y a su vez, no sienten la necesidad de conocer la evidencia que va más allá de su experiencia personal con el Cristo resucitado.

No obstante, hay una buena razón para que las personas de este grupo dominen la evidencia, ya que lo más probable es que en su familia tenga a alguien que se encuentre en el grupo número dos. La mayoría de los padres de familia que me piden ayuda con sus hijos escépticos, son personas que están convencidas de que el cristianismo es la verdad, a pesar de que sus hijos no lo estén. Como padres, ¿cómo podemos responder a las preguntas de nuestros hijos si no nos preparamos con la evidencia? Si usted se encuentra en el grupo uno, es igualmente importante dominar el conocimiento de la evidencia para que pueda ayudar a sus hijos, quienes en algún momento se lleguen a encontrar en el grupo dos. Cuando identifico a alguien que es un cristiano convencido, me tomo el tiempo para indagar si se encuentra listo para ayudar a sus conocidos que se encuentren en los grupos dos y tres; si me exponen algo que no sea una fe lista para su análisis forense, les presento la defensa de su fe cristiana basada en la evidencia, ya que, las personas del grupo uno también necesitan escuchar (y dominar) la defensa.

Grupo 2 - El creyente que duda

Muchos jóvenes cristianos pertenecen al grupo número dos; puede que hayan crecido en la iglesia, pero cuando alcanzaron la edad de la secundaria, estos jóvenes quisieron saber lo que sus padres creían y la razón de su fe; si las respuestas que obtuvieron en el hogar no fueron convincentes, entonces se abrieron a la posibilidad de aceptar toda clase de respuesta en el colegio y fue así como pasaron de: estar *convencidos*, a ser creyentes que *dudan*. Con frecuencia me encuentro con jóvenes que dudan, y me honra ayudarlos a encontrar una base cimentada en la evidencia. Los defensores del cristianismo pueden tener un gran impacto en las personas del grupo dos, y todos debemos estar enfocados en el futuro de la iglesia: los jóvenes.

A mi edad me resulta fácil seleccionar a mis amistades. Cuando llegue a los cincuenta años, probablemente se rodeará de personas que son

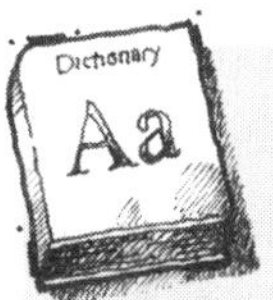

Definición forense:

INCLINACIÓN O PREFERENCIA

Todos tenemos una opinión acerca de algo, pero no necesariamente demostramos preferencia. Una inclinación o preferencia es un prejuicio parcial a favor o en contra de algo, de alguien o de un grupo cuando se lo compara contra otro. Mientras que todos tenemos una preferencia personal, a los miembros del jurado se les pide evitar tener un prejuicio parcial del caso en el que trabajarán.

¿Hay áreas en su vida en las que, su preferencia o inclinación, hayan sido causa para no compartir la verdad acerca del cristianismo? ¿Existen grupos de personas a los cuales usted no está dispuesto a alcanzar? Como cristianos, a menudo nos quejamos de la preferencia o inclinación que algunos individuos tienen al oponerse al cristianismo, pero ¿será que nosotros albergamos también una preferencia contra ciertas personas a las que pudiéramos llegar por medio del evangelio? Lea Marcos 2:14-17 y examine la diferencia entre la inclinación de los fariseos y la actitud de Jesús. ¿Se parece usted más a los fariseos o a Jesús?

muy similares a usted; sin embargo, los jóvenes cristianos, en especial aquellos que se encuentran en la universidad, se ven rodeados de personas a las cuales ellos *no eligieron*, muchos de sus nuevos compañeros son hostiles y hasta escépticos hacia las declaraciones del cristianismo, es por eso por lo que es tan importante que los jóvenes cristianos del grupo dos se preparen con la evidencia.

Grupo 3 - El escéptico que comienza a dudar

He recibido cientos de correos electrónicos y comentarios en las redes sociales de personas que han comenzado a dudar de su incredulidad; muchos de los integrantes del grupo tres comenzaron su búsqueda debido a que tuvieron dudas acerca de su consagración al naturalismo; pues al tratar de justificar algunas piezas de evidencia, las cuales he descrito en mi libro *God's Crime Scene* [La escena del crimen de Dios], estos individuos seguramente descubrieron la insuficiencia de las explicaciones ateas y naturalistas previas.

El afamado ateo *Antony Flew* se encontró en esa posición; Flew era un ateo con mucha influencia y se autonombraba como un experto evidencialista; fungió como vocero del ateísmo a pesar de haber asistido al Club Socrático de *C. S. Lewis* y, aunque respetaba la obra y la persona de Lewis, permaneció indeciso ante los argumentos de Lewis acerca del cristianismo. Flew creía que el ateísmo debería ser la postura fundamental de todos, hasta que se presentase la defensa basada en la evidencia acerca de Dios; eventualmente comenzó a dudar acerca del ateísmo, aunque la ciencia le proveyó la evidencia que él buscaba. Flew estaba especialmente interesado en el origen de la información del ADN y el diseño biológico de los organismos. Durante su período de duda, Flew estuvo en contacto con algunos teístas como el erudito cristiano *Gary Habermas* y el autor *Roy Varghese*; de hecho, cuando Flew abandonó sus ideas del ateísmo, escribió un libro en colaboración con Varghese titulado *Existe un Dios: Cómo cambió de opinión el ateo más famoso del mundo*. Flew es un excelente ejemplo del papel que desempeña la presentación de una buena defensa para alcanzar a las personas del grupo tres.

Grupo 4 - El escéptico convencido

Si alguna vez usted ha expresado su fe en las redes sociales tal vez se haya enfrentado con alguien del grupo cuatro. A principios del año 2000, e incitado por muchos escritores ateos agresivos tales como: *Christopher Hitchens, Sam Harris, Richard Dawkins* y *Daniel Dennett*, surgió un movimiento identificado como «El nuevo ateísmo». A pesar de que los argumentos presentados por estos escritores no son innovadores y carecen de precedentes, su manera de abordar el tema es mucho más hostil que antes. El *nuevo ateísmo* consiste en una *nueva actitud*. Muchas personas (si bien no todas) en el grupo cuatro han adoptado la estrategia de los nuevos ateos y usted se podrá dar cuenta de ello en la interacción agresiva de tales personas con los demás. Están convencidos de su posición racional, pero aún más importante, están convencidos de la irracionalidad de la fe cristiana. Estas personas son sarcásticas, soberbias y maliciosas, hasta que alguien del grupo cuatro se desplace al grupo tres, lo más probable es que dicha persona hostigue a los defensores del cristianismo en lugar de escucharlos.

Jesús reconocía el carácter de las personas del cuarto grupo. Mateo describió una ocasión en la que Jesús visitó Nazaret, su cuidad natal (en Mateo 13:53-58). Jesús enfrentó la oposición de las personas que simplemente no quisieron escuchar sus declaraciones y hasta se enfadaron con él y «se ofendieron». De acuerdo con Mateo, la resistencia de estos escépticos convencidos del «cuarto grupo» se vio reflejada en el proceder de Jesús: «Y por la incredulidad de ellos, no hizo allí muchos milagros» (versículo 58).

Yo presento la defensa a las personas de los cuatro grupos, pero una vez que identifico a alguien del cuarto grupo, intensifico un aspecto muy importante de mi estrategia: *oro* por esa persona y continúo *amándola* a pesar de nuestras diferencias. Hay personas que quiero mucho quienes aún son miembros férreos de este cuarto grupo; es más, yo mismo fui miembro activo por muchos años y solamente cuando Dios quitó mi hostilidad, estuve dispuesto a escuchar lo que los demás me decían acerca de Dios.

Una vez que me hice cristiano, varios de mis amigos y compañeros de trabajo cristianos me dijeron que habían estado orando por mí durante *años*. Durante esos años de incredulidad, permanecí en contacto con todos ellos porque seguían mostrándome el amor de Dios a través de sus acciones, nunca se dieron por vencidos y me amaron incondicionalmente. Así que, cuando me frustro con alguien del cuarto grupo que no es receptivo al

Guía para la comunicación del análisis forense de la fe:

ORGANICE A SU JURADO

Hemos estado hablando de la importancia de hacer listas; esta disciplina nos puede ayudar a llegar a nuestros amigos y familiares. Prepare una lista de todas las personas a quienes le gustaría alcanzar a través de la evidencia del cristianismo. Por lo general, en una lista así, solamente incluimos a los incrédulos, pero ahora ya conoce la importancia que tiene el incluir a las personas de los cuatro grupos.

Una vez que haya preparado su lista, piense en los grupos que hemos descrito; después de definir el grupo al cual pertenece cada persona, comience a estudiar la respuesta y estrategia adecuadas para cada uno de los que conforman su lista. ¿Quiénes necesitan estar convencidos acerca de la importancia de la fe lista para su análisis forense? ¿Quiénes contienden en su fe cristiana y necesitan afianzarse en un fundamento sólido basado en la evidencia? ¿Quiénes, como ateos, están buscando respuestas y necesitan ser expuestos a la evidencia de la existencia de Dios? ¿Quiénes insisten en su rebelión y necesitan oración? ¡Haga su lista y manos a la obra!

cristianismo, me pregunto: «¿Cuándo fue la última vez que oré por esta persona y le pedí a Dios que le quitara su hostilidad? ¿Le he demostrado cuánto me interesa, o me he distanciado debido a nuestra discrepancia?». He aprendido a orar y a amar a mis amigos y familiares quienes continúan firmes en el grupo cuatro, y observo atentamente esperando el mover de Dios en la vida de cada uno de ellos, esperando mi oportunidad para ser un buen defensor del cristianismo.

El principio 3/4 me ha ayudado a establecer metas más razonables y a moderar mis expectativas al compartir mi fe con otros ya que, cuando entiendo la postura de las personas, es cuando puedo seleccionar a un «jurado» apasionado, de mente abierta y humilde.

PRINCIPIO #2 DE LA FE LISTA PARA SU ANÁLISIS FORENSE:
INSTRUYA A SU JURADO EN BASE A LA EVIDENCIA

Jesús no simplemente seleccionó a doce hombres adecuados para ser sus apóstoles; él los *instruyó* específicamente para que así, estos hombres pudieran llevar a cabo su misión de manera sobresaliente. Durante sus tres años de ministerio, Jesús enseñó a mucha gente, pero fueron sus discípulos quienes recibieron una instrucción *especial.* Cuando la multitud no podía comprender claramente sus parábolas, Jesús instruía a los doce discípulos para ayudarles a entender el significado de la analogía de cada historia (ver Mateo 13:1-51). Antes de enviar a los discípulos a compartir lo que habían aprendido, Jesús les instruyó específicamente acerca de cómo debían viajar, acercarse a los escépticos y explicar la verdad (ver Mateo 10:1-23). Jesús eligió cuidadosamente a sus discípulos y los instruyó antes de confiarles la verdad.

De la misma manera, los miembros del jurado de un juicio criminal necesitan instrucción. He estado presente en muchas sesiones *voir dire,* y gracias a ello he descubierto algo interesante: durante el proceso de selección, los abogados aprenden mucho acerca de *los miembros del jurado,* pero también los miembros del jurado profundizan bastante acerca de *la naturaleza de la evidencia.* Los abogados interrogan a los candidatos al jurado sobre lo que conocen de ciertos aspectos de la evidencia, y este interrogatorio sirve como una forma de *instrucción.*

El proceso *voir dire* no es la única ocasión en la que el jurado aprende acerca de la naturaleza de la evidencia y el papel que desempeña en la evaluación preliminar de las declaraciones verdaderas. A medida que se presentan las evidencias en el juicio y los abogados hacen sus alegatos finales, el jurado se familiariza, ya sea directa o indirectamente, con las reglas básicas de la evidencia y la naturaleza de una buena defensa. Más adelante, antes de que los miembros del jurado pasen a deliberar en base a todo lo que han visto y escuchado, el juez les da indicaciones *específicas* que les ayudarán a evaluar la evidencia. Cada estado de los Estados Unidos cuenta con ciertas «Instrucciones para el Jurado» y forman parte del código criminal.

El jurado de un juicio criminal se beneficia ampliamente de esta educación, y no son los únicos evaluadores que necesitan aprender acerca de la naturaleza y papel que desempeña la evidencia; las personas que escuchan la defensa del cristianismo también se benefician de ciertas instrucciones basadas en la evidencia. Por ejemplo, *Richard Dawkins* (uno de los Nuevos Ateos anteriormente mencionados) escribió:

> Creíamos que la religión consiste simplemente en necedades inofensivas; pensábamos que, si las creencias carecen de evidencias que las sustente y la gente las necesita como un conducto de consuelo, no perjudican a nadie, ¿cierto? Sin embargo, el 11 de septiembre de 2001 cambió ese concepto.[4]

Cuando alguien afirma que las declaraciones del cristianismo «carecen de evidencia que las sustente» puede que, o no están familiarizados con la excesiva cantidad de evidencias relacionadas al cristianismo, o sencillamente no poseen los principios que hacen que algo *califique* como evidencia. Si queremos ofrecer muestras persuasivas basadas en la evidencia, necesitaremos instruir a la gente sobre la naturaleza y papel que desempeña la evidencia *antes* de citar la evidencia misma. Los siguientes atributos de la evidencia son muy importantes para los miembros del jurado que evalúan un caso criminal, y tienen la misma importancia para las personas que presentan y evalúan la defensa del cristianismo.

INSTRUCCIÓN #1 DE LA EVIDENCIA:

EL HECHO DE QUE LA OPOSICIÓN PRESENTE SU DEFENSA, NO LA CALIFICA COMO VERDADERA

En mi libro *Cristianismo: Caso resuelto*, escribí todo un capítulo llamado «Prepárese para el ataque»; en ese capítulo van detalladas varias estrategias que poseen los abogados defensores para contraatacar los argumentos de la parte acusadora. Si hay algo que un defensor del cristianismo debe comprender acerca de la respuesta de la parte contraria es: no se sorprenda cuando la oposición presente un argumento aparentemente muy persuasivo; el hecho de que la oposición presente su defensa no quiere decir que sea la verdad.

He escuchado historias de jóvenes cristianos (como la que cité en el capítulo 1), quienes al ingresar a la universidad se enfrentaron con un profesor que les presentó un caso robusto sustentando su visión atea. La mayoría de las veces, estas presentaciones son abiertamente hostiles contra el cristianismo. Algunos de estos jóvenes cristianos que no estaban acostumbrados a las objeciones de los ateos, escucharon por primera vez la defensa opositora presentada por su profesor quien, al ser una figura de autoridad, dejó una impresión dramática. La oposición al exponer sus argumentos de manera articulada y aparentemente razonable al cristiano que nunca había escuchado dichos argumentos, lo sorprendió sin preparación alguna.

Regresemos por un minuto al caso descrito anteriormente; el abogado defensor de Michael Lubahn permaneció sentado durante la presentación de la evidencia de la parte acusadora, aunque esta tomó semanas para completarse. Cuando el abogado acusador tomó un descanso, el abogado de Lubahn se puso a trabajar; presentó la defensa, estableció sus argumentos y lo hizo con la misma pasión que el abogado acusador ya que no había nadie tan seguro de la inocencia de Michael Lubahn como su abogado defensor, y él hizo lo mejor que pudo para presentar sus argumentos de manera articulada y razonable. A pesar del esfuerzo del abogado defensor, Lubahn fue hallado culpable y sentenciado porque, como anteriormente lo mencioné, Michael confesó el asesinato durante la audiencia de sentencia. Aunque su abogado era sumamente capaz de presentar la defensa, el simple hecho que lo hiciera no quería decir que era la verdad.

He aprendido a esperar que la oposición presente un caso robusto, pero yo sé que un *argumento* no es *evidencia*; una *presentación* no es una *refutación*; es más, a los miembros del jurado se los instruye específicamente al respecto:

Guía para la comunicación del análisis forense de la fe:

FAMILIARÍCESE CON LA OPOSICIÓN

Es fácil aislarse de las personas que tienen una visión contraria. Como cristiano, ¿se ha rodeado de amigos y conocidos que piensan igual que usted? Le sorprendería ver o leer la cantidad de veneno que hay en la Internet para aquellos que quieren compartir el evangelio.

Hay una forma segura de obtener una muestra de los argumentos de la oposición; suscríbase a un grupo ateo, ya sea en Facebook, en Reddit o en cualquier plataforma similar, puede unirse a estos grupos sin tener que participar en el contenido, pero una vez que está ahí, tome un momento para leer lo que dicen. Si nunca ha experimentado un debate, ahí tendrá la oportunidad de ver lo que sucede «en el frente de batalla». Pero recuerde; el hecho de que la parte contraria presente su defensa, no quiere decir que sea la verdad.

Nada de lo que los abogados digan es evidencia. En los alegatos iniciales, los abogados discutirán el caso, pero sus observaciones no cuentan como evidencia, sus preguntas no son evidencia; únicamente las respuestas de los testigos son evidencias. Las preguntas de los abogados solamente son significativas si les ayudan a comprender un poco más las respuestas de los testigos. No asuman que algo es verdadero solamente porque uno de los abogados hace una pregunta que sugiere veracidad.[5]

Esta es una regla importante de la evidencia: no asuma que algo es verdadero solamente porque alguien en posición de autoridad lo diga, lo sugiera o presente la defensa de ello. Espere una impugnación agresiva y recuerde que una presentación no es una refutación. Examine usted mismo la evidencia, saque sus conclusiones y utilice el sentido común.

INSTRUCCIÓN #2 DE LA EVIDENCIA:
TODO TIENE LA POSIBILIDAD DE CONVERTIRSE EN EVIDENCIA

Muchos no entienden las categorías básicas de la evidencia (tal como las describí anteriormente) y, erróneamente piensan que la parte acusadora necesita un *tipo* de evidencia en particular para ganar; esto no es verdad. ¿Debemos tener evidencias tales como muestras de ADN o una huella digital para determinar si un sospechoso estuvo involucrado en el crimen? No. ¿Es necesario un testigo para probar que un sospechoso está implicado en el crimen? De nuevo, la respuesta es no. Como lo describí en el capítulo 1, la evidencia directa está limitada al testimonio de un testigo ocular, y la evidencia indirecta (también conocida como evidencia circunstancial) es todo lo demás. Al referirme a «todo lo demás», quiero decir que: *todo* tiene la posibilidad de convertirse en evidencia. En nuestros casos criminales hemos presentado objetos físicos, declaraciones, comportamientos y muchas cosas más. Lo invito a que de otro repaso a la lista de posibles evidencias que he descrito en el capítulo 3 (Práctica de investigación #2). Cuando se investiga un crimen, *todo* debe considerarse por su valor como evidencia, pues a veces, el más simple detalle puede marcar la diferencia en todo el caso. Como dije antes, he participado exitosamente en muchos casos siendo parte del equipo de la parte acusadora, los cuales consistieron exclusivamente en declaraciones. Los escépticos expresan que la defensa del cristianismo es débil porque carece de evidencia comprobable física, forense y científica. Esta observación demuestra simplemente que no saben cómo se resuelven los casos criminales en los Estados Unidos en la actualidad; es por eso que necesitamos ayudar a los demás a comprender que: *Todo* cuenta como evidencia, incluyendo el comportamiento de los testigos iniciales, el testimonio de aquellos que escucharon la declaración de dichos testigos, la evidencia arqueológica corroborativa, la confirmación interna de la geografía, la política y los nombres propios usados, así como la deficiencia de explicaciones alternativas. Este conjunto de evidencia (o cosas similares), son usadas diariamente en los juicios criminales. Si el éxito de un juicio criminal dependiera de la evidencia forense física, serían muy pocos los casos que se procesarían. ¿Qué se considera como evidencia? Todo.

INSTRUCCIÓN #3 DE LA EVIDENCIA:
EL QUE HACE UNA AFIRMACIÓN ES QUIEN TIENE EL PESO DE LA PRUEBA

Afortunadamente en mi país, las personas se presumen inocentes hasta demostrar lo contrario en un juicio legal y el nivel de prueba (SOP por sus siglas en inglés) es mucho más alto en los juicios criminales que en los juicios civiles. La «carga de la prueba», es decir, la responsabilidad de probar que el acusado es culpable de una ofensa recae en el abogado fiscal, quien es el que interpone la denuncia penal. Después de todo, es quien afirma que el acusado es culpable, por lo tanto, el peso para probar dicha afirmación recae sobre los hombros del fiscal. Las disposiciones para el jurado de los juicios criminales describen la carga de la prueba de la siguiente forma:

El simple hecho que se haya interpuesto una denuncia penal contra el acusado(s), no es evidencia de que el cargo sea verdadero. Usted como miembro del jurado no deberá tener una preferencia en contra del acusado(s) solamente por encontrarse bajo arresto, acusado por un crimen o esté siendo enjuiciado ya que, un acusado, en un juicio criminal, está protegido por la presunción de inocencia; esta presunción requiere que la parte acusadora pruebe la culpabilidad del acusado más allá de una duda razonable. Cuando les digo que la parte acusadora debe comprobar algo, quiero decir que se debe probar más allá de una duda razonable [a menos que se indique otra cosa en específico].[6]

Este principio de «carga de la prueba» normalmente se aplica a los que afirmamos sobre la existencia de Dios. La mayoría de los ateos cree que nosotros, como teístas, somos los *únicos* que tenemos la carga de prueba. Un conocido sitio de Internet lo describe de la siguiente manera:

La carga de prueba recae en quien hace una afirmación (sea positiva o negativa). Si yo afirmo que el Monstruo Volador de la Pasta existe, no le corresponde a usted el desacreditarme, de hecho, puede que sea imposible hacerlo. Por el contrario, es mi deber sustentar mi afirmación por medio de la razón y la evidencia. Si usted afirma que Jehová existe, no me corresponde a mí desacreditar a Jehová.[7]

De acuerdo con varios ateos, los cristianos hacemos afirmaciones acerca de un Ser invisible; el peso de la evidencia recae sobre nuestros hombros y yo de alguna manera coincido con esto, pero gracias a mi experiencia como investigador, también reconozco los límites.

Al ingresar a la escena del crimen, a los detectives se nos presenta una recopilación de evidencias, las cuales deberán ser explicadas si queremos determinar la causa del crimen. En ocasiones los detectives discrepamos acerca de cómo se puede explicar mejor la evidencia o cuál es la identidad del sospechoso. Cuando eso sucede, nos reunimos en una sala de conferencias y presentamos la defensa el uno al otro debatiendo acerca del sospechoso (o la causa) y la que creemos es la mejor explicación de la evidencia. En esa reunión, cada detective tiene el peso de convencer a los demás de que su explicación es la mejor. Todo el que presente una «causa» viable de la evidencia en la escena del crimen, tiene la carga de la prueba sobre sí.

De manera semejante, el universo está saturado de evidencia, la cual demanda una explicación. ¿Cómo se formó el universo de la nada? ¿Por qué el universo parece estar en sintonía con la vida que en él existe? ¿Cómo se originó la vida a partir de materia inerte? ¿Por qué los organismos biológicos parecen haber sido diseñados? ¿Cómo fue que la consciencia inmaterial surgió de procesos materiales? ¿Cómo es posible tener libre albedrío

Guía para la comuicación del análisis forense de la fe:

SEA MÁS EXIGENTE CON LA OPOSICIÓN

Por lo regular, nos lanzamos a defender nuestra fe sobre la existencia de Dios y la verdad del cristianismo, pero fallamos en solicitar a la parte contraria que nos explique su conclusión de un universo *sin* Dios. Las discusiones acerca de la «religión» o de «asuntos espirituales» corren el riesgo de ser defensas unilaterales sobre la existencia de Dios.

La próxima vez que se encuentre en medio de una conversación sobre tales temas, redirija el diálogo, pida que se le presente la defensa del *naturalismo*. Requiera que sus amistades escépticas le expliquen cómo es que todo lo que vemos en el universo (en particular, las ocho piezas de evidencia que describí en mi libro *God's Crime Scene* [La escena del crimen de Dios], se puede explicar utilizando solamente el espacio, tiempo y materia, así como las leyes que las rigen. Transfiera la carga de la prueba y sea más exigente con la oposición.

en un universo enteramente físico y determinista? ¿Qué es lo que establece las verdades trascendentales, objetivas y morales que todos reconocemos y empleamos? ¿Cuál es la medida de referencia contra la cual se miden la maldad y la bondad? Estas ocho preguntas representan ocho piezas de evidencia de mucha importancia en el universo; estas realidades deben ser explicadas de la misma manera que las evidencias encontradas en una escena del crimen.

Existen solo dos categorías posibles para la explicación de la evidencia que vemos en el universo: (1) explicaciones naturalistas que se limitan únicamente al espacio, tiempo y materia, y a las leyes físicas o químicas que las gobierna; o, (2) explicaciones sobrenaturales que emplean la existencia de un Ser sobrenatural. Los ateos creen que el naturalismo es la mejor explicación para la evidencia que existe en el universo, mientras que los teístas (por ejemplo, los cristianos), creen que Dios es la mejor explicación. Así como los detectives en la sala de conferencias, cada grupo tiene una carga equitativa para demostrar que su «sospechoso» constituye la mejor explicación.

Si hará afirmaciones acerca de la existencia de Dios, ya sea a sus amistades o familiares escépticos, prepárese con la evidencia necesaria para su defensa, pero recuerde, los ateos también deben explicar lo que observamos y experimentamos en el universo; ellos tienen la misma carga de prueba. Responsabilícelos a defender *su* posición, así como ellos requieren que usted defienda la *suya*.

INSTRUCCIÓN #4 DE LA EVIDENCIA:
LAS POSIBILIDADES SON IRRELEVANTES

Hay una razón por la cual, el nivel de prueba en los juicios criminales va «más allá de la duda *razonable*» en vez de ir «más allá de una *posible* duda». Si el fiscal tuviera que establecer la culpabilidad del acusado más allá de una *posible* duda, entonces nadie sería condenado por un crimen. La mayoría de las instrucciones a los miembros del jurado reconocen el hecho de que siempre habrá alguna duda, ya sea posible o imaginaria, aún cuando el panel da el veredicto de culpable en un juicio criminal:

Cuando les digo que la parte acusadora debe comprobar algo, quiero decir que se debe probar más allá de una duda razonable [a menos que se indique otra cosa en específico]. Una prueba más allá de una duda razonable es aquella que lo deja con la firme convicción de que el cargo es correcto y verdadero. La evidencia no

necesita eliminar toda posible duda, pues todo en esta vida está sujeto a que haya
una duda posible o imaginaria.[8]

Cuando se interroga a los candidatos al jurado, durante el *voir dire*, es común que el equipo acusador pregunte: «¿Se considera usted el tipo de persona que es incapaz de tomar una decisión a menos de que todas las dudas estén resueltas?». Si los candidatos contestan que no pueden tomar una decisión cuando existen dudas sin resolver, serán eximidos de su deber.

Así mismo, una vez que los miembros del jurado escuchen y vean todas las evidencias de un caso, normalmente se les indica que eviten especular acerca de aquello que *desconocen*, y son instruidos a enfocarse en lo que *sí saben* como resultado de todo lo que vieron y oyeron durante el juicio:

> Puede que usted llegue a deducciones razonables basándose en la evidencia, las cuales crea que están justificadas por la experiencia común, pero tenga en mente que tales deducciones no deberían basarse en suposiciones o especulaciones.[9]

Se le pide al jurado que haga «deducciones razonables» basadas en la evidencia, y que resistan la tentación de especular acerca de las «posibilidades».

Este consejo también sirve a quienes evaluamos las explicaciones razonables de la evidencia del universo. Le sorprenderá ver cuánta *especulación* está disfrazada de *deducción razonable*, sobre todo en las teorías relacionadas al origen del universo. La mayoría estamos familiarizados con las «teorías del multiverso» (o de los universos múltiples), las cuales presentan una explicación sobre la sintonía que vemos en el universo. Puede que también esté familiarizado con las «teorías de cuerdas» (relacionadas a la física cuántica), las cuales fueron presentadas para explicar el origen del universo.

Estas teorías naturalistas (como lo describí en mi libro *God's Crime Scene* [La escena del crimen de Dios]), son muy populares entre los ateos, pero altamente *especulativas*. Estas teorías son debatidas tanto por los teístas, como por los físicos ateos debido a que carecen de evidencias que las sustenten. Estas suposiciones, ¿son *posibles*? Absolutamente; todo es *posible*, pero ¿son *razonables* por medio de la evidencia? No. Cuando converse con sus amigos escépticos acerca de algunas teorías que no son sustentadas por la evidencia y que son promovidas por aquellos que *niegan* la existencia de Dios, recuerde que: las posibilidades son irrelevantes, sin embargo, las deducciones razonables basadas en la evidencia no lo son.

INSTRUCCIÓN #5 DE LA EVIDENCIA:

ENTRE MÁS ACUMULATIVO EL CASO, MÁS RAZONABLE SERÁ LA CONCLUSIÓN

En ocasiones la gente me pregunta: «Jim, ¿cuál fue la pieza de evidencia que lo convenció de que el cristianismo era verdad? ¿Cuándo tuvo esa revelación?». Al encontrarme con este tipo de preguntas, creo que lo que la gente busca identificar es la pieza de evidencia que funciona como «fórmula mágica» para poder usarla en su intento de persuadir a los demás. No me gusta decepcionarlos, pero mi respuesta, con toda honestidad es: «No hubo una pieza de evidencia que me haya convencido de que el cristianismo sea la verdad».

Fueron cientos de piezas; y esa también es la naturaleza de todos mis casos criminales. Cuando en la agencia comenzamos a trabajar en los casos sin resolver, un compañero del equipo de homicidios me presentó un caso el cual pensé que era prometedor; mi compañero ya tenía a un sospechoso en la mira, pero quedó decepcionado al ver que yo no estaba convencido, sin embargo, después de dos años de investigación adicional, supe que teníamos a la persona correcta,

Guía para la comunicación del análisis forense de la fe:
PRACTIQUE LA DEFENSA ACUMULATIVA

Si lo piensa, todos tenemos experiencia en la practica de la defensa acumulativa, pues lo hacemos todo el tiempo sin siquiera pensar en el principio que estamos empleando. La próxima vez que medite acerca de su trabajo, pasatiempo, seres amados o de un artículo en las noticias, ejercite sus habilidades en esta practica; haciendo esto, estará cada vez más preparado para elaborar una defensa detallada de su fe cristiana.

Le menciono algunos ejemplos: ¿Por qué cree que su equipo deportivo preferido llegará (o no) a la semifinal la próxima temporada? Formule una defensa acumulativa de seis puntos. Piense en su puesto actual de trabajo y elabore una defensa de cinco puntos de por qué lo ascendieron (o no) de puesto cuando se presentó esa oportunidad. Si tiene un perro o gato como mascota, prepare una defensa acumulativa de ocho puntos de por qué esa raza específica es la ideal. En cada uno de los tres ejemplos, reconozca el poder que tienen las múltiples evidencias al elaborar la defensa de lo que usted cree.

Vuelva al capítulo uno y repase la sección de los «emisarios de la evidencia» y así puede estar preparado para elaborar el caso desde el punto de vista de los autores de los evangelios como testigos oculares. ¿Puede ofrecer tres o cuatro razones por las cuales los primeros cristianos creían que los autores de los evangelios fueron testigos oculares? Cuando se encuentre listo, le invito a dar un repaso al formulario de cuatro partes de la confiabilidad de los testigos oculares en mi libro *Cristianismo: Caso resuelto*, así podrá dar el siguiente paso al defender la autenticidad del evangelio narrado por estos testigos..

¿por qué? Porque recolectamos docenas de evidencias adicionales, y todas estas piezas de nueva evidencia apuntaban a un mismo sospechoso; entre más acumulativo sea el caso, más razonable será la conclusión.

Me considero un gran aficionado de la defensa acumulativa, pues es la manera más efectiva para demostrar la veracidad de algo. Cuando el nivel de prueba se eleva a «más allá de la duda razonable», el jurado se siente mucho más confiado cuando el caso es *concreto*; es por eso por lo que nos tomamos el tiempo para recolectar, hacer listas y demostrar todas las piezas de evidencia que apuntan hacia el acusado pues, entre más evidencias se tengan contra un sospechoso en particular, menos será el tiempo que tome el jurado para deliberar.

Los casos acumulativos también nos ayudan a comprender cómo interpretar piezas de evidencia que son únicas y menos obvias; por ejemplo, digamos que un sospechoso se comporta de cierta manera al siguiente día de cometer un asesinato.

Mi trabajo consiste en determinar si ese comportamiento es un indicativo de culpabilidad, sin embargo, hay ocasiones en las que el comportamiento llega a ser confuso o puede que no se interprete como indicativo de culpabilidad. Entonces, ¿cómo debo yo (y más tarde, el jurado) interpretar tal comportamiento? Las otras piezas de evidencia en el caso acumulativo pueden guiarnos hacia la interpretación correcta. Si la mejor interpretación de noventa y nueve piezas de evidencia es a manera de indicativo de culpabilidad y una sola pieza de evidencia sigue siendo confusa, permito que las noventa y nueve piezas sean las que informen a la otra pieza de evidencia en lugar de permitir que la sola pieza informe a las noventa y nueve.

Cuando presentamos la defensa de lo que creemos como cristianos, necesitamos instruir a las personas con este principio sencillo pero fundamental; por ejemplo, digamos que estamos tratando de elaborar la defensa bíblica de una doctrina en particular o una verdad teológica para lo cual comenzamos a recolectar la evidencia del caso, es decir, todos los versículos bíblicos que hablan del tema a investigar. Algunos de esos versículos tendrán más de una interpretación razonable, pero ¿cómo sabremos cuál interpretación es la correcta? Haciendo referencia al *caso acumulativo*; esto es, si hacemos la mejor interpretación de noventa y nueve versículos que indican y sustentan una verdad bíblica en particular y solamente un versículo sigue siendo confuso, dejaré que los noventa y nueve versículos sean los que comuniquen a ese versículo, en lugar de permitir que un solo versículo informe a los noventa y nueve.

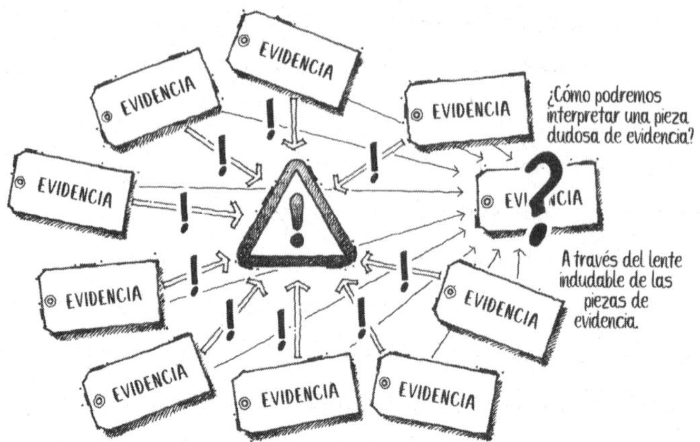

Observemos un ejemplo de un solo pasaje de la epístola de Santiago, el cual muchos han usado para debatir si nuestra salvación depende de las «buenas obras»:

> Hermanos míos, ¿de qué le sirve a uno alegar que tiene fe, si no tiene obras? ¿Acaso podrá salvarlo esa fe? ... ¿No fue declarado justo nuestro padre Abraham por lo que hizo cuando ofreció sobre el altar a su hijo Isaac? Ya lo ves: Su fe y sus obras actuaban conjuntamente, y su fe llegó a la perfección por las obras que hizo. Así se cumplió la Escritura que dice: «Le creyó Abraham a Dios, y eso se le tomó en cuenta como justicia», y fue llamado amigo de Dios. Como pueden ver, a una persona se la declara justa por las obras, y no solo por la fe. De igual manera, ¿no fue declarada justa por las obras aun la prostituta Rajab, cuando hospedó a los espías y les ayudó a huir por otro camino? Pues, como el cuerpo sin el espíritu está muerto, así también la fe sin obras está muerta. — **Santiago 2:14, 21–26**

¿Cómo podremos interpretar este pasaje? Parece que Santiago está diciendo que nuestra salvación depende de nuestro esfuerzo por obedecer la ley y de hacer «buenas obras». Si ese es el caso, entonces las enseñanzas de Santiago parecen estar en conflicto con la defensa robusta y acumulativa de la salvación por medio de la fe (Juan 3:16; Hechos 16:31; Romanos 3:28-30; 4:5; 5:1; 9:30; 10:4; 11:6; Gálatas 2:8-9, 16, 21; 3:5-6, 24; Efesios 1:13; 2:8-9; Filipenses 3:9 y Tito 3:5). Estos pasajes declaran enfáticamente que «el hombre es justificado por la fe, y no por las obras de la ley (Romanos 3:28), y que, al que *no* trabaja, sino que cree en el que justifica al malvado, se le toma en cuenta la fe como justicia» (Romanos 4:5). Si queremos interpretar apropiadamente solo el pasaje de Santiago, debemos permitir a todos los versículos relacionados que se encuentran en la Escritura, que orienten a ese que encontramos en la epístola, en lugar de permitirle a ese versículo aislado indicar a todos los demás. Al leer dentro del contexto de todo el capítulo (recordemos el consejo de Greg Koukl de «nunca lea un versículo bíblico»), pareciera que Santiago nos dice que no somos salvos por nuestras buenas obras, sino por *el tipo de fe que produce* buenas obras; esa es una distinción crucial. De acuerdo con Santiago, hay *dos tipos* de fe: una que conduce a una vida santa y a las buenas obras y otra que no lo hace; una está «muerta», mientras que la otra está «viva». Esta interpretación es razonable, pues muchos versículos hablan de la salvación por la fe.

Si queremos ser diestros defensores del cristianismo, necesitamos ayudar a los demás a entender la naturaleza absoluta de la evidencia de lo que estamos afirmando. Las listas y síntesis que describimos en el capítulo anterior con ejemplos excelentes de cómo podemos lograrlo, pero hay un inconveniente en esta estrategia: se requiere que nos familiaricemos con la evidencia para desarrollar la destreza de elaborar excelentes defensas acumulativas; por eso es tan importante disciplinarnos a crear listas ya que los casos acumulativos ameritan su tiempo y energía.

INSTRUCCIÓN #6 DE LA EVIDENCIA:
LOS TESTIGOS SON FIABLES A MENOS QUE SE DEMUESTRE LO CONTRARIO

A través de los años se ha escrito mucho acerca de la confiabilidad (o falta de ella) de los testigos oculares. Cuando un testigo provee información que sustenta la postura de un abogado, lo más probable es que ese abogado argumente sobre la confiabilidad de dicho testigo. Por otra parte, si un testigo provee información perjudicial para el punto de vista del abogado, probablemente el abogado argumente contra la falta de confiabilidad del testigo. En lo particular, he sido auxiliado y perjudicado por los testigos oculares y he aprendido una lección importante: examine a su testigo y confíe en él *–si* es que pasa la prueba.

En mi libro *Cristianismo: Caso resuelto*, planteo un formulario que consta de cuatro partes (derivado de las Instrucciones para el Jurado del estado de California) para la evaluación de los testigos oculares. Si se puede establecer que, (1) un testigo verdaderamente estuvo presente para ver el suceso, (2) corroborar (aún de manera limitada) por otro testigo o por evidencia adicional, (3) no ha cambiado su historia y ha sido honesto y preciso todo el tiempo, y (4) no tiene una inclinación que lo lleve a mentir; entonces puede considerar confiable a su testigo.

Al presentar la defensa del cristianismo a sus amigos y familiares, tome un tiempo para explicar la razón por la cual usted confía en los relatos de los Evangelios. Aprenda todo lo que pueda de estos cuatro aspectos de la confiabilidad de los testigos oculares de tal forma que pueda instruir a los demás y ayudarlos a comprender una verdad muy importante: un testigo ocular puede equivocarse en un detalle en particular y aún así ser considerado un testigo confiable. Las instrucciones para el jurado comúnmente hacen referencia a este punto:

> No rechace automáticamente un testimonio solo por presentar inconsistencias o conflictos. Considere si esas diferencias son importantes o no, pues a veces las personas, honestamente olvidan algunas cosas o cometen errores en cuanto a lo que recuerdan. De igual manera, dos personas pueden presenciar el mismo evento y aún así ver o escuchar cosas diferentes.[10]

Guía para la comunicación del análisis forense de la fe:

ELABORE LA DEFENSA DE LA POSICIÓN DE UN TESTIGO OCULAR

Los escépticos de los Evangelios, por lo regular niegan la descripción de los Evangelios como relatos de testigos oculares, pues prefieren considerarlos como cuentos de ficción, y esa es otra razón importante por la cual debemos estar preparados con la visión basada en la evidencia de los autores de los Evangelios, así como con una fe que está lista para su análisis forense.

Regrese al capítulo 1 y repase la sección de los «Emisarios de la evidencia» para prepararse y elaborar el caso desde el punto de vista de los autores de los Evangelios como testigos oculares. ¿Puede nombrar tres de las cuatro razones del por qué los primeros cristianos creían que, efectivamente, los autores de los Evangelios fueron testigos oculares? Cuando se encuentre listo, le invito a dar un repaso al formulario de cuatro partes de la confiabilidad de los testigos oculares en mi libro *Cristianismo: Caso resuelto*, así podrá dar el siguiente paso al defender la veracidad de estos testigos del evangelio.

Como cristiano, afirmo la infalibilidad de las Escrituras. Yo no creo que los autores de los Evangelios se hayan equivocado en sus declaraciones, y tampoco creo que hay errores en el contenido bíblico a pesar de que pueda parecer que hay algunas «contradicciones» a los ojos de aquellos que no están familiarizados con el testimonio de los testigos. Así que, cuando presento el caso a quienes critican la evidencia de los testigos oculares, «bajo un poco el nivel» y les proveo las instrucciones para el jurado que describimos en las líneas anteriores. Gracias a estas instrucciones legales, y aún si no creyese que los Evangelios están libres de error, *todavía así* constataría que son *fiables y dignos de toda confianza*.

Ayude a quienes trata de alcanzar a poner en práctica la evaluación de los testigos oculares, y mientras lo hace, tome un tiempo para instruirles acerca de los tres atributos importantes de testigos oculares *fiables* y *verdaderos*. Puede que estas características parezcan «desconcertantes» al principio, pero son todo lo contrario:

Los testigos oculares fiables rara vez coinciden en algo

La perspectiva es muy importante y no es solo la proximidad física la que determina lo que un testigo vio o no vio. Si usted se encuentra frente al revólver de un ladrón, tenderá a perder de vista ciertos detalles que son detectados por un testigo que se encuentra del otro lado de la habitación. Hay muchos factores que contribuyen a nuestra perspectiva en una situación, incluyendo la posición física, experiencias anteriores, qué tan familiarizado se esté con un aspecto de la escena del crimen y nuestra condición física emocional y psicológica. No hay dos personas iguales y, por lo tanto, dos personas no experimentan precisamente lo mismo durante una determinada situación. No entre en pánico, es muy normal; de hecho, si tres testigos diferentes le dan los mismos detalles, entonces desconfíe.

Los testigos oculares fiables dan lugar a dudas

Como lo mencioné en el capítulo anterior, por lo regular, los testigos oculares causan más preguntas que respuestas y esto lo vemos en los juicios criminales, y también lo he demostrado en los reportes bíblicos; es por eso por lo que es muy valioso contar con varios testigos, especialmente cuando proporcionan diferentes perspectivas al caso y proveen «apoyo involuntario» a los otros testigos oculares. Así que, no se preocupe por las diferencias; al contrario, *utilice* esas diferencias para obtener una mejor comprensión de lo que sucedió ya que, en ocasiones, los reportes desiguales son los que nos permiten tener una comprensión más profunda y mayor seguridad.

Los testigos oculares fiables a veces se equivocan

Lo he visto en muchas ocasiones a lo largo de mi carrera, los testigos son personas, y las personas cometemos errores. No he conocido a un testigo inequívoco; todos se equivocan en *algo*. Si para condenar a un acusado se requiriera tener testigos infalibles, entonces no podríamos procesar a *nadie* por *nada*. Cuando examine la confiabilidad de un testigo ocular y encuentre varios errores factuales, tome un momento para (1) determinar si el aspecto erróneo de la declaración tiene relevancia en los aspectos más amplios del caso, y (2) comprenda el por qué el testigo se equivocó en ese detalle. ¿Habrá sido el estrés de la situación la causa del error en ese detalle? Ese error ¿cambia o elimina la validez del testimonio, o hace una diferencia en el caso en general? ¿Hay fuentes adicionales que se puedan consultar para remediar esa discrepancia? Tome un momento para resolver el asunto antes de desechar por completo el testimonio.

Si usted instruye a su jurado acerca de la naturaleza de los testigos oculares antes de presentarles los Evangelios como recuentos de testigos oculares, se anticipará a las objeciones que pudieran surgir y establecerá el fundamento de por qué usted confía en lo que la Biblia dice de Jesús.

El jurado, a lo largo del juicio criminal, recibe instrucciones indirectas de los abogados, e instrucciones directas del juez. Sin estas instrucciones, el jurado sería incapaz de entender qué cosas cuentan como evidencia o de que forma evaluar dicha evidencia, al momento de tomar una decisión. Las personas que lo escuchan también necesitan instrucciones; tómese el tiempo de aprender acerca de las características de la evidencia y de esta forma obtener la capacidad de transferir el conocimiento a los demás cuando presente la defensa. Instruya a su «jurado».

PRINCIPIO #3 DE LA FE LISTA PARA SU ANÁLISIS FORENSE: PRESENTE SUS ALEGATOS INICIALES CON ENTUSIASMO

Nunca olvidaré un caso que presentamos hace muchos años en el cual trabajó un fiscal quien estaba ejerciendo su primer año; era excepcionalmente inteligente y elocuente, durante la preparación del caso llegué a emocionarme pensando todo lo que este joven abogado lograría ante el jurado, sin embargo, una vez que se puso de pie y comenzó con los alegatos iniciales, mis expectativas decayeron.

Tener capacidad intelectual o estar preparado académicamente es una cosa, pero tener seguridad y entusiasmo para trasmitir ante una audiencia, es otra muy diferente. Una conocida empresa de encuestas preguntó a los estadounidenses cuál era su mayor temor: el temor a las serpientes resultó en primer lugar, hablar en público quedó en segundo y en tercer lugar el temor a las alturas[11]. Mi joven colega puede dar fe a la dificultad que tienen muchas personas al tratar de comunicar a los demás lo que creen, especialmente en los primeros minutos.

A lo largo del tiempo he conocido a grandes oradores en la oficina de la fiscalía, muchos de ellos son mis mejores amigos. John Lewin, asistente del fiscal, es tal vez uno de los mejores comunicadores que conozco, pero no siempre fue un orador seguro y entusiasta. Conocí a John al principio de nuestras carreras, *sus* primeros casos importantes también fueron los *míos*. Fui testigo de su desarrollo como comunicador, y hoy puedo citar sus características más sobresalientes. Todo juicio comienza con los alegatos iniciales de los abogados de ambas partes y John se especializa en la «primera impresión»; sus alegatos iniciales entusiastas se ganan el respeto y atención del jurado de *manera inmediata*.

Jesús comunicaba perfectamente sus «alegatos iniciales». Nadie capturaba la atención y la imaginación de las multitudes como Jesús y eso inspiraba a sus seguidores; aun sus adversarios eran confrontados y convencidos por ellas. Un día, mientras estaba con Jacobo, Juan y Andrés en el Monte de los Olivos, Jesús comenzó a hablarles del futuro:

—Tengan cuidado de que nadie los engañe —comenzó Jesús a advertirles—. Vendrán muchos que, usando mi nombre, dirán: «Yo soy», y engañarán a muchos. Cuando sepan de guerras y de rumores de guerras, no se alarmen. Es necesario que eso suceda, pero no será todavía el fin. Se levantará nación contra nación, y reino contra reino. Habrá terremotos por todas partes; también habrá hambre. Esto será apenas el comienzo de los dolores. (**Marcos 13:5–8**)

¿Cree que los alegatos iniciales hayan capturado la atención de los discípulos de Jesús? Esas fueron las primeras palabras de lo que se conoce como el Sermón del Monte, uno de los discursos más poderosos y conocidos de Jesús.

Jesús comenzó dramáticamente su presentación pues él conocía el poder que tiene los «alegatos iniciales».

Como defensor del cristianismo, no aspiro a articular una apertura como la de Jesús; me conformo con algo parecido a lo que mi compañero John Lewin ha logrado en su carrera como fiscal. Si buscamos aprender de John y de otros abogados como él, podemos mejorar drásticamente nuestros «alegatos iniciales».

Practique su presentación

Entre más experiencia tenía John, sus aptitudes mejoraban. La mayoría de nosotros reconocemos el valor que tiene la práctica. John practicaba indirectamente su oficio, aun cuando no se encontraba frente a un juez. Nos reuníamos varias veces antes de cada juicio para estudiar la evidencia y ver cuál era la mejor forma de presentarla. En esas sesiones analizábamos las diferentes maneras en las que él podría

Guía para la comunicación del análisis forense de la fe:

ENCUENTRE DÓNDE PRACTICAR

En la época que carecía de experiencia como defensor del cristianismo, buscaba siempre oportunidades para practicar frente a un público bastante reducido, así que comencé en mi automóvil, conmigo. Escuchaba grabaciones de apologistas cristianos exitosos, particularmente los debates entre cristianos y escépticos. Luego que una de las partes terminaba su presentación, apagaba el audio y ensayaba cómo responder a su argumento, o practicaba repitiendo lo que acababa de escuchar.

Encuentre dónde practicar; ya sea solo en su automóvil, como lo hice yo, o interactuando con sus amigos durante la cena. Mientras más aprenda estando a solas, mejor será su experiencia frente a sus amigos y familiares.

dar sus alegatos iniciales. John consideraba todas sus posibles estrategias, las refinaba y pedía mis aportaciones como su «crítico» más severo (pero más asertivo), pues él sabía que podía confiar en mí, y, entre más razonábamos acerca de la importancia de algunas piezas específicas de evidencia, la declaración de John se refinaba y perfeccionaba.

Hay muchas formas en las cuales usted puede practicar para presentar la defensa del cristianismo. Mucho antes de que yo comenzara a hablar en público, comencé a pulir mis habilidades de exposición de manera muy informal en la mesa del comedor de mi casa con la ayuda de mi buen amigo Dirk Ringstad. Yo sabía que podía confiar en Dirk como *mi* «crítico» más severo (pero más asertivo). Pasábamos horas conversando acerca de las doctrinas del cristianismo y el valor de algunas

piezas específicas de evidencia cristiana. Mis hijos pequeños nos escuchaban debatir y «practicar» la defensa y hasta este día lo recuerdan. Si desea refinar sus habilidades de exposición, comience *hoy*; empiece con simples conversaciones, luego, cuando se sienta preparado, ofrézcase de voluntario para enseñar una clase en su iglesia o grupo de hogar. Cualquier escenario es una oportunidad para practicar; entre más enseñe y converse del tema, verá más desarrollo y crecimiento en sus habilidades.

Proteja su primera impresión

John conoce muy bien lo poderosa que es la primera impresión, y sabe que no comienza con los alegatos iniciales. Para cuando el jurado conoce el caso por medio de la declaración de John, ellos ya habrán pasado muchas horas observando y escuchándolo. El jurado es un público cautivo y observan a los abogados durante la selección de los miembros del panel, en los pasillos antes de esa selección y en los periodos de descanso entretanto se desarrolla el proceso. John sabe que los ojos y oídos de los miembros del jurado siempre están sobre él, así que es muy cuidadoso de su comportamiento y sus palabras para evitar poner en riesgo su habilidad de establecer una conexión con ellos.

Debe saber que su «jurado» también lo observa mucho antes de que usted tenga la oportunidad de compartirle la verdad acerca de Jesús. Espero que haya protegido su primera impresión, pues esta ya comenzó. ¿Se ha comportado usted de tal manera, que sus amigos y familiares quieren escucharlo? Su estilo de vida ¿es coherente con su mensaje? Su primera impresión es crucial para obtener el éxito, y esta comienza mucho antes de lo que usted piensa; si ya ha dañado su relación con alguien que está tratando de alcanzar, tome un momento y admita sus faltas, repare las relaciones dañadas y comience de nuevo antes de presentar sus «alegatos iniciales». En cuanto a quienes usted quiere alcanzar recuerde, ya lo está haciendo, aún antes de compartirles lo que ya sabe de Jesús.

Manténgase animado y preparado

A John le encantan las declaraciones iniciales; verdaderamente se emociona al comenzar un juicio y está anhelante a presentar la historia. Para John, los primeros momentos frente al jurado son vivificantes, a él no le da miedo ni ansiedad, ¿por qué?, es que a estas alturas del proceso, ya conoce el caso mejor que cualquier otra persona y sabe exactamente lo que le dirá al jurado. John se encuentra totalmente *preparado*, y gracias a su preparación se siente *entusiasmado*.

Como defensor del cristianismo, sé que no siempre es fácil comenzar, pues las conversaciones espirituales pueden llegar a ser intimidantes. Una manera de vencer la ansiedad es poner en práctica lo que hace John; dominar la defensa y saber de que manera quiere comenzar. Hace varios años conocí a un joven llamado James Boccardo; escribió un libro titulado *Unsilenced: How to Voice the Gospel* [No se quede callado: Cómo comunicar el evangelio]. James era un excelente iniciador de conversaciones espirituales; su estrategia en cuanto a los alegatos iniciales estaba al nivel de mi amigo John; James era animado, lleno de entusiasmo, ¿por qué?, él sabía exactamente la manera en la que deseaba iniciar la conversación y estaba preparado para responder a cualquier pregunta. James casi siempre empezaba sus conversaciones preguntando: «¿Y qué piensa usted que sucederá cuando muera?». Esta sencilla pregunta daría pie a extensas conversaciones acerca de la vida, la vida después de la muerte y la existencia de Dios; James dominaba todas las posibles respuestas de dicha pregunta y estaba preparado para proveer una respuesta independientemente de la dirección que tomara la conversación (si tiene la oportunidad lea el libro de James).[12] James estaba *animado* pues se encontraba totalmente *preparado*.

Recientemente conocí a un hombre en una conferencia, quien utilizaba sus «alegatos iniciales» de una forma diferente pero igualmente efectiva. Grover Peterson ha tenido miles de conversaciones, las cuales han guiado a mucha gente a los pies de Cristo. Él es valiente y muy animado a comenzar este tipo de conversaciones con gente desconocida ya que tiene preparado sus «alegatos iniciales». Normalmente, Grover se acerca a las personas y menciona algún objeto que se encuentre al alcance en ese momento (como un reloj o un bolígrafo), luego dice: «Todo en esta vida fue diseñado para cumplir una función y un propósito, ¿cuál es el *suyo*?». Esta pregunta de apertura, tan sencilla, interesante e inofensiva le ha dado la oportunidad de comenzar muchas conversaciones espirituales; algunas de ellas ayudan a la gente a reflexionar acerca del diseño y propósito de sus vidas, y otras terminan con la presentación del Evangelio. Grover permanece animado para exponer sus «alegatos iniciales», pues está *preparado*.

Haga promesas que pueda cumplir

Una de las cosas más importantes que he aprendido de John en todos estos años es el valor que tiene el *cumplir las promesas*. Cuando John da sus alegatos iniciales, presenta de manera detallada todo lo que sabe del caso y la razón por la cual la evidencia indica la culpabilidad del acusado. Los alegatos iniciales de John básicamente son una *promesa*, pues hace una afirmación acerca del acusado, y luego toma el compromiso que, durante el juicio, sustentará tal afirmación con evidencias. Él no exagera pues sabe que tendrá que *cumplir* con todo. Si John cumple sus promesas, lo más probable es que triunfe.

Si está elaborando la defensa para presentársela a sus amigos y familiares, asegúrese de cumplir sus promesas, nunca cite algo que leyó en la Internet, lo cual usted no ha investigado a profundidad. Anticipe que su público comprobará todo lo que usted diga, y prepárese con sus recursos; también, cuide de no exagerar el caso, ya que la evidencia que sustenta al cristianismo es lo suficientemente robusta y no hay necesidad

Guía para la comunicación del análisis forense de la fe:

MEMORICE SU «DECLARACIÓN DE IMPULSO»

Si ya le ha presentado la defensa del cristianismo a los escépticos, probablemente habrá notado lo fácil que es utilizar situaciones previas exitosas. Cuando descubrimos una estrategia que nos funciona, tendemos a repetir la estrategia.

Aproveche esta tendencia; piense en el impulso que eso le da y en lo que puede lograr con sus alegatos iniciales. Muchos se refieren a esto como «un discurso de ascensor»; imagine que se encuentra dentro de un ascensor con alguien a quien está tratando de convencer, y tiene hasta el décimo piso para lograrlo; es una oportunidad muy corta para persuadirlo con la defensa, ¿cómo empezaría? Analice sus opciones y lo que le ha funcionado en el pasado, luego memorice esa estrategia (también la puede escribir) practique y perfecciónela.

de adornarla. Si uno de nuestros jurados sorprendiera a John exagerando acerca de una pieza de evidencia, tendría todo el derecho de suponer que también exageró en todo lo demás. Teniendo esto en mente, John nunca exagera pues no quisiera socavar la confianza de su público. De la misma manera, es muy importante que tengamos modestia en cuanto a la evidencia al estar presentando la defensa del cristianismo, ya que eso hará que se gane la confianza de su público.

Aproveche el momento

John considera que sus alegatos iniciales son, tal vez, el momento más importante del juicio. Su meta es simple: presentar una síntesis sobresaliente del caso; exhaustiva, intelectualmente robusta y emocionalmente poderosa. Lo que John espera es *inundar* al jurado con toda la evidencia; él entiende un principio muy importante de todo juicio: Si se gana la confianza del jurado desde el principio, todo lo que deberá hacer es mantenerlos de su lado, pero, si desde el inicio no logra la confianza del panel, todo el juicio tendrá que «perseguirlo». La importancia del *momento* es crucial para las declaraciones iniciales; es por eso que las aperturas de John son *sobresalientes* y *poderosas*.

Si su objetivo es alcanzar a un amigo o familiar, como defensor del cristianismo, deberá considerar el momento. Ryan Moore, un amigo mío, me compartió acerca de una conversación que tuvo con un ateo en la universidad; este escéptico le dijo a Ryan que la existencia de la maldad demostraba la *inexistencia* de un Dios omnisciente y amoroso. Esta persona desafió a Ryan para que le mostrara una pieza convincente de evidencia *de* la existencia de Dios. Ryan identificó el momento para sus «alegatos iniciales». Luego de una breve pausa, mi amigo le dijo que, *la maldad* era la mejor evidencia de la existencia de Dios; «cuando algo se puede describir como verdadero (y trascendentalmente) malvado, inconscientemente se está reconociendo la existencia de una medida trascendental de bondad que es verdadera y objetiva. Pero, si no hubiera un Dios objetivamente bueno y trascendental que funcionara como medida, entonces la «maldad» no es mas que una opinión simplemente personal ya que, *la verdadera maldad* requiere de una *medida verdadera de bondad* contra la cual determinarse. Es por eso que, la maldad es la evidencia *de* la existencia de Dios». Ryan expuso sus alegatos iniciales exhaustivamente, intelectualmente robusta y emocionalmente poderosa, y lo hizo en menos de un minuto; aprovechó el *momento* para dar su apertura.

No subestime la importancia de un inicio acertado, y recuerde que todas las conversaciones acerca de Jesús comienzan mucho antes de que presente la defensa de manera audible. Tiene el tiempo para pensar en la manera que se acercará a las personas, desarrolle desde ahora el carácter que se requiere para ganar la confianza de su público y practique lo que tiene que decir. Prepárese desde hoy para exponer con entusiasmo sus alegatos iniciales.

PRINCIPIO #4 DE LA FE LISTA PARA SU ANÁLISIS FORENSE:
PRESENTE PODEROSAMENTE LA EVIDENCIA

Habiendo completado las declaraciones iniciales, llega el tiempo de que cada abogado sustente sus afirmaciones mediante la evidencia. Los abogados comprenden que probablemente el jurado no se fíe de sus declaraciones iniciales si estas no están sustentadas con evidencias. La parte de «la presentación de la evidencia» en un juicio permite a los abogados la oportunidad de hacerlo.

Jesús también percibió las expectativas de su público; él sabía que era posible que no se fiaran de sus afirmaciones si no estaban sustentadas con evidencias y esta es una de las razones por las que Jesús realizó tantos milagros; con esto expresó a su audiencia que tales milagros verificaban sus afirmaciones de deidad (Juan 10:25) y advirtió a aquellos que se negaban a creer la evidencia de sus milagros (Lucas 10:13-16). A lo largo de su caminar, Jesús realizó al menos treinta y siete milagros; veintidós de ellos, aproximadamente, fueron registrados por Mateo, veinte por Marcos, veintiuno por Lucas y ocho por Juan quien manifestó que los había registrado «para que ustedes crean que Jesús es el Cristo, el Hijo de Dios, y para que al creer en su nombre tengan vida» (Juan 20:31). Jesús dominaba la «presentación de la evidencia».

Los defensores del cristianismo también deben estar preparados para presentar la evidencia de lo que creen al exponer la defensa misma. A través de los años he observado a «excelentes presentadores de la evidencia criminal», y todos ellos tienen atributos similares. Si usted está dispuesto a adoptar estos sencillos principios, mejorará su habilidad para presentar la evidencia cuando exponga la defensa.

Sea discreto y cortés

La presentación de la evidencia es la porción más larga de un juicio; puede llevar semanas o incluso meses para que ambas partes concluyan la presentación. Durante este período extenso el jurado tendrá oportunidad de evaluar cada aspecto de los abogados, incluyendo su carácter; por esta razón, es sumamente importante evitar la arrogancia, ya que, los comunicadores más efectivos son: corteses, agradables y modestos; se ríen de sí mismos y bajan la guardia en el momento apropiado, son *discretos*. Además, son corteses pero contundentes. Los miembros del jurado esperan que los testigos sean tratados con cortesía, aún cuando ese testigo testifique contra las afirmaciones del abogado en cuestión. Cada testigo deberá ser tratado con dignidad, a menos que se retracten o contradigan por mentir. Incluso cuando eso pasa, los abogados astutos deben permanecer ecuánimes al exponer los motivos del testigo mentiroso. El carácter es muy importante. Se sabe que, en ocasiones, el jurado toma su decisión en base a *su percepción del abogado*, en lugar de *lo que piensan de la evidencia*.

Sus conversaciones acerca del cristianismo puede que también se prolonguen. Algunas de mis interacciones con amigos y familiares se han extendido por *años*. A mi «jurado» le ha tomado mucho tiempo evaluar mi carácter, así que, debo asegurarme de que la confianza que me da la evidencia que tengo no se traduzca en arrogancia repulsiva y este es un peligro constante, especialmente cuando interactuamos con las personas por la Internet. El movimiento del Nuevo Ateísmo está lleno de embajadores agresivos quienes se enfurecen rápidamente y están prestos para ridiculizar a los demás. Al interactuar con estos críticos hostiles del cristianismo, resulta muy tentador «pagar con la misma moneda», pero no lo haga, mantenga su sentido del humor, sea cortés aun cuando descubra que alguien está mintiendo, no responda a la arrogancia con más arrogancia, aprenda a recibir algunos golpes sin perder la sonrisa pues, haciendo esto, usted será más agradable y se convertirá en un comunicador más efectivo. El objetivo es que sus amigos y familiares tomen una decisión en base a *lo que ellos piensan de la evidencia*, y no a *la percepción que tienen de usted*.

Sea accesible

A veces los aspectos técnicos de un juicio pueden llegar a ser abrumadores para el jurado; los expertos en ADN, los expertos en tejidos o los psicólogos expertos en comportamiento, no siempre tienen el don de la comunicación al explicar en términos sencillos sus hallazgos, así que, los abogados tienen el trabajo de ayudar a estos expertos a evitar usar lenguaje esotérico o exclusivo de su rama de experiencia. Los abogados deben auxiliar a los expertos a traducir su testimonio de una manera comprensible para los miembros del jurado; la accesibilidad

Guía para la comunicación del análisis forense de la fe:

ELIMINE SUS «MODISMOS CRISTIANOS»

Le he dado ejemplos de palabras que los cristianos usan en sus conversaciones con otros cristianos, las cuales son confusas y hasta ofensivas para los escépticos. Le recomiendo que, en las próximas semanas se sensibilice de sus propios «modismos cristianos».

Analice sus conversaciones con otros cristianos y haga una lista de todas aquellas palabras que necesita traducir, anote sustitutos o variaciones de estas que sean accesibles, y haga el esfuerzo de cambiar la forma en que se comunica, enfocándose menos en los que sí comprenden el cristianismo y más en los que no lo hacen.

es clave. Los buenos comunicadores hablan de manera sencilla para que las personas puedan comprender, evitando usar terminología especializada, confusa y enigmática.

Los defensores del cristianismo también debemos ser buenos traductores. Al investigar para escribir mi libro *God's Crime Scene* [La escena del crimen de Dios], me di cuenta de forma inmediata del desafío al que me enfrentaba como traductor; ¿cómo podría comunicar conceptos filosóficos tan extraordinariamente complejos sin perder la atención del público al que me dirigía? Sabía que no podía sencillamente citar textualmente las fuentes; necesitaba encontrar una forma para evitar usar un lenguaje técnico y misterioso, traduciendo las declaraciones para comunicar de una mejor manera utilizando analogías accesibles e historias con los que las personas pudieran relacionarse. Si está tratando de compartir la verdad del cristianismo con un amigo o familiar, también deberá evitar usar *lenguaje cristiano* esotérico, ya que los cristianos tienen su propia terminología, la cual necesitan traducción, a continuación, menciono algunos de ellos:

Guía para la comunicación del análisis forense de la fe:

IDENTIFIQUE SUS INTERESES

Todos estamos diseñados y programados de diferente manera y Dios utiliza nuestros dones y talentos en conjunto para alcanzar sus objetivos. Sus propios intereses son la clave para comunicarse de manera exitosa, pero antes, deberá identificar aquello que a usted le apasiona.

Tengo un colega, quien es doctor, y cuando se hizo cristiano, comenzó a presentar la defensa de la resurrección en base a sus conocimientos de la sintomatología de la muerte. Mi amigo utilizó aquello que le apasionaba para encontrar evidencias y de esa manera presentar la defensa de la resurrección basándose en su experiencia médica. ¿Puede identificar lo que a usted lo apasiona? ¿De qué manera, lo que le apasiona, determinará la manera de presentar la defensa del cristianismo?

«Nacido de nuevo». Este término es muy conocido, pero no muy bien comprendido por los escépticos. En mis días de ateo, yo no sabía bien el significado de esta frase «nacer de nuevo», este término necesita traducción para aquellos que no están familiarizados con el lenguaje cristiano, una opción tal vez sería: «Reconsidere su condición ante el Dios Santo, acepte el perdón que Jesús le ofrece y comience una vida nueva como cristiano».

«Necesita arrepentirse». Como ateo consideraba que esta expresión era arcaica y ofensiva; sonaba como un arma medieval e insinuaba que yo era malo, mucho antes de que entendiera mi propia maldad. Una posible traducción sería: «Usted y yo a veces podemos ser "buenos", sin embargo, no somos perfectos. Si Dios es todopoderoso, significa que él sí es perfecto, y la

única forma en la que criaturas imperfectas como usted y yo, podamos acercarnos a un Dios que es perfecto, es aceptando el perdón que él nos ofrece por nuestra imperfección».

«Invitar a Jesús a entrar a mi corazón». Esto suena confuso, ingenuo y emocional. Sabemos que la gente invita a su novio o novia a entrar a su corazón, pero ¿qué relación tiene esta frase con Dios? Una sugerencia de traducción sería: «Cuando admitimos nuestras imperfecciones, creemos que Jesús murió en la cruz para pagar por todas nuestras faltas y aceptamos su sacrificio, entonces podemos empezar una nueva relación con Dios».

«Ser lavados con la sangre del Cordero». Para mí, un detective de homicidios totalmente escéptico, esta expresión me dejaba con muchas imágenes mentales que no tenían nada que ver con Dios. Quizá esta traducción ayude: «La muerte de un hombre perfecto (Jesús), nos brinda perdón a todos».

«Ser santificados». Mucha gente piensa que, la palabra «santificado» se parece mucho a «santurrón», y raramente usamos el término fuera de nuestros círculos cristianos. Puede que esta traducción nos guíe hacia la dirección correcta: «Las personas que no son egoístas, son personas que viven agradecidas. Los cristianos que entienden el valor del perdón, con el tiempo cambian su manera de ser y de vivir».

Sea estratégico

No todas las evidencias son iguales. Los abogados deben decidir cuales serán presentadas al jurado, igualmente que evidencias serán excluidas. Deben decidir los testigos a quienes llamarán (y aquellos que no) al estrado, esto simplemente porque no todas las piezas de evidencia o posibles testigos tienen la misma importancia en un caso. Los abogados necesitan decidir las cosas que van a resaltar y las que van a minimizar. Estas evidencias ¿son algunas confusas en lugar de persuasivas? ¿nos perjudican en lugar de ser convincentes? Por otro lado, los abogados deben además decidir sobre los expertos necesarios para ganar el caso; algunos casos requieren de doctores, médicos forenses, expertos en ADN, expertos en materiales de evidencia o especialistas en armas de fuego. Un buen comunicador delimita estratégicamente los tipos de evidencia que presentará y selecciona cuidadosamente a los expertos que llamará.

Al tomar la decisión de aceptar mi deber como defensor cristiano, me sentí intimidado por las múltiples disciplinas de las cuales podría elaborar la defensa del cristianismo. Esto ocurrió ya en mi vida de adulto y me encontraba muy ocupado desarrollando mi labor como detective de homicidios; no sabía de que manera encontraría el tiempo para dominar toda la filosofía y la ciencia, así que decidí *especializarme*. Escogí la línea de evidencia que más me interesaba y pasé el tiempo necesario aprendiéndolo todo. Como oficial de policía, resonaba en mí el argumento de la existencia de Dios considerando las verdades morales objetivas (comúnmente conocidas como razonamiento axiológico). A continuación, le doy un buen ejemplo de cómo puede formularse este argumento:

1. Si Dios no existiera, no podrían existir todos los valores morales objetivos.
2. Los valores morales objetivos sí existen.
3. Por lo tanto, Dios existe.[13]

En mi condición de nuevo creyente, me enfoqué en este argumento al presentar la defensa del cristianismo, sin embargo, me llevó mucho tiempo estudiar y aprender a defender las declaraciones de este argumento. ¿Existen las leyes morales objetivas? ¿Acaso estos valores objetivos no podrían venir de una fuente *ajena* a Dios? Sabía que debía expresar la defensa y responder a las objeciones, pero, teniendo solamente un argumento en mi arsenal, mi caso no era tan acumulativo y robusto como hubiera querido, pero fue un buen comienzo. Si desea convertirse en un buen comunicador y no tiene mucho conocimiento de todas las formas de evidencia, limítese estratégicamente el tipo de evidencia que presentará y seleccione cuidadosamente a los expertos que usted utilizará.

Sea un buen interrogador

Cuando los testigos pasan a dar su testimonio lo hacen respondiendo a una serie de *preguntas*. Los mejores abogados, tanto de defensa como fiscales son excelentes interrogadores. De hecho, si los abogados no hacen las preguntas adecuadas durante el interrogatorio directo, el jurado no

Guía para la comunicación del análisis forense de la fe:

COMIENCE UN PROCESO DE DESCUBRIMIENTO

Si quiere saber lo que dirá o hará la otra parte «en la corte», necesita «descubrir» usted mismo. Créame, la contraparte lleva tiempo escuchando los puntos de vista cristianos, pero ¿se ha tomado *usted* el tiempo para escuchar lo que la cultura de *ellos* tiene qué decir?

Un amigo mío que se encontraba algo frustrado, me dijo recientemente que le molestaba ver la trayectoria del país y la secularidad creciente al punto de querer abandonarlo todo. Si usted también se siente de ese modo, permítame animarle, ya que este no es el momento para emprender la retirada, sino que es el mejor momento para hacer «descubrimientos» de las voces opositoras para usarlos en su propia preparación. Lea los periódicos, revistas y sitios de la Internet que representan las visiones escépticas y opuestas al cristianismo. *Escuche* lo que ellos están diciendo, pues haciendo esto, se podrá anticipar a las objeciones y elaborará una defensa preventiva.

obtendrá la información que necesita para llegar a un veredicto. Los abogados interrogan a los testigos de manera muy deliberada; primero hacen preguntas muy agudas para entender lo que el testigo está afirmando y exponer una posible inclinación; además escuchan cuidadosamente para encontrar cualquier contradicción o inconsistencia y, finalmente, señalan las discrepancias en el testimonio para corregir malentendidos, o para resaltar tergiversaciones. Un buen comunicador hace buenas preguntas y permite que las respuestas indiquen el curso de esa parte del juicio.

Si usted desea ser un buen defensor del cristianismo, necesita comprender el valor que tiene un buen interrogatorio. Nadie entiende mejor esto que Greg Koukl (el amigo que le mencioné en el capítulo anterior); su libro *Tácticas: Un plan de acción para debatir tus convicciones cristianas* es el mejor manual de instrucciones con referencias para entablar buenas conversaciones cristianas. Greg es un gran admirador del detective Columbo, el famoso detective ficticio interpretado por el actor Peter Falk de la década del 70. Columbo era constantemente subestimado por quienes interrogaba, sin embargo, él escuchaba cuidadosamente las respuestas y de esta forma resolvía todos los casos. Inspirándose en el detective Columbo, Greg sugiere que todo defensor cristiano debería hacer dos preguntas importantes a cualquiera que haga una declaración acerca del cristianismo o de Dios: (1) ¿Qué quiere usted decir con eso? y (2) ¿Por qué cree usted que es cierto? Estas dos sencillas preguntas le ayudarán a esclarecer lo que su interlocutor cree y la razón por la cual lo cree.

Cuando reciba las respuestas a estas dos preguntas, escuche cuidadosamente los atributos de la verdad. La verdad no es algo difícil de reconocer, así como las ideas que son falsas, son aún más fáciles de identificar. En mi libro *God's Crime Scene* [La escena del crimen de Dios], describí tres características de la defensa errática. La actitud de los abogados al encontrarse en situaciones tratando de defender algo que no es verdad reaccionan con una de estas posiciones: (1) hacen una afirmación que no está sustentada por la evidencia, (2) redefinen, de manera errática términos clave para que se ajusten a su argumento, o (3) hacen declaraciones que son inconsistentes e ilógicas. Busque estas tres características en las conversaciones con sus amigos y esté preparado para señalar los errores con toda gentileza y respeto.

Por ejemplo, en una conversación que tuve recientemente con una amiga, usé dos preguntas al estilo «Columbo» para ayudarle a reflexionar acerca de su postura; esta persona expresó que toda su vida, ha estado a favor del derecho a elección de la mujer, a lo cual le pregunté: «¿a qué te refieres con "a favor del derecho a elección"?». Ella me contestó que creía que las mujeres deberían tener el derecho de hacer lo que quisieran con su cuerpo, incluyendo abortar. Inmediatamente le pregunté: «En tu opinión, ¿qué es un no nacido?».

Me contestó: «Bueno, no creo que sea una persona, si a eso te refieres». Luego le hice la segunda pregunta: «¿Y por qué piensas eso? ¿Por qué crees que los no nacidos no son personas?».

«Porque no son seres humanos independientes, dependen completamente de sus madres para sobrevivir». A este punto de la conversación, tuve una opción; reconocí que ella estaba redefiniendo erráticamente lo que significa ser una persona, así que, en ese momento pude haber hecho una refutación en base a mi opinión o bien, simplemente decirle que estaba equivocada; sin embargo, quería ser amable y respetuoso, así que usé algunas preguntas para señalar el error en su ideología: «Pareciera como si estuvieras diciendo que la autonomía y dependencia física fueran la base de la identidad humana, ¿te estoy entendiendo bien? Y si es verdad entonces, ¿los adultos mayores y los que han sufrido alguna discapacidad y dependen de una silla de ruedas para moverse, o requieren diálisis también se les debería considerar como menos humanos que los demás? ¿El nivel de dependencia determina entonces si alguien es o no es una persona?». Lo que yo pretendía era ayudarla a darse cuenta de su error de la manera menos agresiva posible, y esto se puede lograr con un buen interrogatorio.

Sea prevenido

Antes de comenzar un juicio, cada parte le otorga información a la parte contraria de los testigos que llamarán y las evidencias que serán presentadas durante el juicio. Este intercambio de información se conoce como «descubrimiento de pruebas» y fue diseñada para prevenir que una de las partes le tienda una «emboscada» a la otra cuando ya sea demasiado tarde para obtener evidencia rebatible o formular una respuesta. El descubrimiento de pruebas permite, a ambos lados, conocer la defensa de la contraparte *antes* de comenzar el juicio; es por esto que, un buen fiscal piensa precavidamente y hace su tarea con respecto a la defensa de la oposición y el equipo al que se enfrentará durante el juicio pues, mientras mejor comprendan el modo de pensar y actuar de su oponente, mejor podrá *anticiparse* a las objeciones y estrategia elaborada por el adversario. El fiscal por lo regular aborda la evidencia de la oposición (al menos indirectamente) aún antes de que la defensa llame a un testigo, y planean estratégicamente la manera en que responderán a cualquier objeción que surja. Luego del descubrimiento de pruebas, evalúan lo que saben acerca del equipo de defensa. Un buen fiscal actúa *precavidamente* y *anticipa* las objeciones.

Desafortunadamente, no existe un proceso formal de «descubrimiento de pruebas» en nuestras conversaciones espirituales; si queremos saber anticipadamente lo que nuestros amigos y familiares van a decir, es necesario tomarse el tiempo para conocer y amar a nuestro público, preparándonos para responder a cualquier pregunta posible. Esta no es una tarea fácil, pero entre más lea acerca de las declaraciones del ateísmo y entre más tiempo pase entendiendo a su público, tendrá mejores posibilidades de actuar precavidamente y anticipar las objeciones. ¿Se informa usted sobre lo que la oposición dice del cristianismo? ¿Ha pensado en cómo respondería a las objeciones más comunes que tiene la cultura? Puede que esa sea el único «descubrimiento de prueba» que usted tenga antes de conversar con los escépticos. ¿Qué tan bien conoce a las personas a quienes comparte la verdad? ¿Ha sido un buen oyente? ¿Conoce las razones por las cuales se inclinen a rechazar al cristianismo, o el recelo que puedan tener de los cristianos? ¿Conoce si sus objeciones son racionales, emocionales o voluntarias? Tome tiempo para familiarizarse con «descubrimiento de pruebas» y evalúe lo que ya sabe de su público para entonces *actuar precavidamente* y *anticipar las objeciones.*

La presentación de la evidencia es el momento del juicio donde se dan a conocer los detalles esenciales; los abogados hacen declaraciones iniciales convincentes y luego pasan el resto del juicio, con la atención de cumplir las promesas que hicieron al proveer la evidencia ante el jurado. Una vez hecho todo esto, cada parte tiene una última oportunidad para convencer al jurado; no por medio de *alegatos iniciales,* sino a través de *alegatos conclusivos.*

PRINCIPIO #5 DE LA FE LISTA PARA SU ANÁLISIS FORENSE: PRESENTE ALEGATOS CONCLUSIVOS DE UNA FORMA CONVINCENTE

Antes de que los abogados le permitan al jurado ir a deliberar en base a todo lo que ha visto y escuchado, hacen un último esfuerzo para convencer a cada miembro del jurado de que su postura es la correcta. Las declaraciones iniciales son un adelanto del caso completo, pero los alegatos conclusivos son la súplica ferviente al jurado para que recuerde todo lo que ha visto y así tomar la decisión correcta.

No es de sorprender que Jesús haya sido excelente en los alegatos finales; luego de su mensaje más célebre: el sermón del monte; Jesús tuvo la oportunidad de dejar a su público un resumen poderoso de lo más importante de sus enseñanzas, he aquí lo que él dijo:

Por tanto, todo el que me oye estas palabras y las pone en práctica es como un hombre prudente que construyó su casa sobre la roca. Cayeron las lluvias, crecieron los ríos, y soplaron los vientos y azotaron aquella casa; con todo, la casa no se derrumbó porque estaba cimentada sobre la roca. Pero todo el que me oye estas palabras y no las pone en práctica es como un hombre insensato que construyó su casa sobre la arena. Cayeron las lluvias, crecieron los ríos, soplaron los vientos y azotaron aquella casa. Esta se derrumbó, y grande fue su ruina. **(Mateo 7:24–27)**

La multitud estaba asombrada pues Jesús enseñaba con toda autoridad haciendo referencia a la importancia de lo que les acababa de enseñar e hizo el llamado a su público a actuar conforme lo que él les había dicho. Jesús comprendía muy bien el valor de «los alegatos finales».

Toda buena película que se desarrolla en una corte incluye siempre los alegatos finales. En lo particular, se me solicitó actuar en la película *Dios no está muerto 2*, donde salí en la escena del juicio como un testigo especializado (testificando acerca de la veracidad de los Evangelios del Nuevo Testamento). Los abogados ficticios en la película: el fiscal Tom Endler y el abogado defensor Pete Kane, dramatizaron la típica escena de la corte que conocemos de las películas, ofreciendo alegatos finales llenos de emoción y entretenimiento. Mientras que los abogados criminales reales no siempre son tan melodramáticos como los que aparecen en las películas, sí podemos aprender mucho de la forma en la que presentan sus alegatos finales, y mucho de lo que aprendamos de ellos lo podemos aplicar a nuestro deber como defensores del cristianismo.

Concluya con toda seguridad

Los buenos comunicadores concluyen sus argumentos con seguridad. Después de investigar y procesar exitosamente a Douglas Bradford (el acusado que describí en el capítulo anterior), a John Lewin se le hizo una pregunta en televisión. Bradford había contratado a Robert Shapiro como su abogado defensor (se hizo muy famoso por ser parte del primer equipo que representó a O. J. Simpson). Cuando ya había terminado el juicio, Keith Morrison, el corresponsal del programa de televisión, le preguntó a John si se había sentido intimidado al enfrentar a Shapiro en la corte, a esto John respondió concretamente que él estaba seguro pues tenía una ventaja sobre Shapiro, ya que John tenía la *verdad*. La seguridad de John provenía de *la certeza de la evidencia* y es mucho más fácil permanecer en calma cuando se tiene la verdad.

Los defensores del cristianismo debemos reflejar la misma seguridad pues tenemos la verdad. Si estamos familiarizados con la evidencia que sustenta nuestro caso, entonces debemos permitir que esa *certeza* refleje *seguridad*. Si alguna vez ha sido dueño de un perro y visitaron un parque para perros, conocerá la diferencia que hay entre un gran danés y un chihuahua; el gran danés camina tranquilo y confiado pues no tiene que demostrar nada ya que es el perro más grande del parque, sin embargo, el chihuahua es de los perros más ruidosos del lugar y, ¿sabe por qué? porque son los más pequeños del parque. Si sabemos que como cristianos tenemos la verdad, nuestra visión es la misma que del «perro más grande»; no hay razón para entrar en pánico ni para enaltecerse o hacer ruido innecesario. Nuestros alegatos conclusivos deben presentarse con toda *seguridad* pues está basado en la certeza de la evidencia.

Sintetice visualmente

Los alegatos conclusivos deben sintetizar la evidencia presentada durante el juicio y aquí podemos ratificar que, una imagen dice más que mil palabras. Al usar imágenes como parte de la síntesis final permite que los miembros del jurado recuerden más fácilmente los hechos, puedan trazar la historia, comprendan la profundidad y la fuerza del caso y les ayuda a llegar a conclusiones razonables.

Normalmente empleamos imágenes como parte de nuestros alegatos finales. En mi libro *Cristianismo: Caso resuelto*, di un ejemplo de un caso acumulativo cuando es presentado *visualmente*. ¿Recuerda usted, en el capitulo anterior, el caso del hombre que fue acusado por asesinar a golpes a su novia? Lo invito a regresar y ver el diagrama que utilicé para resaltar la naturaleza acumulativa del caso. Tal vez usted no sea un ilustrador profesional, pero estoy aseguro que puede preparar una versión muy aceptable en cualquier trozo de papel de este diagrama para ayudar a su interlocutor a comprender la eficacia de la evidencia:

Un caso acumulativo es más obvio cuando es ilustrado que cuando simplemente se ofrece un listado verbal de las evidencias.

Como defensor del cristianismo, sigo apoyándome en imágenes y diagramas para elaborar la defensa. Si me encuentro presentando la defensa del cristianismo en un salón de clases o en un gran auditorio, proyecto mis diagramas e imágenes en una pantalla; si estoy conversando con un amigo en un ambiente más personal, inevitablemente tomo una servilleta o cualquier pieza de papel para darle visualización a la defensa. A continuación un ejemplo de un diagrama de mi libro *Cristianismo: Caso resuelto* que ilustra el caso acumulativo de Pedro como la fuente de información del evangelio de Marcos:

El siguiente diagrama tomado de mi libro *God's Crime Scene* [La escena del crimen de Dios] ilustra los siete factores que debemos considerar al tratar de comprender la razón de Dios al permitir un acto de maldad.

En cada ejemplo se demuestran conceptos complicados con el propósito de establecer la evidencia y los argumentos de forma más clara y convincente.

Ofrezca una impugnación (pero con toda amabilidad y respeto)

Después de los alegatos finales, el fiscal tiene la oportunidad adicional (y final) de dirigirse al jurado en su *impugnación*. En los juicios, el fiscal tiene la última palabra pues tiene el peso de la prueba; en este último discurso ante el jurado, la parte acusadora se enfoca concretamente en los alegatos conclusivos de la parte defensora, lo hace como un último esfuerzo para resaltar las debilidades o incongruencias lógicas de la parte contraria. El fiscal debe ser valiente en sus impugnaciones y referirse directamente a las diferencias que ve en la defensa presentada por la oposición, y a la vez, tener el cuidado de mantener un carácter inofensivo para no marginar al jurado. Este balance tan delicado que hay entre la confrontación acalorada y el carácter profesional, a veces es difícil de medir y mantener, pero es sumamente importante controlarlo, ya que esta es la última oportunidad que tiene el abogado para convencer del vigor que tiene su caso y la debilidad de la respuesta de la parte defensora. Para los fiscales, las impugnaciones son el momento de «ahora o nunca»; su meta simplemente es destacar las debilidades de la respuesta de la parte defensora y darle al jurado algo más intenso para meditar.

Guía para la comunicación del análisis forense de la fe:

SEA CREATIVO

Ahora que ya ha visto varios ejemplos de que formas puede usted ilustrar las afirmaciones de la verdad del cristianismo, dele la oportunidad a su creatividad, no tiene que ser un artista para ilustrar un concepto cristiano.

Practique sus habilidades para diagramar con la siguiente tarea: trate de ilustrar la naturaleza trina de Dios; ya sea con una metáfora que haya escuchado de algún maestro o pastor, o bien intente crear su propio diagrama representando a los tres miembros de la Trinidad. Haga su mejor esfuerzo preparando un diagrama que conserve los aspectos esenciales de la naturaleza de Dios (Dios existe en tres personas, cada una es divina pero las tres forman parte de un solo Dios). No es necesario crear un diagrama muy elaborado; después de tenerlo listo haga una búsqueda en la Internet de imágenes de «diagramas cristianos de la trinidad», encontrará muchos ejemplos con los cuales comparar el suyo.

Muchos de mis amigos cristianos se sienten incómodos «refutando» las declaraciones de sus amigos, compañeros de trabajo y familiares escépticos, pues no quieren ser percibidos como sentenciosos; es más, algunos cristianos piensan que hemos sido *llamados a evitar* las confrontaciones y los juicios o críticas y normalmente citan las palabras de Jesús en el Sermón del Monte:

No juzguen a nadie para que nadie
los juzgue a ustedes. — **Mateo 7:1**

Esta declaración parece ser muy directa y a la vez ambigua, ¿no lo cree? Recuerde el principio que vimos en el capítulo anterior: *no debemos leer un versículo de la Biblia de manera aislada*, así que, analicemos lo que Jesús dijo acerca del juicio pero en el contexto correcto:

No juzguen a nadie para que nadie los juzgue a ustedes. Porque tal como juzguen se les juzgará, y con la medida que midan a otros, se les medirá a ustedes. ¿Por qué te fijas en la astilla que tiene tu hermano en el ojo, y no le das importancia a la viga que está en el tuyo? ¿Cómo puedes decirle a tu hermano: «Déjame sacarte la astilla del ojo», cuando ahí tienes una viga en el tuyo? ¡Hipócrita!, saca primero la viga de tu propio ojo, y entonces verás con claridad para sacar la astilla del ojo de tu hermano. — **Mateo 7:1–5**

Jesús no nos está diciendo que nunca debemos juzgar, sino que nunca debemos juzgar con *hipocresía*; si señalamos el error en la vida de nuestro hermano, pero nosotros tenemos *el mismo error* entonces, la «medida» que usamos para juzgar a nuestro hermano, ciertamente se puede usar para recibir juicio. Es por eso que Jesús llama «hipócrita» al que hace esto y nos exhorta a «sacar *primero* la viga de tu propio ojo, y *entonces* verás con claridad para sacar la astilla del ojo de tu hermano». Usted y yo estamos llamados a señalar el error en los demás («sacar la astilla del ojo de tu hermano»), pero *solamente* después de asegurarnos *primero* de que no somos culpables del mismo error (saca primero la viga de tu propio ojo»).

Mostrar a las personas las debilidades o incongruencias lógicas en su visión o ideología es una parte importante para la defensa del cristianismo, pero cerciórese de analizar a fondo su propia posición y también de que no la haya presentado con incongruencias lógicas o con hechos falsos. Saque primero la «viga» de su defensa antes de sacar la «astilla» de la defensa de su hermano.

Desafío de la fe para su análisis forense:

LOS CRISTIANOS SON INTOLERANTES

Frecuentemente los cristianos somos clasificados como intolerantes, especialmente cuando no estamos de acuerdo con los valores morales e ideas que tienen los escépticos en nuestra cultura. Voltaire escribió lo siguiente: «De todas las religiones, la cristiana es la que debería inspirar más tolerancia, aunque hasta ahora, los cristianos han sido los más intolerantes de todos los hombres».[14] ¿Cómo podría usted ayudar a las personas a comprender la diferencia entre no estar de acuerdo con algo y ser intolerante? ¿Qué podría usted decir a alguien para ayudarle a comprender la naturaleza de la verdadera tolerancia?

Para obtener ejemplos de respuestas a estas preguntas, así como algunas fuentes de ayuda, vea la sección de *Notas de impugnación* al final de este libro.

En todas las conversaciones que tengo acerca de la defensa del cristianismo, es mi intención dejar a cada persona con algún dato penetrante que los ilumine, así como lo hacen los fiscales en los juicios; aunque no espero tener la última palabra en esas conversaciones, sí espero ser el que haga el último alegato sobresaliente. Si se ha hecho una declaración o se ha levantado una objeción contra el cristianismo, hago lo mejor que puedo para ofrecer una impugnación cortés, buscando tener el balance que Cristo tendría entre la verdadera tolerancia y el juicio sin hipocresía. Mi meta es simple: resaltar la debilidad de las ideologías opuestas y dejar una información penetrante que ilumine a las personas a meditar sobre la misma.

Solicite apasionadamente una decisión

En los casos criminales, la pasión es algo sumamente importante. Si los miembros del jurado no perciben un sentido de urgencia y pasión por parte del fiscal, entonces ellos tampoco se apasionarán ni tendrán un sentido de urgencia, y es que, si los abogados no están emocionados y apasionados con el caso, entonces, ¿cómo esperar que el jurado sí lo esté? Los fiscales y los defensores poseen mucho más que pasión; son *guiados por la pasión* y buscan que sus esfuerzos apasionados den como resultado una *decisión* favorable, por esta razón terminan sus alegatos finales pidiendo que el jurado tome una decisión a favor de su posición. Normalmente, los abogados recuerdan al jurado la importancia de su deber como miembros del jurado y la naturaleza crucial de la decisión que están a punto de tomar. Cuando el jurado comprende lo que está en juego y ha profundizado en los argumentos con entusiasmo, entonces será más probable que los miembros lleguen a una decisión rápidamente.

Las decisiones espirituales son mucho más cruciales que las decisiones de un jurado, porque hay mucho más en juego. Una decisión del jurado determina el futuro *temporal* del acusado, pero las decisiones espirituales determinan el futuro *eterno* de una persona. Dada la importancia de las decisiones espirituales, ¿no deberíamos, como cristianos, ser más apasionados y orientados hacia nuestro objetivo? Siempre me sorprende escuchar cuando alguien me dice que llegó a los pies de Cristo por una persona que fue lo suficientemente valiente para pedirle que tomara una decisión. Los mejores evangelistas que conozco son intrépidos, apasionados, no le temen a nada y nunca dejan pasar la oportunidad para preguntar a la audiencia si están listos para cambiar su manera de pensar y decidirse a seguir a Cristo.

Reconozco que no siempre el momento es el más apropiado para entregar el evangelio, o guiar a alguien en una oración de salvación y, como un nuevo defensor del cristianismo, tal vez usted no se sienta muy seguro o con el valor suficiente para pedir que alguien tome la decisión más importante de su vida. Sin embargo, *siempre* podrá dejarles algo poderoso en qué meditar y desafiarlos a que consideren seriamente lo que usted les ofreció. Si usted no se siente cómodo para pedirles que se decidan por Cristo, al menos pídales que tomen la decisión de *meditarlo*. Si tiene la oportunidad de recodarles sobre la importancia del tema y la naturaleza crucial de la evidencia que les ha presentado puede ayudarlos a entender lo que está en juego y entusiasmarlos con sus argumentos, entonces será más probable que lleguen a una decisión rápidamente.

Deje el caso confiadamente en manos del jurado

Al concluir las presentaciones, los abogados dejan el caso en manos del jurado y, como ya lo describí al principio de este capítulo, hacerlo es muy difícil porque tanto el fiscal como el abogado defensor deben confiar que han hecho todo lo que estaba en sus manos; ahora es momento de que el jurado haga *su* trabajo. Una manera de soportar la ansiedad inevitable que se siente durante el proceso de liberación y decisión es sencillamente recordar todo el trabajo del equipo para llevar a juicio al acusado, o para defenderlo. Generalmente, los abogados no elaboran la defensa solos, sino que se apoyan en un grupo de investigadores, asistentes legales, y asistentes jurídicos; es un trabajo en equipo, de tal manera que el éxito (o el fracaso) que se obtenga no recae en una sola persona. Sin embargo, esta verdad no siempre es reconfortante, pero sí es beneficioso recordarlo cuando la decisión pende en la balanza.

A veces me veo tentado a ver mis conversaciones espirituales como un trabajo solitario. Reconozco la soberanía de Dios al acercar a sus hijos hacia él, pero a menudo lucho para encontrar mi lugar en el evangelismo, y es que, así como en el tenis, en ocasiones siento que estoy «jugando» solo, en un partido del abierto de Francia enfrentándome con un amigo que es mejor atleta que yo. Los ojos de todo el mundo están sobre nosotros y está siendo transmitido por televisión; todo lo que yo haga (o no haga) y lo que diga (o no diga), marcará la diferencia. Cada error será totalmente culpa mía, pues no hay nadie más a quien culpar. La verdad es que esta analogía no se aplica a nuestro trabajo como defensores del cristianismo; el evangelismo es más bien como un juego de *béisbol*, es un *trabajo* de equipo. En cada conversación que entablo con mis amigos escépticos, estoy consciente del valor que tiene el «juego» individual, pero no puedo «ganar» todos los partidos, y es irrazonable esperar que haga una carrera cada vez que entro a la caja de bateo; si hay un buen lanzamiento, trataré de batear, y si llego a la base, entonces mi trabajo fue bueno. En el béisbol, el juego individual es también importante porque mis compañeros de equipo pueden hacer que mi esfuerzo individual se convierta en la carrera que dará el triunfo a todo el equipo.

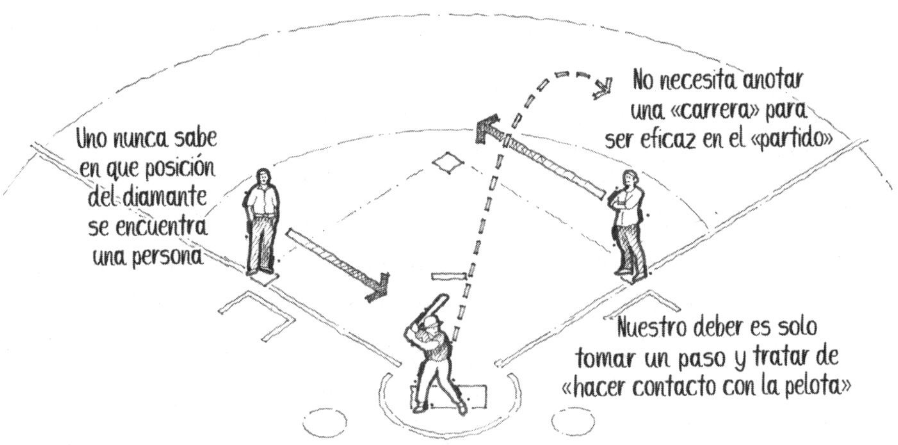

El evangelismo es un esfuerzo en equipo

Todas las historias de las conversiones implican una toma de decisión *gradual*. Las personas casi nunca tienen cambios drásticos en su forma de pensar, sino que, de manera gradual van avanzando, una base a la vez, al reflexionar en las declaraciones de las verdades del cristianismo. Puede que se encuentren en segunda o tercera base y se queden ahí por un largo tiempo antes de avanzar, y usted no sabe en que posición está esa persona cuando le presente la defensa. Esto es lo que sucedió conmigo; me detuve a reflexionar en las declaraciones del cristianismo, me tomé un tiempo para «recorrer las bases», procesando y considerando toda la evidencia. Si usted se hubiera acercado a mí durante el tiempo que estaba inmerso en el proceso, no tendría modo de saber en qué posición del diamante me encontraba, es más, hasta se hubiera sentido frustrado al compartirme la verdad y no obtener una respuesta favorable (o inmediata) de mi parte, pero sin duda alguna yo escuchaba y eso me acercaba un poco más a completar la carrera.

Tal vez es por eso que me animo a hablar con las personas para ayudarles a superar sus objeciones o para que su comprensión avance a la siguiente «base», pues recuerdo muy bien mi proceso dentro del diamante y sé que no es un partido de tenis, sino que estoy en un deporte que se juega en equipo y soy uno de los *muchos* bateadores tratando de que mis amigos avancen a la siguiente base. Así que, me coloco en la caja de bateo y trato de predecir lo que hará el lanzador para tomar la mejor decisión de cómo responder. Muy pocas veces opto por batear y enviar la pelota fuera del estadio, en ocasiones solo necesito hacer contacto con ella para avanzar a la base, o bien salir del diamante si el lanzador está fuera de control. Estoy consciente que la culpa no recaerá solamente en mí, y también sé que no necesito ganar el juego yo solo.

MADURE Y AVANCE

Nunca olvidaré la primera vez que obtuvimos el veredicto de culpable en mi primer caso y de alto reconocimiento. Los reporteros de las cadenas televisivas esperaban fuera de la corte, me sentí como en una película; había camarógrafos por todas partes y reporteros que peleaban por una entrevista. En medio del caos, alcancé a ver a la familia de la víctima respondiendo varias preguntas, tratando de controlar las emociones de júbilo y de alivio. En ese momento me di cuenta de la razón por la cual trabajaba en estos casos; lo hacía por las familias.

En cada ocasión que presentamos exitosamente el caso ante el jurado, ayudamos a las familias de las víctimas a encontrar justicia; a veces la «conclusión» que buscamos es difícil de alcanzar. La justicia, frecuentemente, es suficiente para transformar por siempre a las personas. Con cada caso, nuestro equipo desarrollaba su habilidad de investigar y comunicar eficientemente la verdad, y cada caso nos impulsaba a repetir el triunfo. Como equipo, aprendimos un principio importante: entre más se *madure* en el caso, más entusiasmado estará de *avanzar* a presentarlo.

Jesús comprendía este principio; les dejó una tarea muy importante a sus discípulos. Ellos habían crecido y *madurado* espiritualmente durante los años que transcurrieron desde su primer encuentro con Jesús, pero ahora era tiempo de *avanzar* y hacer discípulos.

> Jesús se acercó entonces a ellos y les dijo: Se me ha dado toda autoridad en el cielo y en la tierra. Por tanto, vayan y hagan discípulos de todas las naciones, bautizándolos en el nombre del Padre y del Hijo y del Espíritu Santo, enseñándoles a obedecer todo lo que les he mandado a ustedes. Y les aseguro que estaré con ustedes siempre, hasta el fin del mundo. **—Mateo 28:18–20**

Tarea del análisis forense de la fe:

COMIENCE A ELABORAR LA DEFENSA

La mejor manera de *aprender* algo es enseñando a otros. Cuando sabe que debe comunicar algo públicamente, esto funciona como motivación para aprender sobre el tema casi de memoria.

Puede que piense que no sabe lo suficiente como para presentar la defensa a los demás, pero sin tener en cuenta quien es usted, estoy seguro de que hay alguien cerca que sabe menos y necesita de su ayuda. Si está dispuesto a aprovechar la oportunidad de enseñar, estará acelerando drásticamente su desarrollo y madurez como defensor del cristianismo. Escoja a un amigo o un ser amado con quien quiera entablar una conversación, ofrézcase como voluntario para enseñar en su iglesia, comience un blog o publique una nota en su perfil en redes sociales.

Podría hablar hasta el cansancio acerca de su deseo de ser un defensor del cristianismo, pero lo logrará solamente dando el primer paso. Recuerde, es su deber y usted tiene el conocimiento suficiente para proceder, así que, comience.

Jesús instruyó a sus discípulos a que fueran a hacer *más* discípulos. Desarrolle discípulos y repita el proceso. Jesús quería que sus discípulos enseñaran a *otros* a hacer lo que él les había enseñado; es por eso por lo que *su* gran comisión es ahora *nuestra* gran comisión.

Si queremos cumplir todo lo que Jesús ordenó, necesitamos tener una estrategia similar a la que Jesús enseñó a los apóstoles. Como defensores contemporáneos del cristianismo, deberíamos seguir las instrucciones de nuestro Maestro:

Esto es lo que está escrito —les explicó—: que el Cristo padecerá y resucitará al tercer día, y en su nombre se predicarán el arrepentimiento y el perdón de pecados a todas las naciones, comenzando por Jerusalén. Ustedes son testigos de estas cosas. Ahora voy a enviarles lo que ha prometido mi Padre; pero ustedes quédense en la ciudad hasta que sean revestidos del poder de lo alto. — **Lucas 24:46–49**

Pero cuando venga el Espíritu Santo sobre ustedes, recibirán poder y serán mis testigos tanto en Jerusalén como en toda Judea y Samaria, y hasta los confines de la tierra. — **Hechos 1:8**

Los primeros cristianos compartieron la evidencia directa de sus observaciones como testigos oculares, y lo hicieron gracias al poder del Espíritu Santo. Para ellos, hacer *discípulos* significó que debían presentar *la defensa*, y eso no ha cambiado hasta el día de hoy.

Puede que usted aún no sea el defensor que le gustaría llegar a ser, pero no se desanime, los discípulos tampoco lo eran cuando conocieron a Jesús; les tomó tres años, cientos de vivencias y miles de horas sentados a los pies del Maestro; toma tiempo desarrollar las habilidades de un buen defensor. ¿Cuántas veces titubeó Pedro antes de presentar la defensa el día de Pentecostés? Veamos a Simón Pedro en los primeros capítulos de los Evangelios.

¿Podría usted imaginar que Pedro se convertiría en el líder inamovible que vemos en el libro de Hechos? La realidad es que eso no sucedió de la noche a la mañana; Pedro se esforzó, cometió errores y aprendió de ellos; gradualmente tomó pasos para convertirse en un gran defensor del cristianismo.

Ahora es su turno; no tema esforzarse, cometer errores y aprender de los mismos, y sobre todo, no tema avanzar gradualmente hasta convertirse en el mejor defensor del cristianismo.

A medida que *madure* como defensor, querrá *avanzar* y hacer discípulos, pues no hay nada más gratificante que colaborar con el Espíritu Santo para presentar la defensa del cristianismo. Yo, como detective criminal, trabajo para las familias porque quiero ver la obra transformadora de Dios en ellos, y quiero contribuir con ese proceso. Como defensor del cristianismo, trabajo para nuestra familia en la fe por esa misma razón. Lo invito a unirse; atrévase a ser un defensor del cristianismo y vea a Dios transformar los corazones y mentes de los escépticos, y también de nuestra familia en la fe.

TRANSFÓRMESE EN UN PERRO OVEJERO

Nunca había visto a Wendy Hoynes tan feliz como ese día; era casi imposible reconocerla cuando la vi de pie junto al hombre con quien estaba a punto de casarse, pues la mujer herida y desconsolada que conocí tres años atrás estaba totalmente *transformada*. Cuando la conocí, Wendy no podía hablar más de treinta minutos sin llorar, su vida había sido destrozada a muy temprana edad, lo cual no le permitía superarse y sobreponerse del dolor que había experimentado por años.

Sin embargo, ese día, Wendy era una nueva mujer, vestida de blanco, radiante y expectante; lista para enfrentar el futuro con esperanza y seguridad, su vida había sido transformada por Dios, y él lo había hecho por medio de una defensa.

Robin, la hermana de Wendy, fue asesinada en nuestra ciudad en 1980; esto sucedió siendo Wendy una adolescente. El asesinato conmovió a toda nuestra comunidad y cambió la trayectoria de la vida de Wendy. Robin era la cristiana más ferviente y entragada que Wendy conocía, y su muerte ocasionó que Wendy cuestionara a Dios y el propósito de su propia vida. Conocí a Wendy cuando tomé el caso, casi veinticinco años después del asesinato, y ella simplemente estalló en llanto; muy agradecida, pero a la vez cautelosa. Wendy no podía concebir su vida sin el dolor y la incertidumbre del asesinato sin resolver de su querida hermana.

El crimen paralizó a toda la familia de Wendy, sus padres nunca se recuperaron y su padre murió antes de que arrestáramos y condenáramos al asesino. Cuando se dio el veredicto de culpable, las vidas de aquellos que habían sobrevivido la tragedia fueron cambiadas para siempre, se liberaron de la incertidumbre e injusticia del crimen. Aunque no experimentaron una «conclusión» (no todas las personas llegan a experimentarla), sí vieron que se hizo justicia, y como resultado, comenzaron a hacer cosas que por años no habían hecho como, por ejemplo, celebrar los días festivos, ya que todo para ellos se había «detenido». La vida comenzó de nuevo gracias al trabajo del equipo de investigación y de la fiscalía.

De todos los casos a lo largo de mi carrera, tal vez este fue el más gratificante pues vi a Dios obrar a pesar del mal tan terrible que habían sufrido, y estoy agradecido de haber contribuido en la historia de la transformación de Wendy. Su caso me recordó la importancia de mi papel como defensor y renovó mi deseo de que otros también experimenten esa misma transformación.

LA IMPORTANCIA DE LOS PERROS OVEJEROS

Las fuerzas del orden público (como los militares), tienen una visión única del mundo. Tendemos a clasificar a las personas en dos categorías: como «ovejas» o «lobos». Jesús también hizo la misma distinción, pues constantemente se refirió a sus seguidores como «ovejas». Mateo describió la tristeza de Jesús al ver el desánimo de su pueblo de la siguiente manera: «Al ver a las multitudes, tuvo compasión de ellas, porque estaban agobiadas y desamparadas, como *ovejas* sin pastor» (Mateo 9:36). Y a aquellos que no confiaban en Jesús se les describió de una forma similar: Jesús dijo que él no había sido «enviado sino a las ovejas perdidas del pueblo de Israel» (Mateo 15:24). La primera vez que leí estos pasajes que mencionan «ovejas», me alentaron e inspiraron porque noté que Jesús hablaba como un *oficial de policía*, ya que al comisionar a sus discípulos para que predicasen en las comunidades vecinas les dijo: «Los envío como ovejas en medio de lobos» (Mateo 10:16).

Después de trabajar en casos como el de la hermana de Wendy, ahora comprendo lo peligrosa que puede ser la vida; este mundo está lleno de posibles víctimas («ovejas») y verdugos peligrosos («lobos»). Los oficiales de policía nos colocamos en la brecha; somos la delgada línea azul que separa a las ovejas de los lobos; somos como *perros ovejeros*.

En los tiempos de Jesús, los perros ovejeros desempeñaban un papel muy importante en las praderas con los pastores. Si alguna vez ha trabajado con ovejas, sabe que no son animales muy inteligentes; las ovejas son indefensas ante los predadores y no son lo suficientemente inteligentes para comprender sus vulnerabilidades. Las ovejas no saben que *necesitan* protección, no son conscientes del peligro hasta que es demasiado tarde.

Los perros ovejeros *sí* perciben el peligro, y también están mejor preparados para enfrentar los retos. A pesar de que un perro ovejero es muy valioso para la sobrevivencia del rebaño, a las ovejas no les agrada tenerlos cerca, de hecho, la mayoría de las ovejas encuentran *molestos* a los perros ovejeros debido a que siempre están dictándoles hacia dónde deben caminar, guiándolas en una dirección u otra, pero una cosa es cierta: *si el prado estuviera lleno de perros ovejeros, los lobos no se acercarían.*

Los defensores del cristianismo cumplimos la función de perros ovejeros; es nuestro deber proteger a las ovejas de los lobos y acercarlas al Pastor cuando se alejan un poco. Normalmente las ovejas no están preparadas para enfrentar los desafíos que esta cultura nos presenta (y tampoco están conscientes del peligro), y a veces se molestan con los perros ovejeros. Los «apologistas» *cristianos no son tan famosos como los demás oradores de la iglesia, pero si la iglesia estuviera llena de perros ovejeros, el peligro de lobos sería poco o nada.*

Esta es la razón por la cual aquellos que ya comprendemos nuestro deber como defensores cristianos, tenemos el compromiso de ayudar a los demás a darse cuenta también de *su* deber. El tiempo se acaba y, a pesar de que actualmente hay apologistas inmensamente valiosos en la comunidad cristiana, no podemos esperar que surja otro apologista que «valga un millón de dólares» para defendernos; necesitamos un millón de apologistas que «valgan un dólar». Puede que usted no sienta ser el gran perro ovejero (o el más fuerte) de los que están en la pradera, pero si todos a su alrededor fueran también perros ovejeros sin importar de qué tipo, entonces sería una atmósfera segura. Es nuestro deber como cristianos el ser perros ovejeros y ayudar al *resto de las ovejas* a entender el mismo llamado.

Así que, ¿qué tipo de perro ovejero será usted? Wendy experimentó el poder transformador de una buena defensa, cambió la trayectoria de su *vida temporal* y restauró su confianza en Dios, quien le ofrece *vida eterna*. La defensa del cristianismo transforma mucho más. Si usted se dispone a asumir el compromiso y aceptar su deber cristiano como defensor, entonces cambiará la trayectoria de las vidas que lo rodean y fortalecerá su seguridad como seguidor de Jesús.

Tanto este, como mis otros libros, son una puerta de entrada; su propósito no es que se lea al *final* del camino, sino al *principio*. Espero que incite en usted el deseo de cambiar su forma de *pensar* acerca del cristianismo y de esta forma transformar su manera de *vivir* como cristiano. Deseo que le ayude a comenzar un viaje de investigación y que perdure a través de los años, que lo anime a amar a Jesús con toda su mente, corazón y alma. Hoy más que nunca, trabajemos *juntos* como iglesia, ya es hora de aceptar nuestro deber como defensores y comenzar nuestro entrenamiento. Es hora de investigar la defensa del cristianismo y presentarla convincentemente a los demás, es hora de convertirnos en perros ovejeros. Hoy más que nunca necesitamos tener una fe que está lista para su *análisis forense*.

RESPUESTAS BREVES PARA LOS RETOS FRECUENTES

Estas son algunas breves respuestas para los retos presentados
en los capítulos anteriores. Le invito a poner atención
especial a la manera en la que están formuladas, usando
las estrategias y principios que vimos en el libro.

RETO FORENSE DE LA FE #1: LA FE ES INCOMPATIBLE CON LA RAZÓN

En nuestra sociedad, los escépticos argumentan que la fe es lo opuesto a la razón, también se describen a sí mismos como las únicas personas «razonables» en ese debate. ¿Cómo respondería usted a esta objeción tan común en base a lo que hoy conoce de la naturaleza del cristianismo basado en la evidencia? ¿Puede pensar en dos o tres cosas que pudiera exponer a alguien que hace ese tipo de declaraciones? Aquí le muestro una posible respuesta:

Aunque existan cristianos irrazonables, Jesús nunca nos pidió que abandonáramos la razón como creyentes, de hecho, el Nuevo Testamento nos dice en repetidas ocasiones que usemos la razón para determinar si el cristianismo es verdad. Considere estos tres puntos:

Se nos dice que no seamos «como animales irracionales» (**Judas 1:4-10**), y que amemos a Dios con toda nuestra «mente» (**Mateo 22:37-38**).

Jesús nos dijo que examinemos las evidencias que él nos dio (**Juan 10:37-38**), incluso él se quedó con sus discípulos después de la resurrección para proveerles aún más evidencias (**Hechos 1:2-3**).

Los seguidores de Jesús, frecuentemente «razonaban» con las personas para convencerlas de que el cristianismo era la verdad (**Hechos 17:2-3**) y a nosotros se nos indicó que lo «examináramos todo» (**1 Tesalonicenses 5:19-21**).

Así que, a pesar de que no todos los cristianos fueran capaces de defender su fe por medio de la razón, la postura cristiana sí puede ser defendida razonablemente. Lo invito a examinar toda la evidencia.

RETO FORENSE DE LA FE #2: LOS CRISTIANOS SON HIPÓCRITAS

Comúnmente, los escépticos mencionan la hipocresía de los cristianos. En la Internet hay una frase muy popular que dice: «No tengo nada contra Dios, pero no soporto a su club de admiradores». El reconocido autor Brennan Manning dijo en una ocasión: «La mayor causa del ateísmo en este mundo son los cristianos, quienes en la iglesia confiesan a Jesús con sus labios, pero al salir, lo niegan con su modo de vivir; eso es increíble para el mundo incrédulo». ¿Cómo respondería usted a esta objeción tan común? A continuación, le dejo un ejemplo de una respuesta razonable:

Todos tenemos áreas en nuestra vida en las cuales, nuestras acciones contradicen nuestras creencias. La hipocresía es mucho más que un mal comportamiento *ocasional*. Cuando alguien afirma creer una cosa, pero *continuamente* practica otra cosa y lo hace *sin remordimientos*, entonces esa persona se puede describir con toda certeza, como una hipócrita. Dado que esta es la verdadera definición, se puede hablar mucho acerca de la «hipocresía cristiana»:

Los verdaderos seguidores de Cristo no son hipócritas. Es verdad, los cristianos pueden fallar ocasionalmente, pero si niegan continuamente las enseñanzas de Jesús y lo hicieran sin remordimientos, entonces no son verdaderos seguidores de Cristo, no importa como se autodenominen.

Los verdaderos seguidores de Cristo somos imperfectos; luchamos y fallamos para cambiar nuestro comportamiento, así que, por favor, sea pacientes con nosotros, así como lo son con los demás.

A los verdaderos seguidores de Cristo es más fácil que se nos resalten nuestro mal comportamiento, ya que es más fácil condenar las acciones de aquellos que son conocidos por tener un alto nivel de moralidad, que juzgar a quienes no anuncian en voz alta lo que creen y pueden manipular sus valores para que coincidan con su comportamiento.

En la actualidad existen millones de cristianos que deseamos vivir como Jesús; en ocasiones fallaremos, pero eso no significa que seamos hipócritas.

RETO FORENSE DE LA FE #3: LA CIENCIA Y LA RELIGIÓN SON INCOMPATIBLES

El famoso biólogo naturalista alemán Ernst Haeckel, escribió lo siguiente: «La ciencia acaba donde empieza la fe». ¿Ha escuchado a alguien decir algo parecido al rebatir que la ciencia es incompatible con las creencias cristianas? ¿Alguna vez le han dicho que su fe cristiana contradice toda la verdad científica? ¿Cómo respondería a esta objeción tan común acerca de la relación entre el cristianismo y la ciencia? ¿Puede pensar en dos o tres cosas que podría expresar a alguien que haga este tipo de declaraciones? Aquí le presento una opción:

Los científicos estudian los «efectos» que observan en el universo y luego tratan de determinar la causa más razonable. Si la mejor explicación de la evidencia es la existencia de un Ser que no puede medirse en materia, tiempo y espacio, entonces la ciencia *confirma* la existencia de Dios. Pero para evaluar apropiadamente la evidencia científica, usted debe tener presentes tres cosas:

La ciencia no «dice» nada, sin embargo, los científicos sí lo hacen. Si el científico que se encuentra evaluando la evidencia, rechaza la existencia de Dios antes de comenzar, entonces nunca interpretará la evidencia con imparcialidad; aún cuando la evidencia señale a Dios como su mejor explicación.

Tener una sobredependencia en la ciencia puede ser contraproducente. Cuando la gente dice: «La ciencia es el único camino para conocer la verdad», están haciendo una afirmación *filosófica* (y *no científica*), la cual no puede probarse o descubrirse mediante la ciencia.

Muchos de los científicos más sobresalientes creen y han creído en la existencia de Dios, incluyendo a los pensadores históricos como: Johannes Kepler, Blaise Pascal, Isaac Newton y Max Planck; así como científicos contemporáneos tales como: John Polkinghorne, Francis Collins, Simon C. Morris y Michael Behe. Los descubrimientos hechos por estos grandes pensadores no fueron inhibidos por su creencia en Dios; al contrario, sus creencias teístas los impulsaron a descubrir las leyes inmutables que gobiernan el universo.

RETO FORENSE DE LA FE #4: LOS CRISTIANOS SON INTOLERANTES

Frecuentemente, a los cristianos se nos califica de intolerantes, especialmente cuando no estamos de acuerdo con los valores morales e ideas que tienen los escépticos en nuestra cultura. Voltaire escribió lo siguiente: «De todas las religiones, la cristiana es la que debería inspirar más tolerancia, aunque hasta ahora, los cristianos han sido los más intolerantes de todos los hombres». ¿Cómo podría usted ayudar a las personas a comprender la diferencia entre no estar de acuerdo con algo y ser intolerante? ¿Qué podría usted decir a alguien para ayudarle a comprender la naturaleza de la verdadera tolerancia? Le proporciono una respuesta razonable:

Nuestra cultura confunde el *consentimiento* con la *tolerancia*. La tolerancia, como se describe comúnmente, es la noción de que todas las perspectivas tienen el mismo mérito y ninguna puede ser considerada como mejor que otra. Si esta definición es cierta, no es de sorprenderse que los cristianos sean considerados como intolerantes por no estar de acuerdo con algo que culturalmente es aceptado. Pero es verdad, la tolerancia tradicional requiere tener lo siguiente:

Una definición verdadera: La definición clásica de la tolerancia es similar a «tener una actitud equitativa, objetiva e indulgente hacia todos aquellos que tengan opiniones, prácticas, etnicidad, religión, nacionalidad, etcétera, diferentes a las mías».[1]

Un amable desacuerdo: Con base a esta definición, para que dos personas se toleren mutuamente, deberán permanecer en desacuerdo, pues si están de acuerdo, ya no es necesaria la tolerancia.

Un comportamiento prudente: Aunque yo deteste una idea, como cristiano, estoy llamado a amar a la persona que tiene tal idea; incluso, se me ha llamado a amar a la persona con la que estoy en desacuerdo.

Los verdaderos cristianos seguimos las enseñanzas de Jesús. Puede que no estemos de acuerdo con usted, pero eso no quiere decir que seamos intolerantes.

RECURSOS QUE LE AYUDARÁN A DESARROLLARSE COMO DEFENSOR

Los siguientes recursos ofrecen evidencias desde una perspectiva cristiana. Son publicaciones populares y son fantásticas para comenzar. Para obtener una lista complementaria de libros, incluyendo publicaciones más especializadas y autores que escriben desde la perspectiva atea, lo invito a ir a la sección de recursos adicionales de mis libros *Cristianismo: Caso resuelto* y *God's Crime Scene* [La escena del crimen de Dios].

NOTA: A menos que se indique lo contrario, los títulos y recursos detallados con asterisco (*) se encuentran disponibles en inglés al momento de la impresión de este libro.

LIBROS QUE SERÁN DE AYUDA EN SU INVESTIGACIÓN DE EVIDENCIAS SOBRE LA EXISTENCIA DE DIOS

El caso del creador: Un periodista investiga evidencias científicas que apuntan hacia Dios.
Lee Strobel (Vida, 2009)

** God's Crime Scene: A Cold-Case Detective Examines the Evidence for a Divinely Created Universe*
J. Warner Wallace (David C Cook, 2015)

Dios no está muerto: La evidencia de Dios en una época de incertidumbre
Rice Broocks (Casa Creación, 2014)

** God's Undertaker: Has Science Buried God?*
John C. Lennox (Lion Hudson, 2009)

No basta mi fe para ser ateo
Norman L. Geisler y Frank Turek (Publicaciones Faro de Gracia, 2019)

LIBROS QUE SERÁN DE AYUDA EN SU INVESTIGACIÓN DE LA EVIDENCIA DEL CRISTIANISMO

El caso de Cristo: Una investigación personal de un periodista de la evidencia de Jesús
Lee Strobel (Vida, 2005)

** The Case for the Resurrection of Jesus*
Gary Habermas y Michael Licona (Kregel, 2004)

Cristianismo: Caso resuelto (Un detective de homicidios investiga las afirmaciones de los Evangelios)
J. Warner Wallace (Editorial Bautista Independiente, 2019)

** Confident Faith: Building a Firm Foundation for Your Beliefs*
Mark Mittelberg (Tyndale, 2013)

Mero cristianismo
C. S. Lewis (HarperOne, 2006)

** The New Testament Documents: Are They Reliable?*
F. F. Bruce (Wm. B. Eerdmans, 2013)

LIBROS QUE LE SERÁN DE AYUDA PARA CONVERTIRSE EN UN MEJOR COMUNICADOR CRISTIANO

** A Reasonable Response: Answers to Tough Questions on God, Christianity, and the Bible*
William Lane Craig y Joseph E. Gorra (Moody, 2013)

Conversar y evangelizar
David Geisler y Norman Geisler (Unilit, 2018)

How to Talk to a Skeptic: An Easy-to-Follow Guide for Natural Conversations and Effective Apologetics
Donald J. Johnson (Bethany, 2013)

Tácticas: Un plan de acción para debatir tus convicciones cristianas
Gregory Koukl (Vida, 2018)

Unsilenced: How to Voice the Gospel
James Boccardo (WestBow, 2015)

LIBROS QUE PRESENTAN LA DEFENSA DEL CRISTIANISMO DESDE LA PERSPECTIVA DE UN FISCAL

Jesus on Trial: A Lawyer Affirms the Truth of the Gospels
David Limbaugh (Regnery, 2014)

Christianity on Trial: A Lawyer Examines the Christian Faith
W. Mark Lanier (InterVarsity, 2014)

Faith on Trial: Analyze the Evidence for the Death and Resurrection of Jesus
Pamela Binnings Ewen (B&H, 2013)

The Testimony of the Evangelists: The Gospels Examined by the Rules of Evidence
Simon Greenleaf (Kregel Classics, 1995)

LIBROS QUE LE AYUDARÁN A EXAMINAR LAS SUPUESTAS «DIFICULTADES» DE LA BIBLIA

The Big Book of Bible Difficulties: Clear and Concise Answers from Genesis to Revelation
Norman Geisler and Thomas Howe (Baker Books, 2008)

Pasajes difíciles de la Biblia
Walter C. Kaiser Jr., Peter H. Davids, F. F. Bruce, y Manfred Brauch (Casa Bautista de Publicaciones, 2010)

Is God a Moral Monster?: Making Sense of the Old Testament God
Paul Copan (Baker Books, 2011)

New International Encyclopedia of Bible Difficulties
Gleason L. Archer Jr. (Zondervan, 2001)

RECURSOS QUE LE AYUDARÁN A RESPONDER A LAS OBJECIONES ATEAS

10 respuestas para los escépticos: Tenga las respuestas preparadas
Alex McFarland (Casa Creación, 2012)

Answering the Objections of Atheists, Agnostics, and Skeptics
Ron Rhodes (Harvest, 2006)

Is God Just a Human Invention? And Seventeen Other Questions Raised by the New Atheists
Sean McDowell y Jonathan Morrow (Kregel, 2010)

Robandole a Dios: ¿Por qué los ateos necesitan a Dios?
Frank Turek (Publicaciones Kerigma, 2018)

RECURSOS DE LA INTERNET QUE LE AYUDARÁN A ESTUDIAR LA BIBLIA

Bible Gateway

www.biblegateway.com

Bible Hub

www.biblehub.com

BibleStudyTools.com

www.biblestudytools.com

MINISTERIOS EN LÍNEA QUE LE AYUDARÁN EN SU CRECIMIENTO COMO DEFENSOR CRISTIANO

* Christian Research Institute

www.equip.org

* Cold-Case Christianity con J. Warner Wallace

www.coldcasechristianity.com

* Cross Examined with Frank Turek

www.crossexamined.org

Ravi Zacharias International Ministries

www.rzim.org   https://www.rzim.org/listen/pensemos-transmisiones

* Reasonable Faith with William Lane Craig

es.reasonablefaith.org

* Reasons to Believe

www.reasons.org

* Stand to Reason

www.str.org

EJEMPLO DE UNA ENCUESTA QUE LE AYUDARÁ A INICIAR UNA CONVERSACIÓN ESPIRITUAL

Esta encuesta fue inicialmente desarrollada por Brett Kunkle. Si desea más información acerca de sus viajes misioneros a Utah o a las universidades, contacte a Brett en www.str.org

¿Cree usted en la existencia de un ser supremo o de un poder superior?

¿Por qué sí o por qué no?

¿Cómo cree que sea y por qué?

¿Cree usted que existe la verdad? Si lo hace, ¿piensa que es posible conocer la verdad?

¿Existe la verdad absoluta/objetiva?

¿Existe una verdad religiosa? Si es así, ¿cómo la encontramos?

¿Cree usted que hay realidades morales (buenas y malas) que todos deberíamos seguir?

¿Piensa que la moralidad es relativa para cada individuo y cultura?

¿Por qué sí o por qué no?

¿Piensa usted que se debería legalizar el aborto?

¿Por qué sí o por qué no?

¿Cree usted que hay vida después de la muerte?

¿Por qué sí o por qué no?

Si contestó que sí, ¿cómo cree que sea la vida después de la muerte?

¿Quién cree usted que fue Jesús?

¿Por qué cree eso acerca de Jesús?

¿De dónde obtiene usted la información acerca de Jesús?

¿Qué opina usted acerca del cristianismo?

¿Por qué opina eso?

¿Qué fue lo que le dio esa impresión?

NOTAS Y REFERENCIAS

PREFACIO: PROTEGER Y SERVIR

1. Para obtener más información acerca de el constante descenso de aquellos que se identifican como cristianos, consulte la investigación que lleva a cabo Pew Research Center, y más recientemente, su estudio titulado «America's Changing Religious Landscape» (12 de mayo, 2015, www.pewforum.org/2015/05/12/americas-changing-religious-landscape/).

2. C. S. Lewis, «Learning in War-Time», en *The Weight of Glory* (Nueva York: HarperCollins, 2001), 58.

3. Las encuestas continúan demostrando la taza desproporcionada en la que los jóvenes se están alejando de la iglesia. Para obtener más información de esta alarmante tendencia, consulte los siguientes recursos:

Con relación a la incapacidad de los jóvenes cristianos de expresar su fe:

Christian Smith y Melinda Lundquist Denton, *Soul Searching: The Religious and Spiritual Lives of American Teenagers* (Oxford University Press, 2005).

Steve Wright, reThink (InQuest Ministries, 2007).

Josh McDowell y David Bellis, *La última generación de cristianos* (Casa Bautista de Publicaciones, 2007).

Con relación al abandono de la iglesia por parte de los jóvenes:

T. C. Pinkney, «Remarks to the Southern Baptist Convention Executive Committee», Southern Baptist Convention Data, Nashville, Tennessee, 2001, www.schoolandstate.org/SBC/Pinckney-WeAreLosingOurChildren.htm.

The Gallup Poll Study, «The Religiosity Cycle», 2002, www.schoolandstate.org/SBC/Pinckney-WeAreLosingOurChildren.htm.

The Southern Baptist Convention's Family Life Council, «Southern Baptist Council on Family Life Report to Annual Meeting of the Southern Baptist Convention», 2002, www.sbcannualmeeting.net/sbc02/newsroom/newspage.asp?ID=261.

Dayton A. Kingsriter, «The Assemblies of God Study», 2007, http://agchurches.org/Sitefiles/Default/RSS/AG%20Colleges/FAQ/Is%20the%20Lower%20Cost%20Worth%20the%20High%20Price_.pdf.

LifeWay Research and Ministry Development, «LifeWay Research Finds Reasons 18- to 22-Year-Olds Drop Out of Church», 2007, www.lifeway.com/ArticleView?storeId=10054&catalogId=10001&langId=-1&article=LifeWay-Research-finds-reasons-18-to-22-year-olds-drop-out-of-church.

George Barna, *Revolution* (BarnaBooks, 2005).

Daniel Cox, Robert P. Jones, and Thomas Banchoff, «A Generation in Transition: Religion, Values, and Politics among College-Age Millennials», Georgetown University's Berkley Center for Religion, Peace, and World Affairs, 19 de abril, 2012, http://publicreligion.org/research/2012/04/millennial-values-survey-2012/#.VgCRYrlRHb0.

Con relación a la hostilidad hacia el cristianismo en las universidades:

Alexander W. Astin, Helen S. Astin, y Jennifer A. Lindholm, «Spirituality in Higher Education», The Higher Education Research Institute at UCLA, 2010, www.spirituality.ucla.edu/.

Neil Gross y Solon Simmons, «How Religious are America's College and University Professors?», February 6, 2007, http://religion.ssrc.org/reforum/Gross_Simmons.pdf.

4. Lo extraje del mensaje de Andrew y obtuve su aprobación antes de tener los derechos de esta obra.

CAPÍTULO UNO: EL DEBER QUE NOS DISTINGUE

1. Dietrich Bonhoeffer, *Prisoner for God: Letters and Papers from Prison*, ed. Eberhard Bethge (Minneapolis, MN: Fortress, 1953).

2. William Gurnall, *The Christian in Complete Armour* (Peabody, MA: Hendrickson, 2010).

3. C. S. Lewis, *God in the Dock: Essays on Theology and Ethics* (Grand Rapids, MI: Eerdmans, 1970), 101.

4. *New American Standard Bible*, Mateo 22:37–40 (LaHabra, CA: Lockman, 1995).

5. *New American Standard Bible*, Deuteronomio 6:5 (LaHabra, CA: Lockman, 1995).

6. D. M. Emanuel, «Thinking», *Lexham Theological Wordbook*, ed. D. Mangum, et al. (Bellingham, WA: Lexham, 2014).

7. *New American Standard Bible*, Lucas 7:21–23 (LaHabra, CA: Lockman, 1995).

8. *New American Standard Bible*, Juan 20:24–25 (LaHabra, CA: Lockman, 1995).

9. *New American Standard Bible*, Juan 20:26–28 (LaHabra, CA: Lockman, 1995).

10. *New American Standard Bible*, Juan 20:29 (LaHabra, CA: Lockman, 1995).

11. *New American Standard Bible*, Juan 20:30–31 (LaHabra, CA: Lockman, 1995).

12. Fragmento de el pasaje de La Gran Comisión en Mateo 28:16–20.

13. Papías dijo lo siguiente acerca de la relación de Marcos con Pedro: «Habiéndose convertido Marcos en intérprete de Pedro, escribió acertadamente, mas no en orden, lo que él recordaba de las cosas que dijo o hizo Cristo» Papías, citó en Eusebius, «Church History», *Nicene and Post-Nicene Fathers,* eds. Philip Schaff y Henry Wallace (Nueva York: Cosimo, 2007), 172.

CAPÍTULO DOS: ENTREMANIENTO ESPECÍFICO

1. Origen, citado en *The Complete Ante-Nicene and Nicene and Post-Nicene Church Fathers Collection*, vol. 9, p. 352.

2. Diccionario de la RAE «compromiso», https://dle.rae.es/compromiso

3. Para obtener más información acerca de esta encuesta, visite «Barna Survey Examines Changes in Worldview among Christians over the Past Thirteen Years», www.barna.org/barna-update/21-transformation/252-barna-survey-examines-changes-in-worldview-among-christians-over-the-past-13-years#.VjqyKL8hGao, consultado el 4 de noviembre, 2015.

4. Para obtener más información acerca de esta encuesta, visite «What Do Americans Believe about Jesus? 5 Popular Beliefs», www.barna.org/barna-update/culture/714-what-do-americans-believe-about-jesus-5-popular-beliefs# .VjrAa_-FNhE, consultado el 4 de noviembre, 2015.

5. Para obtener más información acerca de la naturaleza de la incapacidad de los jóvenes cristianos para expresarse, consulte Christian Smith and Melinda Lundquist Denton, *Soul Searching: The Religious and Spiritual Lives of American Teenagers* (Oxford: Oxford University Press, 13 de abril, 2009).

6. Diccionario de la RAE, «entrenar», https://dle.rae.es/?w=entrenar

7. Visite www.ForensicFaithBook.com para descargar el examen de evaluación.

8. Para obtener más información acerca de esto, consulte Christian Smith and Melinda Lundquist Denton, *Soul Searching: The Religious and Spiritual Lives of American Teenagers* (Oxford: Oxford University Press, 24 de febrero, 2005).

9. Esta expresión se le atribuye normalmente al General Abrams, aunque la referencia exacta es imprecisa. Ver: https://simple.wikiquote.org/wiki/Creighton_Abrams, consultado el 1 de febrero, 2016.

10. Nadie dirige mejor estos viajes misioneros a Utah y a las universidades, que Brett Kunkle. Él fue quien creó esta estrategia de entrenamiento. Si desea que el dirija a su grupo, contáctelo en www.str.org.

11. Ver: https://simple.wikiquote.org/wiki/Creighton_Abrams, consultado el 1 de febrero, 2016.

CAPÍTULO TRES: INVESTIGACIÓN INTENSIVA

1. R. C. Sproul, *Knowing Scripture*, ReadHowYouWant, 11 de noviembre, 2009, p. 7.

2. Se puede encontrar un excelente ejemplo de un plan de lectura bíblica cronológica en: www.christianity.com/bible/year/, consultado el 21 de febrero, 2017.

3. Consultar a Gregory Koukl, *Never Read a Bible Verse* (Signal Hill, CA: Stand to Reason, 2000).

4. Papías, citado en Eusebius, «Church History», *Nicene and Post-Nicene Fathers*, eds. Philip Schaff y Henry Wallace (Nueva York: Cosimo, 2007), 172–73.

5. *New American Standard Bible*, Juan 21:25 (LaHabra, CA: Lockman, 1995).

6. El luminol es un compuesto químico que exhibe la presencia de sangre, fluidos corporales y algunos detergentes. Su luminiscencia reacciona ante la presencia de estos fluidos cuando es expuesto a cierto tipo de luz.

7. Para obtener una lista más detallada con relación a estas declaraciones de Jesús, o a la evidencia demostrando su deidad, consulte www.ColdCaseChristianity.com.

8. Citado en *Ante-Nicene Christian Library: Translations of the Writings of the Fathers Down to A.D. 325*, vol. 9, eds. Alexander Roberts y James Donaldson, Irenaeus, Vol. II—Hippolytus, Vol. II—Fragments of Third Century (Edinburgh: T & T Clark, 1870), 188.

9. *Works of Cornelius Tacitus*, inclulle *Agricola, The Annals, A Dialogue Concerning Oratory, Germania*, y *The Histories* (Boston: MobileReference, 2009), localización en Kindle 6393–97.

10. Fragmento de «Letter from Mara Bar-Serapion to His Son», citado en F. F. Bruce, *The New Testament Documents* (Grand Rapids, MI: Eerdmans, 2011), localización en Kindle 1684–88.

11. Citado en *Ante-Nicene Christian Library*, vol. 9, eds. Roberts y Donaldson, p. 188.

12. Ver Origen, «Origen against Celsus», *The Ante-Nicene Fathers*, vol. 4, eds. Alexander Roberts y James Donaldson, Tertullian, Part Fourth; Minucius Felix; Commodian; Origen, Parts First and Second (Buffalo: Christian Literature, 1885). Los pasajes aquí citados son el libro 2, capítulo 14; libro 2, capítulo 33; libro 2, capítulo 59. Para más información en relación a las citas de Phlegon de Tralles usadas por Orígenes, consulte www.newadvent.org/fathers/04162.htm o William Hansen, *Phlegon of Tralles' Book of Marvels* (Exeter, UK: University of Exeter Press, 1997).

13. Consulte el texto de M. Schuster reproducido por W. den Boer, *Scriptorum Paganorum I–IV Saec. de Christianus Testimonia* (Textus Minores 2; rev. ed.; Leiden: Brill, 1965). Esta versión del texto también es citada por Robert E. Van Voorst, *Jesus Outside the New Testament: An Introduction to the Ancient Evidence* (Grand Rapids, MI: Eerdmans, 2000), 25.

14. M. Ihm, ed., C. Suetoni Tranquilli Opera (Teubner Series; Stuttgart: Teubner, 1978) 1:209; Henri Ailloud, ed., Suetone, Vies des douze Cesars (Bude Series; Paris: Societe D'Edition «Les Belles Lettres», 1932) 2:134. Para ver el texto de Teubner, ocasionalmente alterado, con la traducción al inglés, vea J. C. Rolfe, Suetonius (2nd ed; LCL; Cambridge: Harvard University Press, 1997), 2:50–51. Este pasaje es citado, al igual que una breve discusión acerca de la validez de «Cristo» por Robert E. Van Voorst en *Jesus Outside the New Testament: An Introduction to the Ancient Evidence* (Grand Rapids, MI: Eerdmans, 2000), 30.

15. From *Against Celsus* 1.28. See Henry Chadwick, *Origen: Contra Celsum* (Cambridge: Cambridge University Press, 1980); y Hoffmann, *Celsus*. La traducción al español de ambos textos griegos de Borret y Chadwick consideran las palabras que he indicado con cursiva como pertenecientes a Celso.

16. Como lo describí en mi libro *Cristianismo: Caso resuelto* (p. 196), existe una controversia acerca de los escritos de Josefo porque los primeros cristianos parecen haber alterado algunas copias de su trabajo para amplificar las referencias de Jesús. Por esta razón, al examinar el pasaje de Josefo relacionado a Jesús, nos apoyaremos en un texto, el cual los eruditos creen quedó libre de dichas alteraciones y es citado de la siguiente fuente: Shlomo Pines, *An Arabic Version of the Testimonium Flavianum and Its Implications* (Jerusalem: Israel Academy of Sciences y Humanities, 1971), localización en Kindle 9–10, 16.

17. b. Sanhedrin 1, como lo citó Robert E. Van Voorst, *Jesus Outside the New Testament: An Introduction to the Ancient Evidence* (Grand Rapids, MI: Eerdmans, 2000), 114.

18. Este resumen fue extraído de «Closing Argument» en *God's Crime Scene*. Para conocer un análisis exhaustivo de las cuatro categorías de evidencia, incluyendo un paradigma de investigación que le ayudará a presentar la defensa a los demás, por favor consulte el libro mencionado.

19. Para obtener más información del defensor cristiano Frank Turek, visite www.CrossExamined.org.

20. Ernst Haeckel, «History of Creation», vol. 1, p. 8.

CAPÍTULO CUATRO: COMUNICACIÓN CONVINCENTE

1. Charles F. Stanley, *Cómo escuchar la voz de Dios* (Grupo Nelson, 2008), cap. 4.

2. William Wilberforce, citado por Ron Rhodes en *1001 Unforgettable Quotes about God, Faith, and the Bible* (Eugene, OR: Harvest,1 de abril, 2011), 20.

3. En el siglo primero, los cobradores de impuestos como Mateo eran, en su mayoría judíos que trabajaban para los romanos; es por eso que el pueblo los veía como traidores. Por si fuera poco, los cobradores de impuestos estafaban a la gente, cobrándoles más de lo que era correcto (así como lo confesó Zaqueo en Lucas 19:8).

4. Richard Dawkins, «Has the World Changed?», *The Guardian*, 11 de octubre, 2001.

5. Judicial Council of California, «Judicial Council of California Criminal Jury Instructions», CalCrim Section 104.

6. Judicial Council of California, «Judicial Council of California Criminal Jury Instructions», CalCrim Section 103.

7. Luke Muehlhauser, citado de su entrada del blog «Atheism and the Burden of Proof», http://commonsenseatheism .com/?p=597, consultado el 12 de enero, 2016.

8. Judicial Council of California, «Judicial Council of California Criminal Jury Instructions», CalCrim Section 103.

9. «Clark County Nevada Jury Instructions», NEV. J.I. 1.05, www.clarkcountynv.gov/lawlibrary/Documents /Jury_Instructions.PDF, consultado el 12 de enero, 2016.

10. Judicial Council of California, «Judicial Council of California Criminal Jury Instructions», CalCrim Section 105.

11. Para obtener más información de esta encuesta de Gallup, consulte www.gallup.com/poll/1891/snakes-top-list-americans-fears.aspx, consultado el 12 de enero, 2016.

12. James Boccardo, *Unsilenced: How to Voice the Gospel* (CrossBooks, 20 de mayo, 2010).

13. J. P. Moreland y William Lane Craig, *Philosophical Foundations for a Christian Worldview* (Downers Grove, IL: IVP Academic, 28 de abril, 2003), 30.

14. Harry Elmer Barnes, *An Intellectual and Cultural History of the Western World* (Mineola, NY: Dover, 1965), 766, citado por Albert J. Menendez y Edd Doerr, *The Great Quotations on Religious Freedom.*

NOTAS DE IMPUGNACIÓN

1. Diccionario de la RAE «tolerancia», https://dle.rae.es/tolerancia?m=form consultado el 21 de enero, 2016.